BAEDEKER SMART

Toskana

MAIRDUMONT – www.baedeker.com

Wie funktioniert der Reiseführer?

Wir präsentieren Ihnen die Sehenswürdigkeiten der Toskana in vier Kapiteln. Jedem Kapitel ist eine spezielle Farbe zugeordnet.
Um Ihnen die Reiseplanung zu erleichtern, haben wir alle wichtigen Sehenswürdigkeiten jedes Kapitels in drei Rubriken gegliedert: Einzigartige Sehenswürdigkeiten sind in der Liste der »TOP 10« zusammengefasst und zusätzlich mit zwei Baedeker-Sternen gekennzeichnet. Ebenfalls bedeutend, wenngleich nicht einzigartig, sind die Sehenswürdigkeiten der Rubrik »Nicht verpassen!«. Eine Auswahl weiterer interessanter Ziele birgt die Rubrik »Nach Lust und Laune!«.

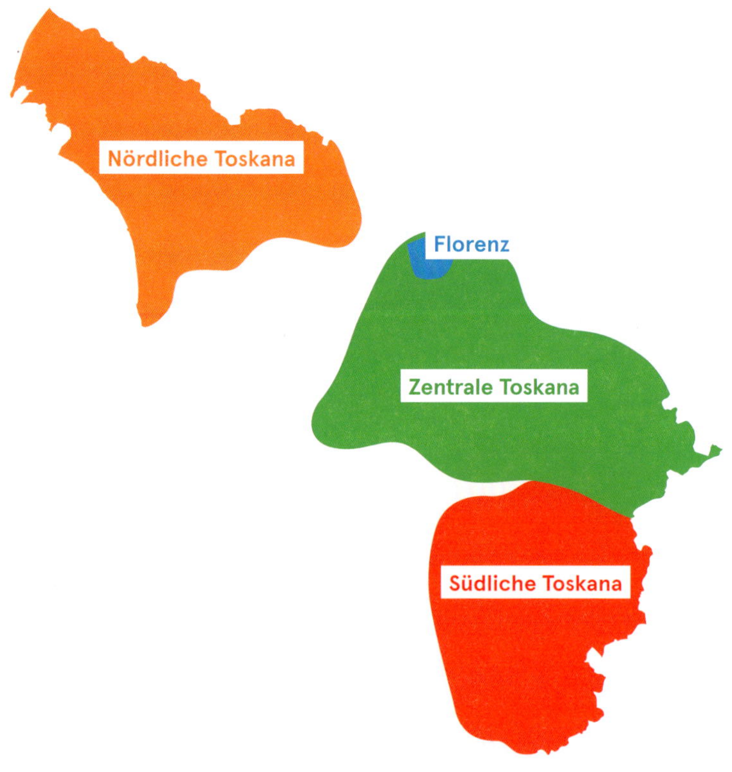

Magazin

Florenz

Zentrale Toskana

Südliche Toskana

Nördliche Toskana

Spaziergänge & Touren

Praktische Informationen

Anhang

Magische Momente

Kommen Sie zur rechten Zeit an den richtigen Ort und erleben Sie Unvergessliches.

Sienas Piazza del Campo ist einer der schönsten Plätze Italiens.

Abseits der großen Städte und Touristenattraktionen spaziert man auch durch einsame Landstriche wie hier bei Sansepolcro in der Provinz Arezzo.

1

2

3

4

5

6

7

8

9

10

★★ Baedeker Topziele

Unsere TOP 10 helfen Ihnen, von der absoluten Nummer eins bis zur Nummer zehn, die wichtigsten Reiseziele einzuplanen.

❶ ★★ Piazza del Duomo (Florenz)
Der Platz mit dem weiß-grünen Ensemble aus Dom, Dombaumuseum, Turm und Taufkapelle ist auch aufgrund Brunelleschis Kuppel eine Top-Attraktion (S. 44).

❷ ★★ Piazza del Campo (Siena)
Dank der Weitsichtigkeit der Sienesen, die schon im Mittelalter strenge Bauvorschriften erließen, stört nichts die Harmonie und Schönheit des muschelförmigen Platzes (S. 92).

❸ ★★ Arezzo
Mit dem Freskenzyklus »Legende des Wahren Kreuzes« bewahrt die Kirche San Francesco hier eines der Hauptwerke der Renaissance (S. 95).

❹ ★★ Piazza del Duomo (Siena)
Wahre Größe zeigt die Stadt mit den herrlichen Monumentalbauten des Doms und dem Museumskomplex Santa Maria della Scala ihnen gegenüber (S. 98).

❺ ★★ Pienza
Renaissance-Architekten schufen hier – im Auftrag von Papst Pius II. und mit dem für Toskaner typischen Sinn für Maß und Proportionen – die ideale Stadt (S. 136).

❻ ★★ Pisa
Strahlend weiß auf grünem Grund erheben sich auf der Piazza dei Miracoli architektonische »Wunder«: Dom, Taufkapelle, Campo Santo und der schiefe Turm (S. 166).

❼ ★★ San Gimignano
Je höher der Turm, umso mächtiger die Familie – diesem mittelalterlichen Wettbewerb der Eitelkeiten verdankt der Ort seine Skyline (S. 104).

❽ ★★ Montalcino & Sant'Antimo
Die Ex-Benediktinerabtei nahe dem Brunello-Weinstädtchen ist unter den romanischen Kleinodien der Region das schönste (S. 139).

❾ ★★ Santa Croce (Florenz)
Die Hallenkirche war für das einfache Volk bestimmt. Weil viele nicht lesen konnten, malten junge, unbekannte Künstler wie ein gewisser Giotto di Bondone Szenen des Evangeliums auf die Wände (S. 47).

❿ ★★ Lucca
Die Piazza dell'Anfiteatro funktioniert als Anschauungsobjekt in puncto Stadtentwicklung: Auf den Zuschauerrängen des antiken Amphitheaters stehen nun schmucke Häuserzeilen aus dem 19. Jh. (S. 170).

Ein Gefühl für die Toskana bekommen …

Erleben, was die Toskana ausmacht, ihr einzigartiges Flair spüren. So, wie die Toskaner selbst.

Kunst im Grünen

»Giuliano, trag dein Geld nicht zur Bank!« Diesen Rat eines Freundes nahm sich Stofffabrikant Gori zu Herzen und investierte stattdessen in Kunst. Er lud hochkarätige Künstler ein, für den Park seiner Fattoria di Celle bei Montale Kunstwerke zu schaffen. Mittlerweile stehen 80 Objekte in dem Landschaftsgarten und können von Mai bis Sept. nur nach Voranmeldung besichtigt werden.

Collezione Gori, Fattoria di Celle
211 E3 Via Montalese 7, Santomato, Provinz Pistoia www.goricoll.it Führungen (3 Std.) tgl. 10 und 15 Uhr (Eintritt frei)

Kulinarische Streifzüge

Gerne verbringen Toskaner ihr Wochenende damit, auf einem Kurztrip durch die Region neue lukullische Highlights zu entdecken. Und solche gibt es in ihrer Heimat in Hülle und Fülle. So fährt man zum Kastanienfest nach Marradi, kauft Schafskäse in Pienza, probiert neues Olivenöl in Montecarlo und holt sich Honig in Montalcino. Die Website www.vetrina.toscana.it listet Hersteller, Hofläden, Events und Restaurants auf.

Lust am Kampf

Das Florentiner Stadtturnier »Calcio in Costume« (www.visitflorence.com/florence-events/calcio-storico-fiorentino.html), das an die Verteidigung der Stadt im Jahr 1530 erinnert, ist nichts für zarte Seelen. Bei der Mischung aus Fußball und Rugby, bei der vier Teams auf der Piazza Santa Croce gegeneinander antreten, ist fast alles erlaubt. Die Halbfinalspiele (je 50 Min.) finden Anfang Juni, das Endspiel stets am 24. Juni statt. Tickets erhält man nur persönlich einige Tage vorher bei Box Office, Via delle Vecchie Carceri 1.

Handwerk alt und neu

Schon seit Jahrhunderten zählt Handgemachtes zum Alltag der Toskaner. Nahezu jede Provinz hatte ihre eigene Spezialität und vielerorts erlebt die alte Kunst

Überall in der Toskana sind kulinarische Genüsse zu entdecken.

Die mittelalterliche Abtei von San Galgano, 33 km südwestlich von Siena, wird im Sommer zur stimmungsvollen Bühne für Open-Air-Konzerte.

Agriturismo-Betriebe wie die Tenuta Scacciavolpe bei Collesalvetti sind oft wundervolle Refugien in ländlicher Idylle.

des »artiganato« inzwischen eine Renaissance. Da ist z. B. die Keramik von Montelupo, die Seiden- und Stoffweberei von Lucca, die schmiedeeisernen Alltagsgegenstände und Wollstoffe aus dem Casentino, die Lederwaren von Pienza, die Messer aus Pistoia und Scarperia. Und fast jede Stadt in der Toskana hat noch (mindestens) einen Möbelschreiner bzw. -restaurator.

Mohnrot, Mandelblütenrosa

Ein wunderbares Farbspektakel liefert die toskanische Landschaft im Jahreszeitenkalender: Mimosengelb, Mandelblütenrosa, Mohnrot. In den Villengärten rund um Lucca steuern die Kamelien schon im März weitere Farbtupfer bei, an den Küsten bezaubert die wild wachsende Macchia, und im Sommer überziehen zudem Sonnenblumen weite Felder. Am schönsten ist das Blüten- und Dufterlebnis vom Fahrradsattel aus. Immer wieder finden sich kaum befahrene Nebensträßchen und gut ausgeschilderte Radwege – so z. B. in den malerischen Hügellandschaften im Val d'Orcia bei Siena.

Toskanischer Sommerreigen

Alle Jahre wieder zieht die Kultur zwischen Juni und September um in die Provinz. Landauf, landab gibt es dann in restaurierten Kreuzgängen, malerischen Burgruinen und auf Dorfplätzen ein wahres Feuerwerk an Veranstaltungen: Das Internationale Festival der Straßenkünstler (www.mercantiacertaldo.it) Mercantia in Certaldo (S. 118) an fünf Tagen Mitte Juli oder die Konzerte und Theateraufführungen im Rahmen von ChiusdinEstArte in Chiusdino und San Galgano (Juli–Sept.) sind nur zwei von vielen.

Stessa spiaggia, stesso mare

Toskaner machen nicht einfach Urlaub am Meer. Mit Bedacht suchen sie den Ort, das Strandbad und die Schirmnachbarn aus und bleiben ihrer Wahl jahrelang treu. Beliebtester Badeort ist aktuell das südtoskanische Hafenstädtchen Castiglione della Pescaia. Freunde der Natur und des Küstenpinienwaldes zieht es an die Etruskerküste zwischen San Vincenzo und Cecina. Wer es luxuriöser mag, der fährt in den mondänen Badeort Forte dei Marmi an der Versilia-Küste, der Thomas Mann als Vorlage für seine Novelle »Mario und der Zauberer« diente.

Landlust

Die barocke Villa, das malerische Steinhaus, die Wellnessoase – was als »Agriturismo« angeboten wird, hat mit der ursprünglichen Idee, Kleinbauern eine zusätzliche Einnahmequelle zu garantieren, oft nicht mehr viel gemeinsam. Solche Angebote findet man aber in den touristischen Randgebieten, und die toskanische Version von »Ferien auf dem Bauernhof« ist immer noch der beste Weg, um Land und Leute kennenzulernen.

Toskanische Bilderbuchlandschaft: Die sanft gewellten Hügel, Zypressenhaine und -alleen des Val d'Orcia gehören zum Weltkulturerbe der UNESCO.

Magazin

Pionierleistungen in der Malerei, tollkühnes Reiten, Spitzenweine oder Gartenkünste – die Toskana bietet Kunst und Kultur für alle.

Seite 12–33

Land der Genies

Anfang des 15. Jahrhunderts stieg Florenz zur Speerspitze der Renaissance auf. Universalgenies, finanziert von kunstbeflissenen Fürsten wie den Medici, schufen Meisterwerke für die Ewigkeit. Zuvor hatten schon bedeutende Dichter der italienischen Sprache zu ihrer ersten Hochblüte verholfen.

Arezzo ehrt den Dichterfürsten Dante mit einem Denkmal.

Aus der Toskana stammen einige der berühmtesten Dichter und Denker Italiens – allen voran Dante, Petrarca, Boccaccio und Machiavelli – sowie unvergleichliche Künstler wie Giotto, Michelangelo, Donatello und Leonardo da Vinci.

Dante Alighieri

Der im Jahr 1265 in Florenz geborene Dante war Diplomat seiner Heimatstadt, wurde aber wegen politischer Verwicklungen 1302 verbannt. Danach führte er ein unstetes Wanderleben zwischen den Städten Norditaliens. Er starb 1321 in Ravenna, wo er auch begraben liegt. Mit seinem Meisterwerk, der epischen Dichtung »La Divina Commedia« (Die göttliche Komödie), erhob er den toskanischen Dialekt zu einer (dem bis dahin dominierenden Latein gleichwertigen) literarischen Sprache. Der in 20 Etappen unterteilte Dante-Weg von Ravenna zur Casa di Dante (Dantes Haus) in Florenz (www.ilcamminodidante.it) erinnert an ihn. Dort findet man auch sein monumentales Kenotaph (Scheingrab) in Santa Croce und das Nationalmuseum der italienischen Sprache MUNDI an der Piazza della Stazione 6 (Mi–So 10–17 Uhr, Eintritt frei, https://cultura.gov.it/luogo/mundi-museo- nazionale-della-lingua-italiana).

Francesco Petrarca

Francesco Petrarca (1304–1374) besuchte als Diplomat, den päpstlichen Hof in Avignon. Dort traf er Laura de Noves, die zur Inspiration seiner »Canzoniere« wurde – neben Dantes »Commedia« und Boccaccios »Decameron« eines der grundlegenden Meisterwerke der italienischen Literatur. Wie Dante und sein Zeitgenosse Boccaccio schrieb er oft in italienischer Sprache. Er zählte auch zu jenen Schriftstellern, die Altgriechisch und Latein als Literatursprachen wiederbelebten und so den Weg zur Renaissance ebneten.

Giovanni Boccaccio

Giovanni Boccaccio (1313–1375) wurde als unehelicher Sohn eines florentinischen Kaufmanns in Certaldo oder Florenz geboren und wuchs in Florenz und Neapel auf, ehe er sich 1340 in Florenz niederließ. Hier traf er Petrarca, mit dem ihn der Wunsch verband, Griechisch und Latein als Literatursprachen neues Leben einzuhauchen. Sein berühmtestes Werk, »Il Decamerone« (Das Dekameron), verfasste er nach der Pest von 1348 jedoch in italienischer Sprache. Es besteht aus 100 Geschichten, erzählt von zehn Personen, die vor der Pest aus Florenz fliehen.

Niccolò Machiavelli

Niccolò Machiavell (1469–1527) war ein florentinischer Diplomat, Politiker und Philosoph. Sein Buch »Il Principe« (Der Fürst) ist ein Meisterwerk politischer Analyse, das Politik- und Geschichtswissenschaft mit dem Studium der menschlichen Natur verbindet. Er verfasste es 1512 in wenigen Wochen im Exil in seinem Elternhaus, nun das Museo Casa Machiavelli in Sant`Andrea in Percussina bei San Casciano in Val di Pesa (Via degli Scopeti 64, Führung n. V. tgl. 11.30, 16.30 Uhr, Eintritt 10 €, www.villamachiavelli.it).

Giotto di Bondone

Der Maler und Architekt Giotto di Bondone wurde ca. 1267 nordöstlich von Florenz in Vespignano bei Vicchio geboren. Berühmt wurde Giottos »o«: Er vermochte freihändig den perfekten Kreis zu zeichnen! Mit Cimabue veränderte er entscheidend die Entwicklung der abendländischen Malerei. Vor Giotto war religiöse Kunst ein Akt der Ergebenheit. Giotto setzte sich über diese Konventionen hinweg und fügte weltliche Elemente hinzu – beson-

Heimat eines Universalgenies: Vinci im Norden der Toskana

ders gerühmt wird er für die Helligkeit und Klarheit seiner Farben sowie für die natürliche Darstellung seiner Figuren. Zudem baute Giotto verantwortlich am Campanile des Doms in Florenz. Großartig sind sein Kruzifix (ca. 1295) in Santa Maria Novella (S. 53), seine »Maestà« in den Uffizien (S. 61) und die Fresken in Santa Croce (S. 47) in Florenz.

Donatello

Donato di Niccolò di Betto Bardi, genannt Donatello (1386–1466), war als Bildhauer ein Pionier wie Michelangelo und Leonardo. Der heute im Bargello (S. 55) in Florenz ausgestellte bronzene »David« (ca. 1440) zählt zu den frühesten eigenständigen Aktskulpturen der Renaissance. Berühmt ist Donatello für seine Kunst der feinsten Tiefenabstufung unter Verwendung von Proportion und Perspektive im Relief – etwa an der Fassade von Orsanmichele in Florenz (S. 66). Seine Skulptur de »Gattamelata« (1445) in Padua war das erste bronzene Reiterstandbild seit der römischen Antike. Ein herausragendes Spätwerk ist die in ihrer Eindringlichkeit nahezu modern wirkende Holzstatue der »Maria Magdalena« (1453–1455; Museo dell'Opera del Duomo, Florenz).

Leonardo da Vinci

Leonardo (1452–1519) wurde in Vinci geboren, einem kleinen Dorf in den Hügeln westlich von Florenz. Seine frühen Lehrjahre verbrachte er in den Werkstätten von Andrea del Verrocchio, dem nachgesagt wird, er habe die Malerei aufgegeben angesichts der eigenen Untalentiertheit im Vergleich mit seinem Schüler. Ein Frühwerk Leonardos, das Gemälde »Verkündigung« (1472–1475), ist eine Zierde in den Uffizien in Florenz. Einen Großteil seines Lebens verbrachte der Künstler jedoch außerhalb der Toskana. Ab 1482 arbeitete er in Mailand, wo er 17 Jahre lang blieb und u. a. das »Letzte Abendmahl« (1494–1498) schuf. 1499 verließ er Mailand, kehrte 1501 nach Florenz zurück und verbrachte viel

Zeit mit anatomischen Studien. Er arbeitete u. a. an einem Freskenzyklus im Palazzo Vecchio (nicht erhalten) und an der »Mona Lisa« (1503–1514). 1508 zog es ihn wieder nach Mailand, dann nach Rom und zuletzt nach Frankreich.

Michelangelo

Das Universaltalent Michelangelo (1475–1564) – er war Maler, Bildhauer, Architekt und sogar Dichter – wurde in Caprese geboren, zog aber noch im Säuglingsalter mit seiner Familie nach Florenz. 1487 begann er eine Lehre bei Domenio Ghirlandaio. Wo oder wie er die Bildhauerei erlernte, ist jedoch unbekannt. Michelangelo selbst gab sich zeitlebens als Autodidakt. 1496 ging er nach Rom, 1499 hatte er die »Pietà« (Petersdom) fertiggestellt. 1501 kehrte er nach Florenz zurück, arbeitete bis 1504 am »David« und ab 1505 an dem Gemälde »Tondo Doni« (heute in den Uffizien). Seit dieser Zeit pendelte er stets zwischen diesen zwei Städten. Er arbeitete an der Sixtinischen Kapelle in Rom, dann wieder an Projekten in Florenz (wie der Biblioteca Laurentiana), bevor er der Stadt 1534 letztmalig den Rücken kehrte. Erst kurz nach seinem Tod sollte er zu ihr zurückkehren, um in Santa Croce beigesetzt zu werden.

»Hochzeit zu Kana« (1303/1305) von Giotto di Bondone, Santi di Titos berühmtes Porträt von Niccolò Machiavelli (zweite Hälfte 16. Jh.) und Michelangelos »Tondo Doni« (1505–1506)

Gerberzentrum der Toskana

Die erstklassige Qualität italienischer Lederprodukte ist weltberühmt – und die Toskana spielte schon immer eine Hauptrolle in der Lederindustrie. Auch Guccio Gucci startete 1921 sein Haute-Couture-Imperium mit einem Laden und einer Werkstatt für Lederwaren, Reitzubehör und Gepäck in Florenz.

Wenn Sie italienische Lederwaren wie Schuhe, Hand- und Reisetaschen oder Aktenmappen kaufen wollen, können Sie davon ausgehen, dass das Leder nur wenige Kilometer vom hiesigen Fachgeschäft entfernt gegerbt und verarbeitet wurde. Die Kunst der Lederverarbeitung hat eine lange Tradition – hierzulande reicht sie bis in die Etruskerzeit zurück. In der Toskana entfaltete sie sich ab dem 13. Jh., wurde marktbeherrschend und entwickelte sich im 18. Jh. zur Industrie. Ihr heutiges Zentrum liegt in den Gemeinden zwischen Florenz und Pisa rund um den kleinen Ort Santa Croce sull' Arno. Mit etwa 600 Firmen und 8000 Beschäftigten, die u. a. unbehandelte Tierhäute zu fertigem Leder verarbeiten, zählt es zu den größten Gerberzentren Europas.

Hochwertiges Leder

Etwa 98 % des Vollleders (italienisch »cuoio«) für die in Italien produzierten Ledersohlen stammt von hier, zudem 35 % des weicheren italienischen Leders (ital. »pelle«, Plural »pelli«). Die in der Associazione Conciatori (www.assoconciatori.com) vereinten Gerbereien erzielen einen Jahresumsatz von 1,7 Mrd. € und stellen 28 % der italienischen Lederproduktion. Rund 70 % gehen in den Export!

Traditionelle Methoden

Viele Gerbereien arbeiten heute mit modernen synthetischen Chemikalien und Farbstoffen. Dadurch ist die gleichbleibende Lederqualität gewährleistet, und die »pelli« können trendgerecht in jeder beliebigen Modefarbe angefertigt werden. Es gibt aber auch noch

Von traditionell bis modisch chic – bei den Lederproduzenten in der Toskana sollte für jeden Geschmack das Passende dabei sein.

einige Gerbereien, die mit traditionellen Verfahren arbeiten. So haben sich 1994 mehrere Unternehmen im »Consorzio Vera Pelle Italiana Conciata al Vegetale« (www.pellealvegetale.it) zusammengeschlossen, um für italienisches Leder zu werben, das bis heute nach herkömmlichen Methoden ausschließlich mit Naturprodukten gegerbt und gefärbt wird. Alle 19 Gerbereien in diesem Konsortium sind in der Toskana ansässig und verwenden natürliche Gerbstoffe (Tannine) bei der Lederherstellung, die ca. 40 Tage benötigt. Das Tannin wird u. a. aus Baumrinden oder Blättern gewonnen, beispielsweise aus der häufig in den Hügeln und Bergen der Toskana vorkommenden Kastanie. Das bedeutet, dass pflanzlich gefärbtes Leder nicht in Gold, Violett oder Zitrusgelb, sondern nur in Naturtönen wie Tiefbraun oder Rostrot erhältlich ist. Natürliche Tannine enthalten dafür aber keine giftigen Inhaltsstoffe bzw. Rückstände künstlicher Farbstoffe und Chemikalien. Das Konsortium fördert und prämiert den europäischen Lederdesigner-Nachwuchs mit dem Projekt »Craft The Leather« und lädt zu Ausstellungen und Events in die Casaconcia am Verbandssitz in Ponte a Egola bei San Miniato. Es hat sich der Nachhaltigkeit verpflichtet. So werden Tierhaare in Dünger und Salz zu Streugut für winterliche Straßen weiterverarbeitet. Das Qualitätszeichen der Vereinigung für italienisches, pflanzlich gegerbtes Leder ist ein Handabdruck, in dem der Slogan »Pelle Conciata al Vegetale in Toscana« zu lesen ist – es garantiert natürlich hergestelltes Leder aus der Toskana.

Ein Fresko entsteht

Die Malerei in der mittelalterlichen Toskana war kein einfaches Geschäft. Neben Talent und Inspiration bedurfte es auch technischen Wissens. Man musste Assistenten einstellen, Mäzene zufriedenstellen und festen Stand auf dem Gerüst bewahren.

Vom 13. Jh. an handelte es sich bei den meisten toskanischen Wandmalereien um Fresken, die man auf feuchten Kalkputz – bzw. »ins Frische« (»al fresco«) – malte. Die Ölmalerei, die Farben und Effekte mehr zur Geltung brachte, kam im 15. Jh. zwar schon auf, wurde aber erst im 16. Jh. wirklich beherrscht.

Erste Schritte

Um ein Fresko zu malen, benötigte der Künstler erst einmal eine Wand, am besten in einer Kirche, Villa oder in einem Palast. Geld von einem Mäzen, von der Kirche oder einem reichen Bankier war ebenfalls hilfreich. Schließlich galt es, Assistenten für die Kleinarbeit zu bezahlen, die z. B. das Gerüst aufbauten, auf dem der Maler stand. Das Metier war gefährlich: Michelangelo verletzte sich bei einem Sturz vom Gerüst in der Sixtinischen Kapelle in Rom, der toskanische Maler Barna da Siena soll um 1350 gar nach einem Sturz gestorben sein.

Zunächst trugen Assistenten auf den Grund aus Mörtel (Kalk, grober Sand), den »tinzaffo«, die zweite Schicht Putz, den »arriccio« bzw. »arricciato« (Kalk, feiner Sand) auf. Dann ritzte der Maler einen Entwurf und die grobe Einteilung des Bildes ein. Im nächsten Arbeitsschritt entstand eine detailliertere Zeichnung mit einem Farbstoff aus Rotocker- Pigmenten, der nach der antiken griechischen Stadt Sinope in Kleinasien »sinopia« genannt wurde (von dort stammte der beste Farbstoff dieser Art). Am eindrucksvollsten erlebt man diese Technik im grandiosen Sinopienmuseum am Platz der Wunder in Pisa (S. 166).

Schnelligkeit ist gefragt

Nun wurde es schwieriger. Weil der feuchte Putz ein wesentlicher Bestandteil des Freskos war, konnte man täglich nur eine kleine Fläche bemalen, ehe der Kalk trocknete. Das Fresko wurde daher in »giornate« (von italienisch »giorno«, Tage)

Ausschnitt aus Benozzo Gozzolis Meisterwerk »Zug der Heiligen Drei Könige« (1459) im Palazzo Medici-Riccardi in Florenz.

Vier große florentinische Freskenzyklen …

Palazzo Medici-Riccardi, Cappella dei Magi: »Zug der Heiligen Drei Könige« von Benozzo Gozzoli (S. 64)

Santa Croce, Cappella Bardi und Cappella Peruzzi: »Szenen aus dem Leben des hl. Johannes« und »Johannes des Täufers« und »Szenen aus dem Leben des hl. Franziskus« von Giotto (S. 48)

Santa Maria del Carmine, Cappella Brancacci: »Szenen aus dem Leben des Petrus« von Masaccio, Masolino da Panicale und Filippino Lippi (S. 68)

Santa Maria Novella: Fresken in der Hauptchorkapelle von Domenico Ghirlandaio über das Leben der Jungfrau Maria und Johannes des Täufers (S. 54)

geteilt, das »Tagwerk« (»giornata«) entstand: Täglich trug der Assistent eine dritte feuchte Schicht, »intonachino« oder »intonaco civile« genannt, aus feinstem Flusssand, Marmorstaub und Kalk auf den »arriccio« auf. Sobald das Fresko begonnen wurde, musste es schnell gehen. Wer zu lange zögerte oder gar patzte, musste den getrockneten »intonachino« abschlagen und neu auftragen.

Am Ende jeder Sitzung wurden die Kanten des »intonachino« geglättet, um ein Bröckeln zu verhindern und einen glatten Anknüpfungspunkt zu haben. Kunsthistoriker können anhand dieser Kanten noch heute feststellen, wie viele »giornate« der Künstler zum Malen des Freskos benötigt hat.

Die meisten toskanischen Künstler fertigten eine Figur in der Regel in zwei Tagen – am ersten Tag den Körper, am zweiten Tag Kopf und Schultern. Masaccio vollendete das gesamte Bild »Vertreibung aus dem Paradies« in der Brancacci-Kapelle (S. 68) in nur vier Tagen.

Problematisch bei dieser Technik war die Farbauswahl, ließen sich doch die Farben für Fresken schlecht mischen. Durch die eingeschränkte Farbpalette kann man Licht- und Schatteneffekte kaum erreichen. Mogeln fällt auch auf: Schlechte oder untaugliche Farbpigmente verblassen oder verändern sich im Lauf der Zeit. Farbe auf trockenem Putz hält oft gar nicht. Dabei ist man aber in bester Gesellschaft. Sogar Leonardo da Vinci, frustriert von den begrenzten Möglichkeiten der Freskenmalerei, schuf den Großteil seines »Letzten Abendmahls« auf trockenem Putz (»al secco«) mit selbst gemischten Pigmenten. Für die Restauratoren bedeutete dies eine enorme Herausforderung – erst im 20. Jh. gelang es mit modernen Techniken, den Verfall des Werkes aufzuhalten.

Die Chemie muss stimmen

Die Langlebigkeit eines Freskos liegt in einer chemischen Reaktion. Unerlässlich sind die Trocknungs- und Fixierungsfähigkeiten des Gipses, der aus Kalk, Wasser und Sand besteht. Beim Trocknen absorbiert der Gips Kohlendioxid aus der Luft und wandelt den Kalk (Kalziumhydroxid) in Kalziumcarbonat um. Dieses kristallisiert um die Sandpartikel und bindet sie so an die Wand. Wenn man vorher pulverisierte und wasserlösliche Farbstoffe in den feuchten Gips gemischt hat, fixiert dieser Prozess auch die Farbpartikel und macht sie widerstandsfähig gegen Wasser. Nur das Abbröckeln des Gipses oder das Ausbleichen des Farbstoffs können dem Fresko noch schaden.

... und vier große toskanische Freskenzyklen

Arezzo, San Francesco: »Die Legende des Wahren Kreuzes« von Piero della Francesca (S. 95)
Monte Oliveto Maggiore: »Szenen aus dem Leben des hl. Benedikt« von Sodoma und Luca Signorelli (Abb. oben: Fresko 25 des Zyklus auf der Westseite des Kreuzgangs; S. 143)
San Gimignano, Collegiata: »Szenen aus dem Alten Testament« von Bartolo di Fredi; »Szenen aus dem Neuen Testament« von Lippo Memmi (S. 105)
Siena, Palazzo Pubblico: »Allegorien der guten und schlechten Regierung« von Ambrogio Lorenzetti (S. 94)

Ein Tag auf der Rennbahn

Zweimal im Jahr ist die Piazza del Campo in Siena Schauplatz für das berühmte Pferderennen Il Palio. Der Siegerpreis ist bescheiden und das Rennen kurz. Dennoch ist der Palio eines der härtesten und erbittertsten Sportereignisse Europas.

Am Rennen, das seit 800 Jahren fast ohne Unterbrechung jährlich ausgetragen wird, nehmen Vertreter der städtischen »contrade« teil, der mittelalterlichen Pfarrgemeinden, die einst die Wehreinheiten im unabhängigen Siena stellten und in die die Stadt seit dem 13. Jh. aufgeteilt ist. 1348 gab es 42 solcher Gemeinden. Heute sind es noch 17; mit Ausnahme zweier »contrade« – »Torre« für den Bezirk am Rathaus und »Onda« (Welle) für die Mannen aus Sienas Hafen Talamone – tragen sie alle Tiernamen und heißen z. B. »Aquila« (Adler), »Giraffa« (Giraffe) oder »Lupa« (Wölfin). Zum Rennen zugelassen werden nur zehn per Losverfahren ermittelte »contrade«.

Tradition verpflichtet

Einst verlief das Rennen durch die ganze Stadt, seit 1656 ist es auf drei Runden á 339 m auf der Piazza del Campo beschränkt. Diese erhält eine 20 cm hohe und 7,5 m breite Aufschüttung aus Tuff und Sand, die gefährliche Curva di San Martino gar Matratzenschutz. Der Siegerpreis ist stets der gleiche: ein jedes Jahr von einem Künstler aufs Neue gestaltetes Seidenbanner (»pallium«), das dem Rennen seinen Namen gibt. Der Wettbewerb ist der hl. Maria gewidmet und wird zweimal im Jahr ausgetragen – jeweils am 2. Juli und am 16. August.

Vorbereitungen zum Palio beginnen bereits mehrere Monate früher. U. a. werden in einem langwierigen Verfahren die zehn Pferde ausgewählt, die den Reitern per Los zugeteilt werden. Unmittelbar vor dem Rennen bemüht dann jede »contrada« himmlischen Beistand, Reiter und Pferd werden am Morgen des Renntags in der jeweiligen Kirche der »contrade« eingesegnet.

Spektakel vor historischer Kulisse – beim Palio wird dreimal die Piazza del Campo umrundet, begleitet von lautstarken Anfeuerungen aus den vollbesetzten Zuschauerrängen.

Prächtig geschmückt sind Ross und Reiter bei der Parade, die vor dem Palio stattfindet.

Beim feierlichen Einzug gehen Knappen in mittelalterlichem Kostüm den »contrade« voraus. Die Fernsehsender übertragen das Spektakel, und der Campo in Siena platzt aus allen Nähten. Das Rennen – das ohrenbetäubende Spektakel dauert kaum 80 Sekunden – ist hektisch und gefährlich, gegenseitige Behinderungen sind ausdrücklich erlaubt. Umso süßer schmeckt der Sieg: Die erfolgreiche »contrada« feiert diesen mit einem riesigen Bankett und genießt wochenlang den Triumph.

Toskana in Film und Musik

Die Toskana und die Künste bilden eine Einheit. Ob Filmkulisse oder Open-Air-Konzert: Die Landschaften der Region bieten einen grandiosen Schauplatz, während Opern und andere Events einem jahrhundertealten Erbe ihre Stimmen leihen.

Die Toskana hat zwar nicht viele eigene Filmemacher hervorgebracht, aber ihre historischen Städte und Landschaften sind Schauplatz unzähliger bekannter Filme. Die Filmindustrie entdeckte ihre Liebe zur Toskana mit Filmen wie »Zimmer mit Aussicht« von James Ivory (1985), der in und um Florenz gedreht wurde, oder Tarkowskis »Nostalghia« von 1983, in der die Klosterruine San Galgano in Szene gesetzt ist. Weitere Filme im toskanischen Set folgten: Kenneth Branaghs »Viel Lärm um Nichts« (1993), Bernardo Bertoluccis »Gefühl und Verführung« (1996), Anthony Minghellas »Der englische Patient« (1996), Roberto Benignis oscargekrönter Film »Das Leben ist schön« (1997) und Franco Zeffirellis »Tee mit Mussolini« (1999). 2001 erschien Ridley Scotts »Hannibal« mit Anthony Hopkins in der Hauptrolle des unter falschem Namen in Florenz lebenden Hannibal Lecter, 2003 »Unter der Sonne der Toskana« von Audrey Wells nach der Autobiographie von Frances Mayes. James Bond 007 jagt in »Ein Quantum Trost« (2008) böse Burschen durch Siena, auch »Das Wunder von St. Anna« (2008) von Spike Lee und »New Moon – Biss zur Mittagsstunde« (2009) von Chris Weitz wurden hier gefilmt. Auf einigen der schönsten Weingüter der Toskana entstand John Charles Jopsons Mystery-Film »Terroir« (2014), die Adaption einer Kurzgeschichte von Edgar Allen Poe. Ebenfalls auf einem literarischen Vorbild, dem Roman »La Voce Della

Das Museo Villa Puccini in Torre del Lago erinnert an einen der größten Komponisten Italiens.

Die Toskaner lieben ihre Arien – und singen sie auch gerne mal auf dem Marktplatz.

Pietra« des zeitgenössischen römischen Autors Silvio Raffo, basiert das US-Drama »Ruf aus dem Jenseits« (2017). Toskana pur ist die Neuverfilmung von Carlo Collodis Weltbestseller »Pinocchio« (2019) mit Roberto Benigni als Großvater Geppetto.

Die Wiege der Oper

Erfunden wurde die Oper in Florenz. Angefangen hatte alles mit adligen Hochzeiten, anlässlich derer oft Sprechtheater-, Gesangs- oder Tanzeinlagen dargeboten wurden. Diese führte man dann auch zu den extravaganten Festspielen der Medici in den Gärten des Palazzo Pitti auf. Sie inspirierten gegen Ende des 16. Jh.s eine städtische Akademie, die Camerata Fiorentina, das griechische Drama mit Musik zu untermalen. Zwei ihrer Mitglieder, Jacopo Peri und Ottavio Rinucci, schrieben die erste, 1598 uraufgeführte, nur fragmentarisch erhaltene Oper »La Daphne«. Auch »L'Euridice«, die erste komplett erhaltene Oper, stammt von ihnen. Sie wurde am 6. Oktober 1600 im Palazzo Pitti anlässlich der Vermählung Heinrichs IV. von Frankreich mit Maria de' Medici uraufgeführt. Zu den zeitgenössischen toskanischen Gesangsstars der Oper zählen u. a. Andrea Bocelli aus Lajatico und Vittorio Grigolo (geb. 1977) aus Arezzo.

Das musikalische Erbe

Komponisten aus der Toskana standen und stehen im Rampenlicht. Ein erster Superstar war der Komponist und Cellist Luigi Boccherini (1743–1805) aus Lucca. Den gebürtigen Florentiner Luigi Cherubini (1760–1842) schätzte Beethoven als bedeutendsten Zeitgenossen. Die Oper »Cavalleria rusticana« von Pietro Mascagni (1863–1945), geboren in Livorno, sorgte bei ihrer Uraufführung 1890 für eine Sensation, war sie doch die erste der damaligen Lebensrealität zugewandte Oper in der dramatischen Musik Italiens. Berühmtester toskanischer Komponist ist der in Lucca geborene Giacomo Puccini (1858–1924). »La Bohème«, neben der »Tosca«, »Madame Butterfly« und »Turandot« eine seiner bekanntesten Opern, komponierte er in Torre del Lago, das im Jahr 1938 ihm zu Ehren den Beinamen »Puccini« erhielt. Schon seit 1930 findet in diesem Orsteil von Viareggio das international beachtete Open air-Festival Puccini statt.

Toskanischer Wein

Früher einmal war toskanischer Wein fast ausschließlich mit Chianti gleichzusetzen. In den letzten 50 Jahren aber hat sich der regionale Weinbau vor allem mit exzellenten Rotweinen an die Weltspitze katapultiert und exportiert jährlich edle Tropfen im Wert von über 1 Mrd. Euro!

Chianti – wie praktisch jeder toskanische Rotwein – wird hauptsächlich aus der Sangiovese-Traube hergestellt, die zu den edelsten Rebsorten überhaupt gehört. Die Chianti-Flaschen waren früher strohumflochten, um sie vor Transportschäden auf den rumpeligen Landstraßen zu bewahren. Heute genießen die geschützten Weine des Gebiets Chianti Classico aus dem magischen Dreieck der Dörfer Radda, Gaiole und Castellina Weltruf. Ihr Markenzeichen ist seit 1716 der Schwarze Hahn (»Gallo Nero«). Exzellente Erzeuger sind

Weingüter wie Petra bei Suvereto präsentieren ihre Produkte in zeitgemäß-elegantem Ambiente. Den Weinkeller baute der Schweizer Stararchitekt Mario Botta.

Die weiße Glut

Toskanische Weißweine standen lange Zeit hinter den roten zurück. Meist aus der traditionellen Trebbiano-Rebe erzeugt, waren sie geschmacklich eher farblos. Nur der Chardonnay war konkurrenzfähig und vertrug die heiße toskanische Sonne, ist aber eine launische Traube. Inzwischen haben sich wackere Pioniere gefunden, die mit neuen Herstellungsverfahren und verschiedenen Rebsorten experimentieren. Sie produzieren Spitzenweine aus der Vermentino-Traube wie den »Solosole« des Weingutes Poggio a Tesoro aus Bolgheri oder Blends wie »Sondraia« aus Cabernet Sauvignon, Merlot und Cabernet Franc vom selben Weingut.

z. B. das Castello di Brolio des Barons Ricasoli, »Nittardi«, »Isola e Olena«, »Fonterutoli« oder »Badia a Coltibuono«. Auch der Vino Nobile, der »König der Weine« aus Montepulciano, ist exzellent. Die herausragenden Weine des »Brunello di Montalcino« machten das Dorf Montalcino weltberühmt. Günstiger ist der »Rosso di Montalcino«.

Supertoskaner

Einige experimentierfreudige Winzer verzichten bewusst auf einengende Gütesiegel wie »DOC« (Denominazione di Origine Controllata) oder »DOCG« (Denominazione di Origine Controllata e Garantita). So tragen manche Spitzenweine der Toskana heute nur die Bezeichnung »IGT« (Indicazione Geografica Tipica«). Das gilt für viele Supertoskaner – hochpreisige Weine der Extraklasse von Gütern, die z. B. Sangiovese mit Trauben der Rebsorten Syrah, Merlot, Cabernet Franc oder Cabernet Sauvignon im Barrique-Fass zu superben Tropfen veredeln. Den Anfang machten 1971 das Mega-Weingut Antinori und Star-Önologe Giacomo Tachis (1933–2016) mit dem Tignanello, es folgte der Solaia. Anfang der 1970er-Jahre kam der Sassicaia Jahrgang 1968 des Weingutes Tenuta San Guido auf den Markt, der das Dörfchen Bolgheri zum Wein-Mekka erhob. Hier prouziert auch Frescobaldi die legendären Supertoskaner Ornellaia und Masseto. Viele Winzer der Toskana bieten Führungen an.

Der toskanische Garten

In der Toskana finden Sie die reizvollsten Gärten Italiens, von großartigen Stadtgärten bis hin zu wunderschönen Villengärten an malerisch ländlichen Zufluchtsorten.

Wo immer in der Toskana ein Garten ist, ist meist auch ein Landhaus. Einige der frühesten und beliebtesten Gartenanlagen befinden sich jedoch in den Städten. Der am häufigsten besuchte Garten Italiens, der Giardino di Boboli, liegt im Herzen von Florenz (S. 68). In Lucca können Sie durch den Giardino (Orto) Botanico (S. 173) flanieren, in San Quirico d'Orcia bieten sich die 1581 angelegten Horti Leonini als wunderbarer, aber wenig bekannter Ort der Ruhe an.

Gartenphilosophie

In Pienza, im Palazzo Piccolomini (S. 137), befindet sich einer der ältesten erhaltenen Stadtgärten der Toskana. Er wurde nach 1459 auf Geheiß des Papstes Pius II. angelegt, der seinen Geburtsort in eine mustergültige Renaissancestadt zu verwandeln gedachte. Alle Ideale dieser kunstgeschichtlichen Epoche wurden darin umgesetzt. Vorherrschend war der Gedanke, dass die natürliche Landschaft einem Garten Pate stehen solle, während man in mittelalterlichen Gärten die Natur noch zu bändigen bzw. auszugrenzen suchte. Der Garten schmiegt sich wie ein »Zimmer« an das Haus.

Die Villen der Medici

14 Villen, Gärten und Parkanlagen der Medici rings um Florenz zählen seit 2013 zum UNESCO-Welterbe. Der schönste Landsitz, die Villa medicea di Castello ca. 8 km nördlich der Stadt, wurde 1477 von Lorenzo dem Prächtigen erworben und dann vergrößert. Glanzlichter sind die Gewächshäuser (limonaie) mit über 500 Zitrusarten.

Weitere öffentliche Gärten der Medicis befinden sich in Pratolino, Poggio a Caiano – 18 km nordwestlich von Florenz – und rund um die Villa La Petraia nahe der Villa Medicea di Castello (https://villegiardini medicei.it).

Die Villen nahe Lucca

Eine weitere nennenswerte Gruppe von Villen liegt auf dem Land rund

Der Garten der Villa Garzoni in Collodi unweit von Lucca ist ein Musterbeispiel für einen toskanischen Garten im Frühbarock.

um Lucca, darunter die Villa Garzoni, Villa Torrigiani, Villa Mansi und Villa Reale (S. 181). Andernorts haben ausländische Besitzer die Gärten herrlich restauriert, so die New York University den der Villa La Pietra (Via Bolognese 120, bei Florenz). Sein bühnenartiges Erscheinungsbild geht auf die englische Familie Acton zurück, die ihn ab 1908 anlegte (kostenlose Führung je eine Woche im März, April, Okt. u. Nov.; Führung Garten Di vormittags n. V. 12 €, Garten und Villa Fr nachmittags n. V. 20 €; https://lapietra.nyu.edu/visit/).

Die Villa La Foce nahe Chianciano Terme entstand in den 1920er- und 1930er-Jahren nach dem Vorbild klassischer italienischer Gärten (La Foce, Strada della Vittoria, 61; Führung n. V. 26.3.–1.11. Mi 15, 16.30, 18, So 11.30, 15, 18 Uhr Eintritt 10 €; www.lafoce.com).

Märchenhafter Marmor

Der Carrara-Marmor ist einer der bekanntesten weltweit und wurde vielfach verwendet: für den Petersdom in Rom wie für Michelangelos »David«.

Marmor ist metamorpher Kalkstein, der durch sehr hohe Hitze und Druck im Erdinnern gehärtet wurde. Er kann von unterschiedlicher Farbe sein. Der Carrara-Marmor wird für seine reine Farbe und seinen nahezu makellosen Glanz sehr geschätzt. Seine Beliebtheit hat aber auch seinen Preis. Ob Sie auf dem nahe gelegenen Flughafen von Pisa landen oder mit dem dem Zug an der Küste nördlich von Viareggio entlangfahren: Die Narben der Steinbrüche, die sich ganze Gebirgszüge um Carrara einverleibten, sind nicht zu übersehen.

Die feinere Verarbeitung des aus dem Fels geschnittenen Mamors kann man in Carraras Kunstwerkstätten wie den Laboratori Artistici Nicoli auf Führungen miterleben (Piazza XXVII Aprile 8/E, Mo–Fr 9–12, 13–16 Uhr, www.studidiscultura.it).

Marmor und Skulpturen

Carrara-Marmor wurde von römischen Bildhauern ausgiebig genutzt, geriet dann jedoch für 1000 Jahre in Vergessenheit. Erst während der großen Zeit des romanischen Kirchenbaus im 11. Jh. erlebte er sein Comeback. Die Wegbereiter hießen Nicola und Giovanni Pisano, die den Stein für die Bildhauerei wiederentdeckten und daraus in Pisa und anderswo gotische Meisterwerke schufen. Michelangelo erzählte gern, seine bildhauerische Kunstfertigkeit rühre von der aus Carrara stammenden Amme; den Marmorstaub – und damit sein Können – habe er mit ihrer Milch aufgenommen. Später bauten die Architekten Mussolinis exzessiv mit Marmor, weshalb der Stein nach dem Zweiten Weltkrieg seltener zum Einsatz kam. Dann wurde er von vielen Bildhauern wieder gern verwendet. Der bedeutendste war Henry Moore, der oft in die Toskana reiste, um sich die Steine selbst auszusuchen.

Vom Holz zum Diamanten

Marmor wird hier in der Region schon seit Jahrtausenden abgebaut. Carrara leitet sich vermutlich von »kar« ab, dem alten indogermanischen Wort für »Stein«. In vorrömischer Zeit nutzte man dazu Feigenholzdübel, die man in natürliche Bruchstellen hineintrieb. Dann wurde Wasser über das Holz gegossen, die Dübel dehnten sich aus und brachen den Stein. Die Römer arbeiteten mit Stahlstiften, die sie entlang einer markierten Linie in den Marmor hämmerten. Dieser Methode bediente man sich bis zum Ende des 19. Jh.s, als schließlich Stahlseile – in jüngster Zeit gar mit Diamanten besetzte Seilsägen – Abbau und Schneideprozess revolutionierten. Doch der Marmorbruch bleibt eine mühevolle Angelegenheit: Auch feinste Sägen trennen »nur« 20 cm Stein pro Stunde.

Rund um Carrara gibt es noch 165 aktive Steinbrüche, in denen jährlich bis zu 5 Mio. t Stein abgebaut werden. An Führungen durch Marmor-Steinbrüche kann man in Fantiscritti und vor allem im Dorf Collonata oberhalb von Carrara teilnehmen, wo man auch die berühmte Spezialität des Lardo di Collonata – zwischen Marmorplatten gereifter schneeweißer Speck – probieren und erwerben kann.

Alles im Blick haben Sie in Florenz vom Piazzale Michelangelo oberhalb des südlichen Arnoufers: Aus dem pittoresken Häusermeer stechen der Palazzo Vecchio und der Dom hervor.

Florenz

Herz der Toskana, Wiege der Renaissance: Florenz ist eine Stadt der Superlative, die sich am besten zu Fuß entdecken lässt.

Seite 34–81

Erste Orientierung

Florenz ist eine der größten Kunststädte Europas. Die Stadt am Arno gilt als Sinnbild der Renaissance und birgt bis heute prächtige Gemälde, Skulpturen und Architektur aus nahezu einem ganzen Jahrtausend. Über Florenz informiert Sie ausführlich auch der Baedeker Smart »Florenz«.

Weniger ist manchmal mehr: Wer nur einen oder zwei Tage Zeit für die Arnometropole hat, muss den Mut zur Lücke finden. Eine erste Anlaufstelle könnte dann die Piazza del Duomo sein, die als einer der beiden Hauptplätze das Zentrum der Stadt markiert. Nur ein paar Schritte entfernt liegt das weltliche Zentrum der einstigen Republik, die Piazza della Signoria mit dem mächtigen Palazzo Vecchio. Über den berühmten Ponte Vecchio erreichen Sie das Stadtgebiet von Oltrarno (»Jenseits des Arno«) mit den Gemälden, Statuen und Ikonen im Palazzo Pitti und den Fresken der Cappella Brancacci.

Überhaupt verteilt sich Florenz' großartiges künstlerisches Erbe über die ganze Stadt. Liebhaber der schönen Künste zieht es mit Sicherheit in die Uffizien und in die Kirche Santa Croce. Nördlich des Doms sind zudem zwei Höhepunkte aus Michelangelos Schaffen zu bewundern: seine Davidsstatue in der Galleria dell'Accademia und seine Arbeiten in den Cappelle Medicee.

»Festina lente!« Getreu diesem von Goethe als »Eile mit Weile« übersetzten Medici-Wahlspruch sollten auch Sie Ihrem eigenen Kompass folgen, über quirlige Märkte schlendern, Edelboutiquen besuchen, grüne Oasen entdecken und nicht zuletzt tolle Bars, Cafés und Restaurants genießen.

TOP 10

❶ ★★ Piazza del Duomo
❾ ★★ Santa Croce

Nicht verpassen!

⓫ Galleria dell'Accademia
⓬ Cappelle Medicee
⓭ Santa Maria Novella
⓮ Museo Nazionale del Bargello
⓯ Piazza della Signoria
⓰ Gallerie degli Uffizi

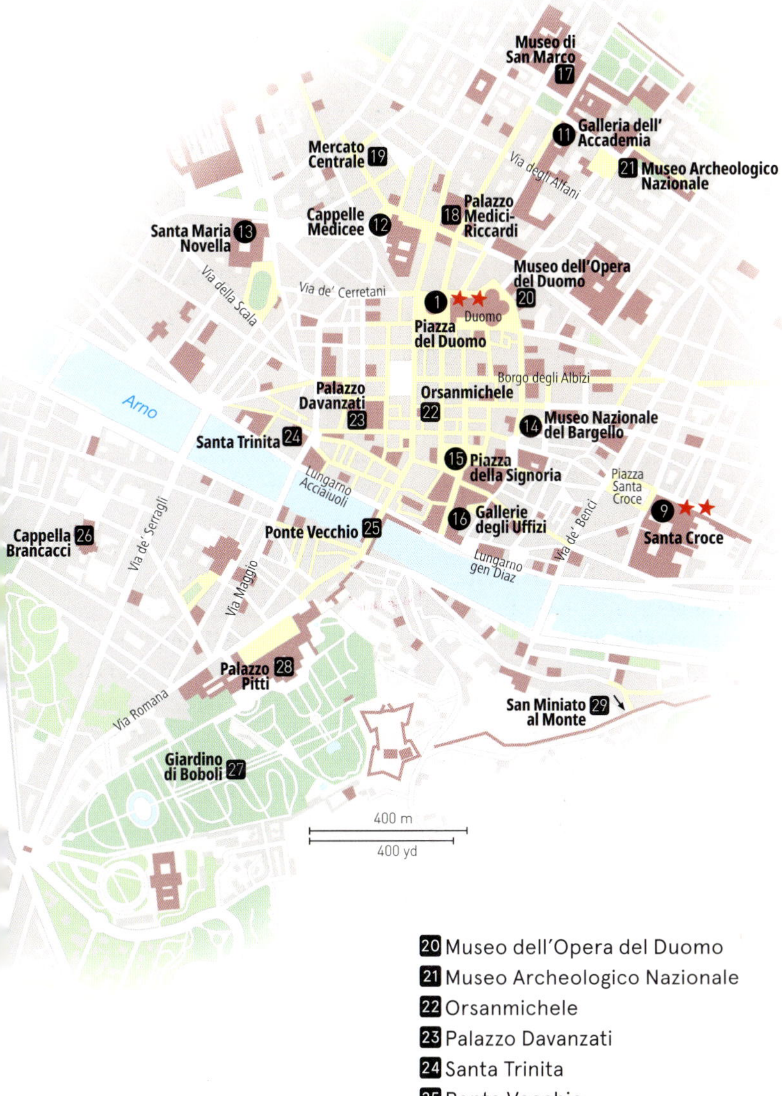

20 Museo dell'Opera del Duomo
21 Museo Archeologico Nazionale
22 Orsanmichele
23 Palazzo Davanzati
24 Santa Trinita
25 Ponte Vecchio
26 Cappella Brancacci
27 Giardino di Boboli
28 Palazzo Pitti
29 San Miniato al Monte

Nach Lust und Laune

17 Museo di San Marco
18 Palazzo Medici-Riccardi
19 Mercato Centrale

Mein Tag mit Handwerkskunst

Sie wollen Kunst nicht nur anschauen, sondern hautnah erleben? Wahre Meister ihres Faches besuchen und vielleicht ihre Erzeugnisse kaufen? Dann bietet sich dieser Spaziergang durch Oltrarno an, wo die Tradition von Seidenwebern, Schmieden, Buchbindern und Holzbearbeitern nach wie vor lebendig ist und sich mit coolen neuen Lokalitäten paart.

10 Uhr: Wolle und Seide, Leder und Holz

Kehren Sie dem Dichter Goldoni beherzt den Rücken und spazieren Sie über die Ponte alla Carraia auf die andere Seite des Arno, die seit dem Mittelalter das Reich der Handwerkskünste ist. Schlendern Sie dort angekommen den Lungarno entlang und dann in die nach dem Schutzheiligen der Weber benannte Via Sant'Onofrio, wo Sie die wunderbare Welt der Seide erwartet. Florentinische Tuchmacher sorgten für den Aufstieg der Arnorepublik. Ihr Erbe bewahrt beispielsweise der Antico Setificio Fiorentino in der nahen Via Lorenzo Bartolini. Seit 1786 klappern hier die Webstühle für maßgefertigte Seidenstoffe. Für die Besichtigung der Seidenmanufaktur ist eine Voranmeldung erforderlich (Führungen Mo–Fr 9–12, 14–17 Uhr).

Auch das flussnahe Areal rund um die Piazza del Tiratoio gleich ums Eck diente einst der Webkunst. Hier wurden die gewebten und gefärbten Wollstoffe zum Trocknen ausgebreitet, nachdem die »car-

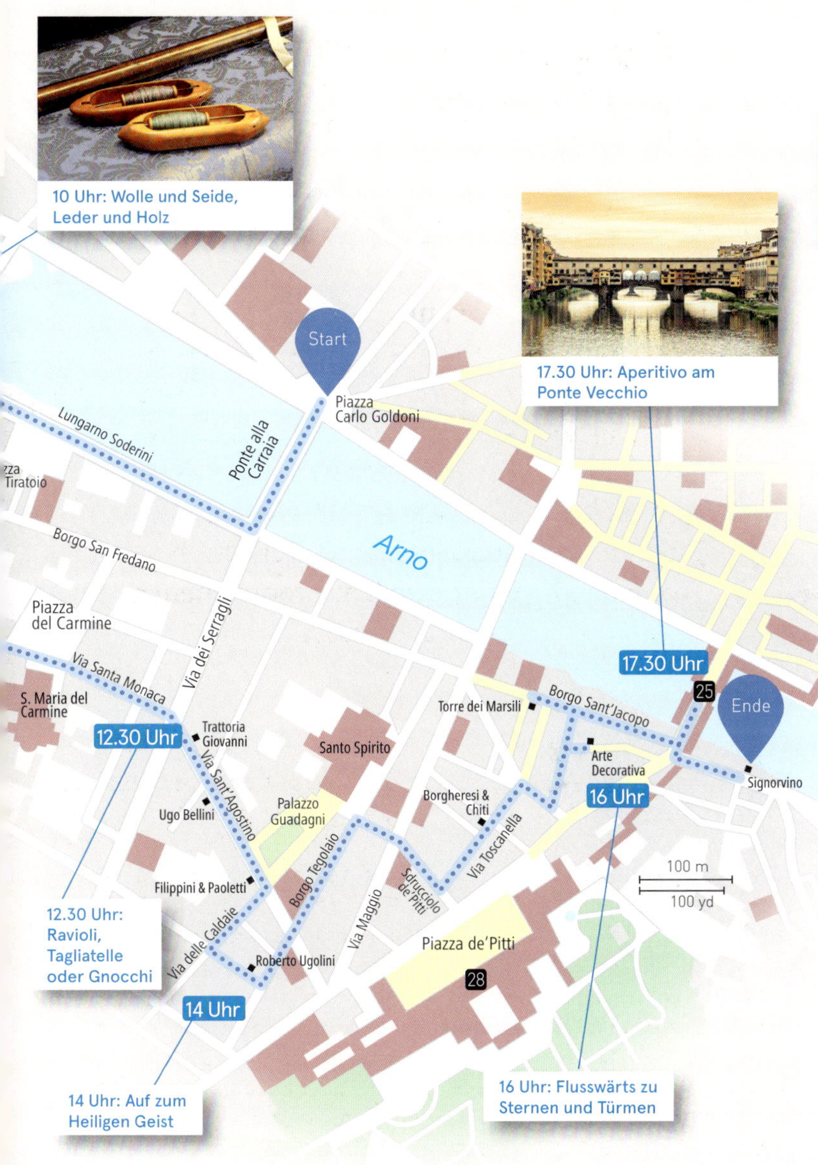
10 Uhr: Wolle und Seide, Leder und Holz
17.30 Uhr: Aperitivo am Ponte Vecchio
Start
Piazza Carlo Goldoni
Lungarno Soderini
Ponte alla Carraia
Tiratoio
Arno
Borgo San Fredano
Piazza del Carmine
Via dei Serragli
Via Santa Monaca
S. Maria del Carmine
12.30 Uhr
Trattoria Giovanni
Via Sant'Agostino
Santo Spirito
Ugo Bellini
Palazzo Guadagni
Filippini & Paoletti
Borgo Tegolaio
Via delle Caldaie
Roberto Ugolini
14 Uhr
Via Maggio
Sdrucciolo de'Pitti
Piazza de'Pitti
28
Torre dei Marsili
Borgo Sant'Jacopo
Arte Decorativa
Borgheresi & Chiti
Via Toscanella
16 Uhr
17.30 Uhr
25
Ende
Signorvino
100 m
100 yd
12.30 Uhr: Ravioli, Tagliatelle oder Gnocchi
14 Uhr: Auf zum Heiligen Geist
16 Uhr: Flusswärts zu Sternen und Türmen

Teils historische Webstühle produzieren bei Antico Setificio Fiorentino edle Seidenstoffe.

datori« (Krempler) und »tessitori« (Weber) um die Piazza die Nerli ihre Arbeit getan hatten.

Anderen Werkstoffen, nämlich Leder und Holz, widmet sich das Atelier Giannini & Kuwata. Auch wenn es erst im Jahr 2010 begründet wurde, repräsentiert es Kunsthandwerkerfamilien schon in der sechsten Generation. An den Werkbänken entstehen noble Buchbindungen und Restaurierungen ebenso wie exquisite Lifestyleprodukte.

Überaus edel sind zudem die Hölzer, aus denen Claudio Arezio seine Instrumente fertigt – Geigen, Bratschen und Celli.

Oben: In filigraner Handarbeit entsteht die Schnecke einer Geige. Mit etwas Glück kann man Claudio Arezio auch über die Schulter schauen.
Unten: Danach lockt in der Trattoria Giovanni klassische toskanische Küche.

12.30 Uhr: Ravioli, Tagliatelle oder Gnocchi?

Trotz der Saitenklänge hören Sie Ihren Magen knurren? Dann probieren Sie doch in der Trattoria Giovanni typisch toskanische Gerichte wie Ravioli al pomodoro (mit Tomatensauce), Tagliatelle cinghiale (mit Wildschwein) oder Gnocchi mit Gorgonzala und Nüssen.

14 Uhr: Auf zum Heiligen Geist

Über die schmale Via Sant'Agostino, wo auch der Goldschmied Ugo Bellini seine Werkstatt hat, erreichen Sie die beliebte Piazza Santo Spirito. Seit 1947 sind hier die Mosaikkünstler von Filippini & Paoletti zu Hause. Silvia, Sandra und Gianni stellen in historischer Technik vorwiegend kleine Schmuckstücke mit Blütenmotiven her. Dann lässt Roberto Ugolini Männerherzen höher

Schuhkünstler Roberto Ugolini fertigt für die modebewussten Herren der Schöpfung in seiner Werkstatt echte Unikate an.

schlagen – dank seiner handgemachten Maß-Schuhe. Weiter oben säumen Palazzi den Sdrucciolo dei Pitti, der direkt auf den 28 Palazzo Pitti zuläuft. (Den Sommersitz der Medici heben Sie sich freilich besser für einen anderen Tag auf.)

16 Uhr: Flusswärts zu Sternen und Türmen

Im Sdrucciolo begann auch die Geschichte von Borgheresi & Chiti. Heute führen Fabrizio und Stefano die vom (Schwieger-)Vater begonnene Produktion von Lampen und Leuchtsternen im antiken Stil in der Via Toscanella weiter. Bei Arte Decorativa (Tavoli di Marmo) setzt Simone Fiordelisi ebenfalls die Familientradition fort und widmet sich der alten Kunst der »Scagliola«, des Intarsierens von Stuckmarmor.

17.30 Uhr: Aperitivo am Ponte Vecchio

Inzwischen sind Sie im San Jacopo-Viertel mit seinen mittelalterlichen Wohntürmen angekommen. Blicken Sie also nach oben! Zum Beispiel auf das Keramikrelief an der Fassade des Torre dei Marsili. Von diesem Turm sind es nur noch ein paar Schritte zur 25 Ponte Vecchio mit ihren Juwelierläden und ins Zentrum von Florenz. Aber bleiben Sie doch noch ein wenig in Oltrarno – und gönnen Sie sich ein Glas Wein als Aperitivo bei Signorvino. Vielleicht hat ja bereits die Terrasse der Enoteca geöffnet.

Präzisionsarbeit wird verlangt, wenn Simone Fiordelisi bei Arte Decorativa seine kostbaren Marmorintarsien anfertigt.

Länge: ca. 3 km

Antico Setificio Fiorentino
216 A4 Via Lorenzo Bartolini 4
055 21 38 61 https://anticosetificio fiorentino.com/en

Giannini & Kuwata (Atelier GK)
216 A3 Borgo San Frediano 133r 055 5 32 15 25 https://ateliergk.wordpress.com/collection/ Mo–Fr 10.30–13, 16.30–19 Uhr

Claudio Arezio
216 A3 Via del Leone 27r 055 28 01 86 www.liutaifiorentini.it Mo–Fr 10–13, 16–19, Sa 10–13 Uhr

Trattoria Giovanni
216 B2 Via Sant`Agostino 38r 055 0 88 06 71 www.trattoriagiovanni.it tägl. 12–14.30, 18.30–22 Uhr

Ugo Bellini
216 B2 Via Sant'Agostino 19r 055 28 86 79 www.firenze-oltrarno.net/ugobellini/

Filippini & Paoletti
216 B2 Piazza Santo Spirito 12
055 21 46 96 https://italian-mosaics.com
Mo–Fr 9–17 Uhr

Roberto Ugolini
216 B2 Via della Chiesa 4r 335 6 82 64 78
Mo 15.30–18.30, Di–Fr 9.30–13.30, 15–18.30, Sa 10.30–13.30 Uhr

Borgheresi & Chiti (B & C)
216 B2 Via Toscanella 26r 333 2 39 36 81
www.bieci.it Di–Fr 8–12, 14–18 Uhr

Arte Decorativa
216 C3 Via dei Barbadori 41r
340 3 36 15 39 www.tavolidimarmo.it
Mo–Fr 10.30–19 Uhr

Signorvino
216 C2 Via de'Bardi 46r
055 28 62 58 www.signorvino.com
tgl. 10–24 Uhr

❶ ★★ Piazza del Duomo

Was?	Dom, Dombaumuseum, Campanile und Baptisterium bilden eines der schönsten religiösen und musealen Areale Europas.
Warum?	Näher kommt man dem Paradies auf Erden wohl kaum …
Wann?	Am besten frühmorgens
Wie lange?	Online Tickets kaufen (3 Tage gültig)!
Was noch?	Perspektivenwechsel: Von Brunelleschis Kuppellaterne und Giottos Campanile gewinnen Sie neue Ein- und Ausblicke.
Resümee	Viele Köche verderben nicht den Brei. Unvergesslich!

An der Piazza del Duomo erwartet Sie gleich ein ganzes Ensemble grandioser Attraktionen: Dom (Duomo) mit Domkrypta Santa Reparata, die Taufkapelle (Battistero), der Glockenturm (Campanile) sowie an der Ostseite der Piazza das großartige Dombaumuseum Museo dell'Opera del Duomo (siehe S. 65).

Gut Ding will Weile haben

Die Bauarbeiten zum majestätischen und farbenprächtigen Dom Santa Maria del Fiore begannen 1296 an der Stelle der Kirche Santa Reparata aus dem 7. Jahrhundert. Seine Vollendung nahm einen langen Zeitraum in Anspruch: Filippo Brunelleschis Kuppel, ein Wunderwerk mittelalterlicher Baukunst, schloss sich 1436, die Laterne auf ihr war 1471 komplett. Die reich verzierte Hauptfassade kam 1875 bis 1886 hinzu.

Ein Höhepunkt des Besuchs ist die Domkuppel, zu der man durch die Porta della Mandorla an der Nordseite des Doms gelangt. Wie für alle Attraktionen müssen seit Mai 2023 große Taschen, Rucksäcke, Pakete etc. vorab im kostenfreien Gepäckraum (Piazza del Duomo 38r) deponiert werden. Der Ausgang ist an der Porta dei Canonici. Dann geht es 463 Stufen hinauf zum atemberaubenden Blick auf Florenz.

Das Dominnere wirkt zunächst nüchtern, doch im Halbdunkel verbergen sich außergewöhnliche Kunstwerke wie die Reitermonumente für »John Hawkwood« von Paolo Uccello (1436) und »Niccolò da Tolentino« von Andrea del Castagno (1456).

Meisterhafte Portale

Die zweite große Sehenswürdigkeit auf der Piazza del Duomo ist das Baptisterium (Battistero), das älteste noch erhaltene Gebäude in Florenz. Frühere Chronisten führen es auf einen römischen Marstempel (1.–3. Jh. n. Chr.) zurück. Wahrscheinlich stammt das Baptisterium aus der Mitte des 11. Jh.s, seine markante Marmorfassade wurde zwischen 1059 und 1128 hinzugefügt. Den Höhepunkt bilden die Kopien der drei Bronzeportale (Originale im Museo dell'Opera del Duomo, S. 65). Das südliche Bronzeportal (1330–1336) schuf der aus Pontedera bei Pisa stammende Bildhauer Andrea Pisano, das nördliche Bronzeportal (1403–1424) und die berühmte Paradiestür (Porta del Paradiso, 1425–1452) an der Ostseite gestaltete der Florentiner Lorenzo Ghiberti.

Auch der Innenraum der Taufkapelle nimmt Besucher sofort gefangen. Wenn man den Blick nach oben schweifen lässt, präsentieren sich prächtige Mosaiken aus dem 13. Jh. mit Motiven aus dem Leben Christi, Josefs und Johannes des Täufers. Rechts von der charakteristischen Apsis (»scarsella«) liegt an der Nordwand die Grabstätte von Baldassare Cossa, ein Gemeinschaftswerk Donatellos und seines Schülers Michelozzo. Cossa war der Gegenpapst Johannes XXIII. und ein Freund der Medici-Familie; er starb 1419 in Florenz.

Florentinisches Trio aus Baptisterium, Dom und Campanile: Trotz der vielen Bauabschnitte wirkt die Piazza del Duomo geschlossen und einheitlich.

Christus als Weltenherrscher im Baptisterium

Hoch hinaus!

Seit August 2023 darf der 84,7 m hohe Glockenturm, ab 1298 von Arnolfo di Cambio begonnen und 1334–1359 nach Plänen von Giotto (ca. 1267–1337) vollendet, nur in beim Ticketkauf festgelegten Zeitfenstern (time slots) besichtigt werden. Doch wenn man die 414 Stufen hinter sich gebracht hat, ist der Ausblick ebenso schön wie der von der Domkuppel.

KLEINE PAUSE

Ein idealer Ort für das verdiente Verschnaufen »danach« ist die angesagte **Caffetteria delle Oblate** (Via dell'Oriuolo 24, Tel. 055 094 84 29, www.facebook.com/caffetteria.delleoblate, Mo 14–19, Di 9–20, Mi–Fr 10 bis 22.30, Sa 10 bis 22.30 Uhr, So geschl.). Hier gibt es auch schöne Sitzgelegenheiten im Freien mit Blick auf den Dom.

Grande Museo Duomo
217 D4 Piazza del Duomo 055 2 64 57 89 https://duomo.firenze.it
14, 23; E-Bus: C1 in der Nähe
Tickets: online oder Kassen (tgl. 8–19.15 Uhr) an der Piazza del Duomo 14A (nur bargeldlos) und Piazza San Giovanni 7 (auch Bargeld); Eintritt: Dom frei, sonst nur Kombitickets (15 bis 30 €) für Domkrypta Santa Reparata, Baptisterium, Domkuppel, Campanile, Museo dell'Opera del Duomo; Gepäckabgabe: Piazza del Duomo 38r

Dom, Domkrypta Santa Reparata
Zugang: Dom rechter Eingang des Hauptportals (Portale Maggiore), Krypta durch die Porta del Campanile; Öffnung: Dom Mo–Sa meist 10.15 bis 15.45 Uhr, So. wg. Messen geschl., Krypta Mo–Sa 10.15–16, So 13.30–16 Uhr; Eintritt: Dom frei, Krypta Kombiticket

Domkuppel
Zugang: Porta della Mandorla, Piazza del Duomo Mo–Fr 8.15 bis 18.45, Sa 8.15–16.30, So 12.45–16.30 Uhr
Kombiticket mit vorher festgelegtem Zeitfenster (time slot)

Baptisterium
Zugang: Piazza San Giovanni
tägl. 8.30–19.30 Uhr
Kombiticket

Campanile
Piazza del Duomo
tägl. 8.15–18.45, teils bis 19.45 Uhr
Kombiticket

9 ★★ Santa Croce

Was?	Die schönste Kirche von Florenz
Warum?	Weil das Gotteshaus zugleich Kunstmuseum und Pantheon der Florentiner ist.
Wann?	In der Sommerhitze um die Mittagszeit, sonst kurz nach der Öffnung oder vor der Schließung
Wie lange?	Eine gute Stunde für die Kirche – auch für das bunte Treiben auf dem Platz davor sollte man sich genügend Zeit nehmen
Resümee	Umwerfend – fragen Sie Stendhal!

Die wohl bedeutendste Kirche in Florenz ist für ihre Kunstschätze und als Grabstätte prominenter Persönlichkeiten berühmt. Der Schriftsteller Stendhal soll sogar in Ekstase geraten sein, als er Santa Croce erstmals erblickte, er hatte »starkes Herzklopfen [...] und fürchtete umzufallen«, wie er in seiner »Reise in Italien« (1817) berichtet.

Reich und berühmt

Santa Croce wurde wahrscheinlich 1294 von Arnolfo di Cambio entworfen, dem Architekten, der auch den Dom und den Palazzo Vecchio gestaltete. Bis 1385 war der Bau fertig, der Campanile entstand 1843–1845, die wunderbare Fassade schuf Niccolò Matas 1853–1863. Die vielen Grabmäler und

Die Fassade von Santa Croce bildet Anfang Juni und am 24. Juni die Kulisse für einen historischen Wettkampf, den Calcio Storico, der an einen Mix aus Boxen und Rugby erinnert.

sorgfältig ausgestalteten Kapellen wurden von reichen Florentinern, vornehmlich Leuten aus dem Bankgeschäft, finanziert: Sie waren sehr darauf bedacht, neben den bescheidenen Franziskanermönchen begraben zu sein.

Als Prototyp der Florentiner Renaissance-Grablegen gilt das von Bernardo Rossellino gestaltete Grabmal (1445 bis 1450) des Humanisten Leonardo Bruni, das im rechten Seitenschiff am Zugang zu den Kreuzgängen liegt.

Die erste Grabstätte an der rechten (südlichen) Wand ist das von Giorgio Vasari (1511–1574) geschaffene Grabmal für Michelangelo. Drei Grabskulpturen repräsentieren die Malerei, die Bildhauerei und die Architektur. Etwas weiter steht der monumentale Kenotaph von 1829 für Dante, den florentinischen Dichter, der in Ravenna an der Adriaküste starb und dort auch begraben liegt. Beeindruckend ist etwas weiter auch das erst 1787 geschaffene Monument für Machiavelli. Das Grabmal des Wissenschaftlers Galileo Galilei (1564 bis 1642) steht an der Wand gegenüber und ist mit den personifizierten Darstellungen von Astronomie und Geometrie geschmückt.

Bilderreigen zwischen Gotik und Renaissance

Die Hauptkunstwerke stellen zwei Freskenzyklen von Giotto dar. Sie befinden sich in den beiden Kapellen rechts vom Hauptaltar: der Capella Bardi mit Szenen aus dem Leben des hl. Franziskus (1320–1325) und der Capella Peruzzi mit Szenen aus dem Leben des hl. Johannes und Johannes' des Täufers (1318–1322). Weitere bedeutende Zyklen aus dem 14. Jh. von Taddeo und Agnolo Gaddi, zwei Schülern Giottos, bereichern die Cappella Castellani und die Cappella Baroncelli.

Ans rechte Querschiff schließt sich der Erste Kreuzgang an, von wo man in die ab 1430 von Brunelleschi erbaute und u. a. von Luca della Robbia ausgestaltete Pazzi-Kapelle gelangt. Im Refektorium beeindrucken das Kruzifix von Cimabue (ca. 1272–1280) sowie die Fresken des Lebensbaums und des Letzten Abendmahls von Taddeo Gaddi (ca. 1355).

Lo SchiacciaVino: Via Giuseppe Verdi 6r, Tel. 055 2 26 01 33

KLEINE PAUSE

Panini und guten Wein gibt's bei **Lo SchiacciaVino** (tgl. 11 bis 24 Uhr, www.facebook.com/Schiacciavino).

Santa Croce
217 E3 Piazza Santa Croce 16
055 2 46 61 05
www.santacroceopera.it

Mo–Sa 9.30–17.30, So 12.30–17.45 Uhr 23; E-Bus: C1, C3 8 € (online plus 1 € Gebühr), Audio Guide online 4 €, an der Kasse 6 €

⓫ Galleria dell'Accademia

Was?	David! Stradivari-Geigen!
Warum?	Weil Originale noch beeindruckender wirken als Kopien.
Wann?	Dringend ein Zeitfenster für den Besuch vorab reservieren; sonst morgens 30 Min. vor Öffnung anstellen
Wie lange?	Etwa 90 Min.
Was noch?	Weitere Statuen Michelangelos, die »Wunderkammer« der Gipsothek und Florentiner Spätgotik im Obergeschoss
Resümee	5,17 m groß, 5560 kg schwer – das perfekte Mannsbild

Michelangelos nackter »David« zieht jährlich über 1,2 Mio. Besucher in seinen Bann. Doch bevor die berühmteste Marmorstatue der Welt im »Tribuna« genannten Hauptsaal der seit 2022 in neuer Gestaltung zu bewundernden Galleria dell'Accademia in den Blick gerät, wird man in der Sala del Colosso erst einmal mit Meisterwerken wie der 4,10 m hohen Gipsskulptur »Raub der Sabinerin« (1582) von Giambologna entzückt. Im Musikinstrumentesaal warten eine Tenorviola und ein Cello (beide 1690) sowie zwei Violinen von Antonio Stradivari! Durch die Galerie der »Sklaven« mit unvollendeten Statuen Michelangelos geht es zum Giganten, mit dem man auf der Webseite der Akademie virtuell chatten kann (»Chatta col David«).

Die »größte« Attraktion der Accademia: Michelangelos »David«

Meisterwerk eines jungen Genies

Der damals 26-jährige Michelangelo verwandelte zur großen Ver-

Wer schön sein will, muss leiden – Davids marmorne Haut wird regelmäßig »kosmetisch« behandelt.

blüffung seiner Zeitgenossen den sperrigen Marmorblock 1501 bis 1504 in ein Meisterwerk. Nach Monaten zäher Auseinandersetzungen entschloss man sich, das Standbild auf der Piazza della Signoria aufzustellen. Dort blieb es, bis die Skulptur 1873 zu ihrem heutigen Standort gebracht wurde.

Bleibt die Frage, wieso Michelangelo seinen Prachtkerl so offensichtlich unproportional schuf. Antwort: Ursprünglich war der David für eine Aufstellung in luftiger Höhe gedacht, weshalb der Künstler die Proportionen absichtlich verzerrte. Die überlangen Arme und die übergroße Ausführung von Kopf und Händen sollten ihr gewaltiges Erscheinungsbild unterstreichen.

Und sonst?

Unvergesslich ist der Rundgang durch die »Wunderkammer« der Gipsothek mit eng gehängten Gemälden, zig Gipsbüsten u.a. von Napoleon Bonaparte oder dem grandiosen Gipswerk »Bascchantin mit Faun und Panter (1818–1820) von Francesco Pozzi. In den Byzantinischen Sälen sind Werke von Giotto und seinen Schülern Bernardo und Taddeo Daddi zu bewundern. Und im 1. Stock warten grandiose spätgotische Altartafeln aus Florentiner Kirchen.

KLEINE PAUSE

Probieren Sie die Angebote der Bar oder die Spezialitäten des Restaurants von **Eataly** Via De Martelli 22r, Tel. 055 0 15 36 10, www.eataly.net, tägl. 9.30–22 Uhr nur fünf Gehminuten entfernt.

217 D5 Via Ricasoli 58/60 055 0 98 71 00 www.galleriaaccademiafirenze.it Di–So 8.15–18.50, 15.6. bis 31.10. Di bis 22, Do bis 21 Uhr 12 € + 4 € Reservierungsgebühr oder Firenzecard (www.firenzecard.it; 3 Tage gültig; 85 €); Ticketvorbestellung: online (Webseite der Galleria oder www.firenzemusei.it), telefonisch via Tel. +39 055 29 48 83 (Mo–Fr 8.30 bis 18.30, Sa 8.30–12.30 Uhr); vor Ort: bei Opera Your Preview, Via Por Santa Maria 13r (tgl. 10–17.30 Uhr), am Kiosk Orsanmichele, Via de'Calzaiuoli (Mo bis Sa 10–16 Uhr) oder direkt gegenüber der Galleria dell'Accademia in der Buchhandlung My Accademia, Via Ricasoli 105r (Di–So 8.15–17 Uhr). 10, 14, 23, 25, 31, 32, 71; E-Bus: C1 nahebei

⓬ Cappelle Medicee

Was?	Die Grabkapellen der Medici und Michelangelos »Gefängnis«
Warum?	Weil man von Michelangelos Können nicht genug bekommt und eines seiner Geheimnisse entdeckt.
Wann?	Im Lauf des Vormittags, die Reservierung empfiehlt sich
Wie lange?	Eine Stunde, mit Kirche San Lorenzo und Märkten länger
Was noch?	Eine Klosterkirche, eine Krypta und zwei Märkte
Resümee	Klotzen, nicht kleckern - und staunen!

Die Medici-Kapellen sind die Familiengrabstätte der Medici und des Hauses Lothringen, dessen Krypta (Cripta lorenese) 2023 nach Jahrzehnten wiedereröffnet wurde. Großartig sind die Skulpturen von Michelangelo in der Sagrestia Nuova (Neue Sakristei), sensationell die Skizzen des Meisters in der im November 2023 erstmals für Publikum (Kleingruppen) geöffneten Geheimkammer (stanza segreta) Michelangelos unter der neuen Sakristei.

Nach der gruftähnlichen Krypta mit schlichten Medici-Gräbern bis hin zur letzten Medici, Anna Maria Luisa de' Medici (1667–1743), geht es in die Cappella dei Principi, die monumentale, 59 m hohe, ab 1604 erbaute Fürstenkapelle. Sie beherbergt die Grabmäler von sechs zwischen 1574 und 1670 verstorbenen Medici-Großherzögen. Die Sarkophage sind aber leer.

Höhepunkt ist die 1502 bis 1534 von Michelangelo entworfene und gestaltete Sagrestia Nuova (Neue Sakristei). Von Papst Leo X., selbst ein Medici, als Grabstätte für Lorenzo den Prächtigen und seinen Bruder Giuliano in Auftrag gegeben, wurden ihre Gräber nie vollendet; so hat man sie zu Füßen von Michelangelos ebenfalls unvollendeter »Madonna mit Kind« (1521) beigesetzt. Grandios sind Michel-

Die allegorischen Figuren der Abenddämmerung und der Morgenröte flankieren Giuliano di Lorenzo de' Medici.

angelos allegorische Figuren der Nacht, des Tags, des Himmels und der Erde. 1975 wurde zufällig unter einer Falltür ein Geheimzimmer entdeckt, in dem sich Michelangelo von Mitte August bis Ende September 1530 vor der Rache der Medici verbarg. An den Wänden hinterließ er Skizzen, teils Vorstudien zur Sixtinischen Kapelle im Vatikan, die seit November 2023 zu bestaunen sind.

Auf dem Di–Sa geöffneten Mercato di San Lorenzo gibt es vor allem Kleidung, Leder- und Wollwaren, Keramik und allerlei Souvenirs.

Schauen und Bummeln

Die Cappelle Medicee gehören zur Kirche San Lorenzo, deren Vorläuferbau 393 n. Chr. eingeweiht wurde (Mo–Sa 10 bis 17.30 Uhr; Eintritt: 9 € oder Firenzecard). Herausragend sind hier die beiden Bronzekanzeln mit Szenen der Passion Christi und dessen Auferstehung – eines der letzten Werke Donatellos – sowie die 1421–1428 von Brunelleschi erbaute Alte Sakristei (Sagrestia Vecchia). Über den schönen Kreuzgang erreicht man die Krypta von San Lorenzo mit der Grabplatte des dort bestatteten Donatello (1386–1466). Michelangelos unübertroffene Biblioteca Medicea Laurentiana war 2023 wg. Restaurierung geschlossen. Dann lockt der Bummel über den Straßenmarkt rund um San Lorenzo.

Da Nerbone: Mercato Centrale, Tel. 339 6 48 02 51, Mo–Fr 7–15, Sa 7–17 Uhr

KLEINE PAUSE

Kutteln oder Lampredotto (Labmagen) zu einem Glas Wein: **Da Nerbone** ist eine Institution in der zentralen Markthalle von Florenz (S. 64/65).

216 C5
Piazza Madonna degli Aldobrandini 6
055 064 94 30
www.bargellomusei.beniculturali.it/musei/2/medicee Mi–Mo 8.15 bis 18.50 Uhr, Di geschl. 4, 14, 22, 23, 36, 37; E-Bus: C2 10 € + 3 € Reservierungsgebühr (empfohlen; Res. siehe S. 50) oder Kombiticket (mit Bargello, Palazzo Davanzati, Orsanmichele, Casa Martelli) 22 € oder Firenzecard (3 Tage gültig, 85 €)

Geheimzimmer: Mo. und Fr. 15, 16.30, 18, Mi. und Sa. 9, 10.30, 12, 13.30, 15, 16.30, 18, Do. 9, 10.30, 12, 13.30, 15 Uhr. Nur mit Vorausbuchung (Tel. 055 29 48 83) maximal 4 Personen pro time slot, max. 100 Personen pro Woche! Die längste Aufenthaltsdauer beträgt 15 Minuten. 20 €, dazu kommen die 10 € Eintritt zu den Cappelle Medicee und die Vorausbuchungsgebühr von 5 €. Wer also Kapellen plus Geheimzimmer sehen möchte, zahlt 35 €.

⑬ Santa Maria Novella

Was?	Kirche mit imposanter Fassade und wunderbaren Fresken
Warum?	Weil sie gotische Architektur und Renaissance-Kunst auf einzigartige Weise harmonisch vereint.
Wann?	Früh am Morgen
Wie lange?	Eine Stunde
Was noch?	Toskanische Kunst (20. Jh.) gegenüber, Nationalmuseum zur italienischen Sprache nebenan
Resümee	Die Entdeckung der Perspektive

Santa Maria Novella, mit neuem Hauptzugang neben der Tourismusinformation am Bahnhofsvorplatz Piazza Santa Maria Novella 4, überrascht dank ihrer rückwärtigen Hauptfassade und der immensen Kunstschätze im Innern. Mit dem Bau der Kirche begonnen wurde 1246, 1420 wurde sie eingeweiht. Nur die Schauseite blieb unvollendet, bis 1458 der reiche Textilhändler Giovanni di Paolo Rucellai den Stararchitekten Leon Battisti Alberti (1404–1472) damit beauftragte. Der Name des Förderers und sein Wappen, ein geblähtes Segel, sind an der im Renaissancestil gehaltenen Fassade erhalten. Der gewaltige Innenraum wirkt durch einen perspektivischen Trick wesentlich größer, als er tatsächlich ist: Die Pfeiler des Mittelschiffs stehen in Richtung des

Die Fassade von Santa Maria Novella bildet die Kulisse für den recht hübschen Kirchenvorplatz.

Ghirlandaios Fresko »Vertreibung Joachims aus dem Tempel«.

Hochaltars zunehmend enger beieinander. Dem geschickten Umgang mit der räumlichen Perspektive ist auch die Wirkung des bekanntesten Gemäldes der Kirche zuzuschreiben: Masaccios Trinità (1425–1428) an der linken (nördlichen) Wand zwischen dem zweiten und dem dritten Pfeiler. Es ist eines der ersten Renaissancegemälde, in dem die Technik der Perspektive künstlerisch und formal gelang.

Noch mehr Kunst

Eindrucksvoll sind auch die Kapellen zu beiden Seiten des Hauptchors. In der Cappella Filippo Strozzi, rechts vom Hochaltar, ist ein Freskenzyklus von Filippino Lippi zu bewundern, der die Leben des Evangelisten Johannes und des Apostels Phillipus darstellt (1487–1502). Das Grabmal (1491 bis 1495) von Filippo Strozzi, des reichen Bankiers, der die Fresken in Auftrag gab, ist ein fabelhaftes Spätwerk von Benedetto da Maiano (1442–1497). Die Hauptchorkapelle, auch »Cappella Tornabuoni« genannt, schmücken imposante Fresken (1485–1490) von Domenico Ghirlandaio. Zur Linken in der Cappella Gondi schuf Brunelleschi das Holzkruzifix (ca. 1410–1415) mit dem Gekreuzigten erstmals ohne Lendentuch. Die zweite Kapelle von links, die Cappella Strozzi di Mantova, enthält Fresken (1350–1357) von Nardo di Cione. Er ließ sich von Dantes (S. 14) »Paradiso« (links) und »Inferno« (rechts) inspirieren. Großartig sind auch die Kreuzgänge und die Spanische Kapelle (Cappellone degli Spagnoli).

An der Piazza Santa Maria Novella 10 zeigt das Museo Novecento toskanische Kunst des 20. Jh.s (Fr–Mi 11–20 Uhr; www.museonovecento.it, 9,50 € oder Firenzecard). An der Piazza Stazione 6 öffnete 2024 neu das multimediale Nationalmuseum MUNDI zur Entstehung der italienischen Sprache (https://cultura.comune.fi.it/mundi).

KLEINE PAUSE

Nur ein Espresso mit Panino gefällig? Dann steuern Sie am besten das **Caffè Amerini** an (S. 74). Für den größeren Mittagsappetit empfehlen wir die **Osteria Belle Donne** (S. 74).

216 B5 Piazza Santa Maria Novella 18 055 21 92 57 www.smn.it Mo–Do und Sa 9–17.30, Fr 11–17.30, So 13–17.30 Uhr

alle Busse zum Hbf; E-Bus: C2 7,50 € oder Firenzecard (3 Tage gültig, 85 €)

⑭ Museo Nazionale del Bargello

Was?	Die weltweit umfangreichste Sammlung toskanischer Bildhauerkunst des 14. bis 16. Jh.s
Warum?	Weil man kaum irgendwo sonst die »Wiederentdeckung der Antike« besser nachvollziehen kann.
Wann?	Gleich nach dem Frühstück oder kurz vor einem späten Mittagessen
Wie lange?	Ein Stündchen reicht – Kunstbegeisterte bleiben länger.
Resümee	Ein in Stein gemeißeltes Anatomiestudium

Im »Bargello« haben die Werke von Donatello, Giambologna, Michelangelo & Co. ab 1865 ein würdiges Zuhause gefunden: Der ab 1255 errichtete, 1280 bis 1360 ausgebaute Palazzo del Bargello wurde schon 1261 Sitz des »Podestà«, des obersten Stadtbeamten. Seinen heutigen Namen erhielt das Gebäude 1574, als die Medici das Amt des »Podestà« abschafften und der »Bargello«, der Polizeihauptmann, neuer Hausherr wurde.

Meisterwerke des 15. und 16. Jahrhunderts

Gleich hinter der Kasse betritt man einen einzelnen Raum mit Skulpturen, der so manches Museum vor Neid erblassen

Ein Rundgang durch die Loggia belegt: Die Renaissance entdeckte auch die Nacktdarstellungen der Antike wieder.

lassen würde. Es ragen vor allem die Arbeiten Michelangelos heraus, die auffallendste Skulptur unter ihnen ist sicherlich der »Trunkene Bacchus« (1496/97), die der Künstler im Alter von 22 Jahren schuf. Andere Arbeiten des Meisters sind das »Tondo Pitti« (1503–1505), ein zierliches Flachrelief, das die Madonna mit Kind und Johannes den Täufer als Knaben zeigt; eine Figur von »David« oder »Apoll« (1530–1532) – Experten können die Identität der Figur nicht genau zuordnen – und der »Brutus« (1538/39), die einzige von Michelangelo erhaltene, allerdings unvollendete Portraitbüste. Auf keinen Fall verpassen sollte man im selben Raum die Arbeiten aus dem 16. Jh. von Benvenuto Cellini, einem bemerkenswerten Bildhauer und Goldschmied, sowie von Giambologna, besonders dessen geschmeidige Figur des »Merkur« (1578/80).

Der Innenhof des Bargello diente einst als Hinrichtungsplatz. Von hier führen Treppen hinauf zur Loggia, in der eine Menagerie von Bronzetieren des aus Frankreich stammenden Bildhauers Giambologna (1529–608) ausgestellt ist. Rechts der Loggia führt ein Weg zum Salone del Consiglio Maggiore, der die Höhepunkte früher florentinischer Renaissanceskulpturen beherbergt. Zu Donatellos Meisterwerken zählen hier die erste Nacktdarstellung der Neuzeit, die Bronzestatue des »David« (1440), der ältere »Marmordavid« (1408/09), ein heldenhafter hl. Georg (1415–1417), die dem Cupido verwandte Figur des Amor-Attis (1440–1443) und eine ca. 1432 entstandene Porträtbüste des florentinischen Politikers Niccolò da Uzzano (1359–1431). Bedeutend sind auch der Saal mit islamischer Kunst, Terracotta-Arbeiten von Giovanni und Andrea della Robbia (2. OG) und die Fresken aus der Werkstatt Giottos (1330–1337) in der Cappella del Podestà. Im Paradies-Teil ist Dante (!) portraitiert!

Kunst und Wissenschaft mit Illusionen verbindet nahebei das neue private Museo delle Illusione auf 600 m² Ausstellungsfläche (Borgo degli Albizzi 29, Tel. 345 5 95 40 87, https://museumofillusions.it, Mo–Fr 10–19, Sa, So bis 20 Uhr, 17 €).

KLEINE PAUSE

Füße und Augen ausruhen bei einem Glas Wein und einer Bistecca Fiorentina – das geht bestens im **Gustavino** (S. 73).

217 D3 Via del Proconsolo 4 055 064 94 40 www.bargellomusei.beniculturali.it Fr–Mo 8.15–18.50, Mi, Do 8.15–13.50 Uhr, Di geschl. E-Bus: C1, C2 10 €, Ticketreservierung + 3 € (Res. siehe S. 50), oder Firenzecard (3 Tage gültig, 85 €), oder Kombiticket (3 Tage gültig; mit Cappelle Medicee, Orsanmichele, Palazzo Davanzati, Casa Martelli) 22 €

⑮ Piazza della Signoria

Was?	Einer der berühmtesten Plätze von ganz Italien
Warum?	Um im weltlichen Zentrum der Stadt herrschaftliches Ambiente zu bewundern und in einem der Nobelcafés eine »bella figura« zu machen.
Wann?	Wenn die Sonne allmählich sinkt ...
Wie lange?	Mit Palazzo Vecchio und Torre d'Arnolfo zwei bis drei Stunden
Resümee	Nabel der Macht, Herz der Modewelt

Seit dem 14. Jh. ist der Palazzo Vecchio an der herrlichen Piazza della Signoria Sitz der Regierung und des heutigen Bürgermeisters. Aber Mode-Freaks interessiert das weniger: Sie pilgern schnurstracks zu Gucci Garden (Nr. 10) mit Modegalerie, Boutique, Buchladen und edler Osteria von Starkoch Massimo Bottura.

Die Florentiner haben dem Neptunbrunnen einen passenden Spitznamen gegeben: »il Biancone – der große Weiße«.

Edel geschmückt

Berühmt sind an der Ostseite des Platzes auch das Reiterstandbild (1594) von Cosimo I. de' Medici aus der Werkstatt Giambolognas und die kolossale »Fontana del Nettuno« (Neptunbrunnen, 1563–1575) von Bartolomeo Ammanati. Es folgen zwei Werke (Kopien) von Donatello: »Il Marzocco« (»Der Löwe«; 1419) und »Giuditta e Oloferne« (»Judith und Holofernes«; 1453–1457). Die Originale sind im Palazzo Vecchio. Das Ensemble komplettieren die Kopie von Michelangelos »David« (S. 49) sowie »Ercole e Caco« (»Herkules und Cacus«; 1534) von Baccio Bandinelli.

Nur wenige Schritte sind es zur Loggia dei Lanzi, einer offenen Halle, die 1376 errichtet wurde, um die Würdenträger der Stadt während Feierlichkeiten vor Wind und Wetter zu schützen. Famos: die Bronzestatue »Perseo con la testa di Medusa« (»Perseus mit dem Haupt der Medusa«; 1545–1554) von Benvenuto Cellini, und Giambolognas Marmorgruppe »Raub der Sabinerinnen« (1574–1580). *(Weiter: S. 60)*

Die gute Stube von Florenz

Die beeindruckende Piazza della Signoria, einst Schauplatz der Volksversammlungen, wird vom wuchtigen Turm des Palazzo Vecchio beherrscht. Am besten genießt man das bunte Treiben heute von einem der Cafés gegenüber vom Palazzo.

1 Palazzo Vecchio: Der Palazzo dei Priori entstand in den Jahren 1299 bis 1314. Seinen heutigen Namen »alter Palast« erhielt er, nachdem die Residenz der Medici in den Palazzo Pitti verlegt worden war.

2 Torre d'Arnolfo: Im »l'Alberghetto« genannten Gefängnis des 1310 erbauten Turms schmorten schon Cosimo de'Medici 1433 und Savonarola vor seiner Hinrichtung 1498.

3 Loggia dei Lanzi: In der offenen, dreijochigen Halle stehen berühmte Skulpturen, u. a. »Perseus mit dem Haupt der Medusa« von Benvenuto Cellini. Unter der rechten Arkade ist die manieristische Marmorgruppe »Raub der Sabinerinnen« von Giovanni da Bologna, genannt Giambologna, zu sehen.

4 Neptunbrunnen: Wegen dem marmornen Meeresgott Neptun wird der Brunnen auch »Il Biancone« (der große Weiße) genannt.

5 David-Statue: Vor dem Palazzo Vecchio steht eine Kopie des berühmten »David« von Michelangelo (das Original findet man in der Galleria dell'Accademia).

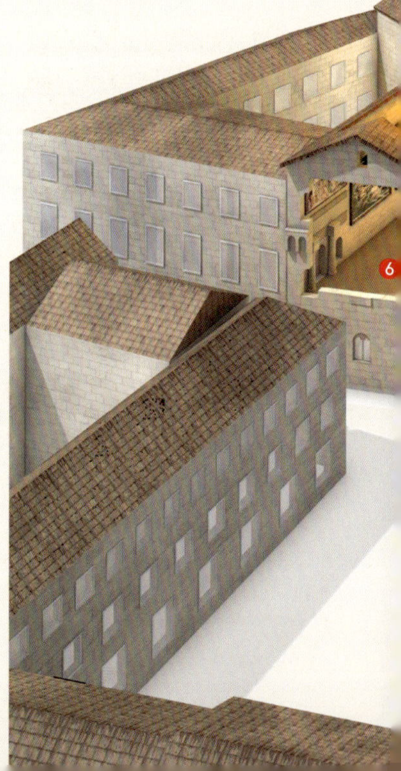

6 Salone dei Cinquecento: In der ersten Etage befindet sich der »Saal der Fünfhundert«, der für die von Savonarola geschaffenen Ratsversammlungen vorgesehen war. In der zweiten Hälfte des 16. Jh.s wurde er durch Vasari und seine Schule umfangreich umgestaltet. Eine besondere Beachtung verdienen die Kassettendecke mit allegorischen Darstellungen zur Geschichte von Florenz und den Medici sowie die Marmorstatue »Genius des Sieges« von Michelangelo.

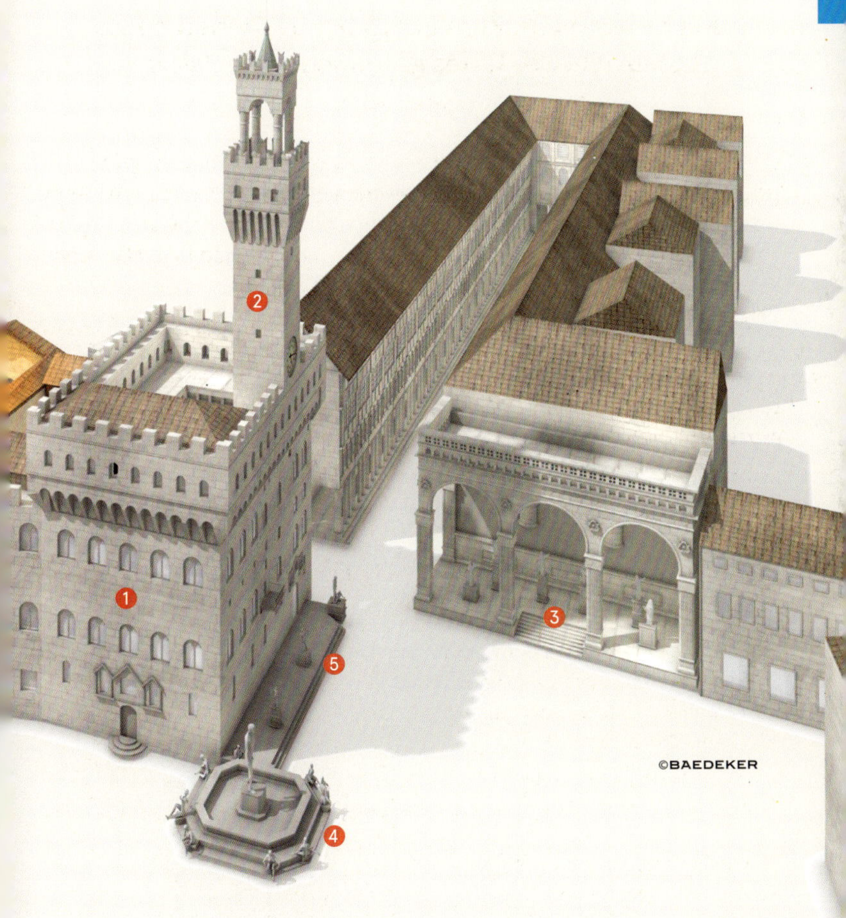

Cafés säumen die Piazza – die gute Sicht von einem Tisch im Freien hat aber ihren Preis!

Ganz schön mächtig

Arnolfo di Cambio schuf den Palazzo Vecchio in den Jahren 1299 bis 1314. Den Innenhof entwarf Michelozzo 1453, Giorgio Vasari baute ihn ab 1565 um. Höhepunkte im ersten Stock sind der Salone dei Cinquecento (Saal der Fünfhundert) mit Vasaris monströsen Schlachtenbildern und Michelangelos »Genius des Sieges« (1532–1534) sowie das Studiolo di Francesco I. (1570 bis 1575), ein Arbeitszimmer für den Sohn von Cosimo I. Im zweiten Stock warten die perfekt restaurierten Privatgemächer Cosimos I. (Quartiere degli Elementi) und die von Eleonora di Toledo mit Werken von Donatello und Ghirlandaio im Liliensaal.

1497/98 ließ der Bußprediger Girolamo Savonarola alle »unzüchtigen« Gegenstände wie Spiegel, Schachspiele und Kunstwerke auf dem Platz verbrennen. Am 23. Mai 1498 ereilte ihn selbst der Volkszorn: Den Ort seiner Hinrichtung – er starb auf dem Scheiterhaufen – markiert eine Gedenktafel.

Atemberaubend ist die Aussicht vom knapp 95 m hohen Torre d'Arnolfo (233 Stufen). Und am Percorso archeologico (Archäologischer Rundweg) sind die Überreste eines römischen Theaters zu bestaunen.

KLEINE PAUSE

Variantenreich belegte toskanische Sandwiches, Musikinstrumente an der Wand – so snackt man im **Girone De' Ghiotti** (Via dei Cimatori 23r, Tel. 055 5 32 60 53, Mo–Do 11.30 bis 20, Fr–So bis 21 Uhr).

✈217 D3

Palazzo Vecchio
☎ 055 2 76 82 24 (Ticketvorbestellung)
◔ Palazzo Fr–Mi 9–19, Do 9–14, Torre Fr–Mi 9–17, Do 9–14 Uhr
🚌 E-Bus: C1, C2 in der Nähe
🎟 Museum & Turm jeweils 12,50 € oder Firenzecard (3 Tage gültig, 85 €); Ticketreservierung (für Turm obligatorisch) + 1 €: an der Kasse (EG), online auf https://bigliettimusei.comune.fi.it, via https://musefirenze.it, oder Tel. 055 2 76 82 24

Gucci Garden
Piazza della Signoria 10
☎ 055 75 92 70 10 🌐 www.gucci.com, www.gucciosteria.com
◔ tgl. 10–21, Boutique bis 19, Osteria 12–15, 19.30 bis 22 Uhr
🎟 Galerie: 8 €

⓰ Gallerie degli Uffizi

Was?	Kunsttempel von Weltrang
Warum?	Botticellis anmutige Venus muss man gesehen haben.
Wann?	Am besten im reservierten Zeitfenster – wer spontan kommt, wartet ewig.
Wie lange?	So lange die Füße tragen (mindestens zwei Stunden).
Was noch?	Die Terrasse über der Loggia dei Lanzi
Resümee	Haben Sie Mut zur Lücke!

Die Ruhe nach dem Sturm: Während der Innenhof der Uffizien tagsüber einem Wimmelbild gleicht, mutet er im Glanz der abendlichen Lichter fast idyllisch an.

Dank des Zusammenschlusses mit Palazzo Pitti und Boboli-Garten, Umbau, Erweiterung und Neuhängung sind die »Grandi Uffizi« (Großen Uffizien) nun mit über 4 Mio. Besuchern jährlich die größte Attraktion Italiens. Seit 2024 verbindet der wiedereröffnete einstige Geheimgang der Medici, der Vasari-Korridor (Corridoio Vasariano) über den Ponte Vecchio, sogar alle Museumsorte direkt miteinander. Giorgio Vasari baute den riesigen Bürotrakt (»ufficio« = Amt, Büro) für den Großherzog Cosimo I. de' Medici ab 1560. Seit 1763 beherbergen die Uffizien die weltweit wohl größte Sammlung italienischer Renaissancekunst, Top-Werke andere Epochen und weitere europäischer Spitzenkunst.

Eines der berühmtesten Werke der Kunstgeschichte: Botticellis »Geburt der Venus« in Saal A 12.

Auch die Architektur der Ausstellungsräume lohnt genaueres Hinsehen.

Die Kunstwerke stammen zum größten Teil aus der Privatsammlung der Medici. Anna Maria Luisa (1667–1743), die letzte Repräsentantin der einst so mächtigen Dynastie, vermachte die Sammlung der Stadt Florenz unter der Bedingung, dass sie niemals die Stadt verlassen dürfe.

Die Ausstellung

Unter den Meisterwerken zu nennen wären z. B. die drei Bilder in Saal A 4, die die »Maestà« oder auch »Thronende Muttergottes« darstellen. Sie stammen von drei großartigen Malern des 13. Jh.s, von Duccio di Buoninsegna aus Siena sowie von Giotto und Cimabue, die beide in Florenz arbeiteten. In den Sälen A 5 und A 6 befinden sich weitere Highlights sienesischer Künstler, allen voran die glanzvolle »Verkündigung« (1333) von Simone Martini und Arbeiten von Pietro und Ambrogio Lorenzetti, die beide 1348 Opfer der Pest wurden. Achten Sie in Saal A 7 auf die Details und die Farbenpracht in den Gemälden »Die Anbetung der Könige« von Gentile da Fabriano (1423) und »Krönung Mariä« (1414) von Lorenzo Monaco.

In den Sälen A 8 bis A 10 folgen die Werke früher Renaissancekünstler, darunter Gemälde von Piero della Francesca, Masaccio und Paolo Uccello, dessen »Schlacht von San Romano« (ca. 1438) in Saal A 9 perspektivisch unnachahmlich gut gelungen ist. Übertroffen werden sie noch von den Werken Botticellis in den Sälen A 11 bis A 13, den größten Besuchermagneten der Uffizien: Hier sehen sie die Bilder »Frühling« (1480–1482) und »Die Geburt der Venus« (ca. 1485), die sich in ihrer Bildersprache und Themenwahl an klassischen Mythen orientieren.

Besucher mit wenig Zeit sollten in Saal A 35 zu Leonardo da Vincis »Anbetung der Weisen« (1481) und zur »Verkündigung« (1472–1475) eilen. Letzteres Bild stammt aus der Werkstatt Verrocchios. Leonardo, der aus dem kleinen Dorf Vinci in der Hügellandschaft westlich von Florenz stammte, hat daran mitgearbeitet (S. 183).

Ein Muss ist auch Saal 38 mit Raffaels »Madonna mit dem Stieglitz« (ca. 1506) und »Tondo Doni« (1505–1507), dem einzigen Gemälde von Michelangelo im Besitz der Uffizien. In Saal A 39 beeindruckt Rubens mit zwei Monumentalbildern, Albrecht Dürer ist in Saal A 42 präsent. Die Säle C1 bis C4 sind für die 1750 Selbstportraits von Künstlern aus dem Vasari-Korridor reserviert, während Tizians berühmte »Venus von Urbino« (Saal D 22), Tintoretto in Saal D 24, Caravaggio (Säle D 29, D 31) und schließlich Rembrandts Porträtbilder (Saal D 34) weitere Höhepunkte setzen.

KLEINE PAUSE

Kunstgenuss mit Erholung bietet im zweiten Obergeschoss die **Cafeteria** mit einer Panorama-Dachterrasse vis-à-vis dem Palazzo Vecchio.

---

216 C3 Loggiata degli Uffizi 6
055 29 48 83 (Ticketreservierung)
www.uffizi.it
Di–So 8.15–18.50, regelmäßig auch abends bis 21.30 Uhr 23, 71; E-Bus: C1
25 € (10.11.–20.12., 10.1.–20.2. nur 12 €) oder Firenzecard (3 Tage gültig, 85 €) oder Kombiticket »Passepartout« (5 Tage gültig; mit Pal. Pitti, Giardino di Boboli, Arch. Nationalmuseum und Opificio delle Pietre Dure) 38 € (10.11. bis 20.12. u. 10.1.–20.2. nur 18 €); Reservierung: + 4 € (an der Kasse, via www.uffizi.it sowie siehe S. 50).

Nach Lust und Laune!

17 Museo di San Marco

In der Kirche San Marco links vom Museumseingang beeindrucken das byzantinische Mosaik »Madonna della Misericordia (705–707 n. Chr.) und die Statue von Savonarola. In der Sala del Beato Angelico im Erdgeschoss des Museums sind 16 Werke von Fra Angelico versammelt, darunter der »Tabernacolo dei Linaioli« (1433/34) und sein Jüngstes Gericht (1430). Den Ex-Kapitelsaal dominiert sein Fresko »Kreuzigung«. Nicht verpassen sollten Sie das »Letzte Abendmahl« von Domenico Ghirlandaio (ca. 1486) im Refettorio Piccolo (kleiner Speisesaal). Im ersten Stock beeindrucken Fra Angelicos »Verkündigung« (1442) sowie die von ihm und seinen Schülern geschaffenen Fresken (1438–1445) in den 44 Mönchszellen.

217 D5 Piazza San Marco 3 055 088 20 00 www.polomusealetoscana.beniculturali.it Di–Sa sowie 2./4. So und 1./3. Mo im Monat 8.15–13.50 Uhr Tram T 2 und Busse zur Piazza San Marco, u. a. 1, 6, 10, 11, 14, 17, 23, 25; E-Bus: C1 Kirche frei, Museum 8 € oder Firenzecard (3 Tage gültig; 85 €), Vorbestellung (siehe S. 50) + 3 €

18 Palazzo Medici-Riccardi

Die Medici residierten im 1444 bis 1460 von Michelozzo für Cosimo il Vecchio errichteten Palast. 1659 wurde er an die Familie Riccardi verkauft. Den einstigen Glanz verströmt Michelozzos Innenhof (bis 1452), im Souterrain beeindrucken antike Marmorskulpturen (Museo dei Marmi Romani). Treppauf zeigen in der kleinen Cappella dei Magi Fresken von Benozzo Gozzoli (1459) den »Zug der Heiligen Drei Könige«. Gozzoli hat auch Szenen aus dem Florenz des 15. Jh.s aufgenommen und ermöglicht uns so einen Einblick in das Leben dieser Zeit. An der Ostwand wird Casper von einer mittelalterlichen Entourage begleitet, darunter Mitglieder des Medici-Clans und ihre Freunde. Ein weiterer Höhepunkt ist der Spiegelsaal (Saal 11).

217 D5 Via Cavour 3 055 2 76 05 52 Do–Di 9–19 Uhr (letzter Einlass 18 Uhr) 14, 23; E-Bus: C1 7 €, mit Sonderausstellung 10 €, oder Firenzecard (3 Tage gültig, 85 €); Online-Reservierung + 1,50 €

19 Mercato Centrale

Dieser riesige Lebensmittelmarkt ist der größte seiner Art in Europa. Er betört seit 1874 Touristen und Einheimische gleichermaßen mit seinem Aufgebot an kulinarischen Köstlichkeiten. Während an den Ständen im Erdgeschoss frische Lebensmittel aus der Region verkauft werden, gibt es in der oberen Etage schicke Lokale, Bars und eine Kochschule. Auch die Markthalle selbst mit ihrer gusseisernen Dachkonstruktion lohnt einen Besuch. Dieser lässt sich ideal mit der Besichtigung von San Lorenzo (S. 52) oder den Cappelle Medicee verbinden (S. 51).

216 C5 Piazza del Mercato Centrale www.storicomercatocentrale.it (unten), www.mercatocentrale.it (oben) EG Mo–Fr 7–15, Sa 7–17, 1. OG So–Do 9–23, Fr, Sa bis 24 Uhr 4, 14, 22, 23, 36, 37; E-Bus: C2 in der Nähe frei

20 Museo dell'Opera del Duomo

Die Opera del Duomo wurde 1296 als Körperschaft zur Erhaltung des Doms, des Baptisteriums und des Campanile gegründet (S. 44). Seit 1891 beherbergt ihr Hauptgebäude östlich des Doms das heutige Dombaumuseum, das Kunstwerke aus 700 Jahren versammelt. Im herrlichen Paradiessaal ist dort u. a. die Rekonstruktion der 1587 entfernten Fassade von Arnolfo di Cambio im Maßstab 1 : 1 zu sehen: samt Heiligenstatuen von Donatello sowie Nanni di Banco und Arnolfo di Cambios herausragender »Muttergottes mit den Glasaugen« (um 1300/1310).

Als wertvollster Schatz gilt die »Pietà« (1547–1555) von Michelangelo (Saal 10). Herausragend sind zudem in Saal 8 Donatellos hinter Glas geschützte Holzstatue der »Maria Magdalena« (1453–1455), Lorenzo Ghibertis restaurierte Paradiestür (1425–1452) im Paradiessaal und im 1. Stock in Saal 14 die Flachreliefs von Andrea Pisano und Luca della Robbia. Holzmodelle der Kuppel und Werkzeug beeindrucken in Saal 15, fantastisch sind die marmornen Sängertribünen von Donatello und Luca della Robbia in Saal 23. Unfassbar schön ist im 3. Stock (Fahrstuhl!) der Blick von der Panoramaterrasse auf die Domkuppel.

Gemüsestand auf dem Mercato Centrale.

217 D4 Piazza del Duomo 9
055 2 64 57 89
https://duomo.firenze.it
tägl. 8.30–19 Uhr, erster Di im Monat geschl. E-Bus: C1, C2
nur Kombiticket ab 15 € (siehe S. 46)

21 Museo Archeologico Nazionale

Das Archäologische Nationalmuseum ist ein wenig besuchtes Kleinod, wenige Gehminuten von San Marco entfernt. Grundstock bildet die Sammlung ägyptischer und etruskischer Kunst, die die Medici seit dem 15. Jh. zusammengestellt haben. Beachtung verdienen die bronzene

Chimäre (4. Jh. v. Chr.) aus Arezzo, ein Fabelwesen mit Löwenkopf, und der »Arringatore« (1. Jh. v. Chr.), die realistische Darstellung eines antiken Redners.

217 E5 Piazza SS. Annunziata 9b 055 2 35 75 Mo–Mi, Fr, Sa, 1. So im Monat 8.30–14, Do 13.30–19 Uhr; 2./3./4./5. So im Monat geschl. 6 A, 6 B, 23, 23 A, 23 B 8 €, gratis mit Ticket der Uffizien (5 Tage gültig)

22 Orsanmichele

Das Gebäude der Kirche von Orsanmichele diente einst als Oratorium (seit dem 8. Jh.) und Getreidespeicher (ab 1284); eine neue Loggia entstand ab 1337, die Kirche wurde 1406 vollendet. Sie verdankt ihre künstlerische Bedeutung den Statuen aus dem frühen 15. Jh., die in 14 Außennischen stehen. Von den mittelalterlichen Zünften von Florenz in Auftrag gegeben, zeigen sie deren jeweiligen Schutzheiligen. Geschaffen wurden sie von den bedeutendsten Künstlern ihrer Zeit – Donatello, Ghiberti, Michelozzo, Brunelleschi und Verrocchio. Heute sind viele der ausgestellten Werke Kopien, die Originale findet man im Museum Orsanmichele (1. Stock) und im Bargello (S. 55). Die Innenwände der Kirche sind mit ausgeblichenen Fresken der Zunftheiligen ausgeschmückt. Das Hauptschiff wird von Orcagnas kostbarem Tabernakel (1349–1359) mit dem Gnadenbild der »Madonna delle Grazie« (1347) von Bernardo Daddi bestimmt.

216 C3 Via dei Calzaiuoli-Via dell'Arte della Lana 055 064 94 50 Führungen Di–Sa 11.40, 12.50, 14.15, 15.25, 16.35 Uhr E-Bus: C1, C2 4 € oder Kombiticket (mit Bargello, Cappelle Medicee, Pal. Davanzati, Casa Martelli) 21 €, oder Firenzecard (3 Tage gültig, 85 €)

23 Palazzo Davanzati

Einen interessanten Einblick in das Leben im Florenz des 14. Jh.s erhalten Sie in diesem Herrenhaus, das Ende des 14. Jh.s für die Familie Davizzi erbaut und 1578 an die Familie Davanzati verkauft wurde, die dort 1838 lebte. Das Haus hatte seine eigene Wasserversorgung – einen Brunnen im Hof –, was damals als Luxus galt. Die monumentale Originaltreppe ist die einzige erhaltene mittelalterliche Holztreppe der Stadt. Besuchen Sie die Sala dei Pappagalli und die Sala Pavoni im ersten Stock und schauen Sie sich die prächtigen Fresken an. Die 2. und 3. Etage sind nur auf Führungen (Di–Do 10.15, 12.15, sonst 15.15, 17.15 Uhr) zu besichtigen.

216 C3 Via Porta Rossa 13 055 064 94 60 www.bargellomusei.beniculturali.it Di–Do 8.15–13.50, Fr, Sa und 2./4. So im Monat 13.15–18.50 Uhr; Mo und 1./3./5. So im Monat geschl. 6 € oder Kombiticket (mit Bargello, Cappelle Medicee, Orsanmichele, Casa Martelli) 21 € oder Firenzecard (3 Tage gültig, 85 €)

24 Santa Trinita

Das Innere der im 13./14. Jh. gotisch umgebauten Kirche aus dem 11. Jh.

Wie Schwalbennester kleben die Ladenhäuschen am Ponte Vecchio.

birgt in den Seitenkapellen Meisterwerke. Besondere Erwähnung verdient die Cappella Sassetti, die zweite Kapelle rechts vom Hochaltar, mit dem Freskenzyklus »Legenden des hl. Franziskus« (1483–1486) von Ghirlandaio. Starke Konkurrenz bieten an der Piazaz Santa Trinita 1 die Sammlung Casamonit im Palazzo Bartolini-Salimbeni mit Werken von Warhol, Picasso oder Paul Klee (Mi–So 11.15–19 Uhr; Eintritt: 12 €; https://collezionerobertocasamonti.com/) und das sagenhafte Schuhmuseum samt Boutique von Ferragamo (Piazza Santa Trinita 5/R; tgl. 10.30–19.30 Uhr, Eintritt: 8 €; https://museo.ferragamo.com).

216 B3 Piazza Santa Trinita
055 21 69 12 tägl. 7–12 & 16–19 Uhr
E-Bus: C3, C4 in der Nähe frei

25 Ponte Vecchio

Die berühmteste Brücke von Florenz nimmt ihren Platz unweit der schmalsten Stelle des Arno in der Stadt seit dem Jahr 1345 ein. Vor ihr befanden sich hier u. a. eine römische (1. Jh. v. Chr., Neubau 123 n. Chr.) und hölzerne mittelalterliche Brücken, die Hochwasser weggespült oder Feuer vernichtet hatten. 1944 entging sie als einzige Brücke der Stadt dem Schicksal, von der deutschen Wehrmacht gesprengt zu werden.

Schon seit den Anfangstagen der Brücke »kleben« malerische Läden und Werkstätten an ihren Flanken. Früher gingen hier Metzger und Fischhändler ihrem Gewerbe nach und beförderten ihre Abfälle kurzerhand in den Fluss. Später folgten Gerber, die im Arno ihre

Felle einweichten, danach kamen die Schmuckhändler und Goldschmiede. Über die Brücke führt der Vasari-Korridor (Corridoio Vasariano; siehe S. 61).

216 C3 Via Por Santa Maria–Lungarno degli Acciaiuoli tägl. E-Bus: C3, C4 frei

26 Cappella Brancacci

Für die Kunst der Renaissance bahnbrechende Fresken befinden sich in der unscheinbaren Kirche Santa Maria del Carmine in der Cappella Brancacci: Der wohlhabende Seidenhändler Brancacci beauftragte zur Ausschmückung dieser Kapelle 1424 Masolino da Panicale (1383 bis 1447), der dessen Schüler Masaccio (1401–1428) hinzuzog. In Masolinos Abwesenheit erblühte sein Schüler zur vollen Schöpferkraft. Allerdings starb Masaccio jung, sodass erst Filippino Lippi 1480 das Werk seiner beiden Vorgänger vollendete. Großartig ist das Fresko »Erweckung des Sohnes des Theophilus und Petrus auf dem Thron« (untere Reihe). Ganz rechts sind Masaccio im Selbstportrait und dazu Masolino, Alberti und Brunelleschi dargestellt.

216 A3 Piazza del Carmine 14 055 2 76 82 24 (Vorbestellung obligatorisch) https://bigliettimusei.comune.fi.it Fr, Sa, Mo 10–17, So 13–17 Uhr 11, 36, 37; E-Bus: C4 10 € + 1 € Reservierung (auch via https://muse firenze.it)

27 Giardino di Boboli

Der Giardino di Boboli ist der größte Park der Innenstadt von Florenz. Er wurde ab 1549 hinter dem Palazzo Pitti angelegt, als Cosimo I. de' Medici diesen bezog. Seit 1776 öffentlich zugänglich, ist er seit 2013 Teil des UNESCO-Welterbes. Außer im Hochsommer sind seine schattigen Wege, Gärten, Brunnen, Grotten und Statuen eine Wohltat. Großartig ist die Grotta del Buontalenti, in den Jahren 1583 bis 1593 erbaut.

216 B1 4 Eingänge (Palazzo Pitti, Annalena/Via Romana, Porta Romana, Forte Belvedere) 055 2 38 87 86 www.uffizi.it/giardino-boboli Nov. bis Feb. tägl. 8.15–16.30, 1.3.–25.3. und 29.10.–31.10. bis 17.30, 26.3.–31.5. und 1.9.–28.10. bis 18.30, Juni–Aug. bis 19 Uhr, 1. und letzter Mo im Monat geschl. 11, 36, 37; E-Bus: C3, C4 10 € (inkl. Giardino Bardini), in der Nebensaison (NS) 10.11.–20.12., 10.1.– 20.2.) 7 €, Kombiticket mit Pal. Pitti 22 €, NS 14 €, Kombiticket »Passepartout« mit Uffizien, Pal. Pitti (5 Tage gültig) 38 €, NS 18 €

28 Palazzo Pitti

Der Bankier Luca Pitti, Rivale der Medici, ließ diesen Riesen-Palast ab 1458 erbauen. Nach dem Erwerb des Baus durch Cosimo I. de' Medici wurde er zur Residenz der Medici-Großherzöge wie der Nachfolger aus Habsburg-Lothringen. Anfang des 19. Jh.s nutzte Napoleon den Palast während der Besetzung von Florenz. 1919 in Staatsbesitz überführt, fand hier am 22.7.1952 in der Sala Bianca die erste Laufsteg-Modenschau der Welt! Heute beherbergt er fünf Museen: Die Galleria Palatina besitzt Hunderte unbezahlbarer Kunstwerke der Medici und ergänzt die Uffizien (S. 61) als zweitgrößtes Kunstmuseum der Stadt. Die wertvollsten Schätze sind Arbeiten von Raffael und Tizian, zudem werden auch Werke von Caravaggio, Filippino Lippi und anderen großen Künstlern ausgestellt.

216 B2 Piazza Pitti 1
055 29 48 83 www.uffizi.it/palazzo-pitti Di–So 8.15–18.30 Uhr 11, 36, 37; E-Bus: C3, C4 16 €, 10.11.–20.12. und 10.2.–20.2. 10 €, Kombitickets wie Giardino di Boboli (S. 68); Ticketreservierung: + 3 € (an der Kasse sowie siehe S. 50)

29 San Miniato al Monte

Der Aufstieg zu einem der prächtigsten romanischen Gotteshäuser der Toskana beginnt an der Porta San Miniato und führt stets bergauf (alternativ nimmt man die Buslinie 12). Grandios sind die Ausblicke auf die Arnometropole, unvergesslich die Messen teils mit gregorianischen Gesängen (So 17.30, werktags 18 Uhr), die man indes als Nur-Tourist auch So vormittags (8.30, 10, 11.30 Uhr) nicht stören sollte.

San Miniato wurde ab 1018 an Stelle einer 783 erbauten Kapelle für den hl. Minias (gest. 250) errichtet. Mit der Fassade begann man im Jahr 1090, das herrliche Fassadenmosaik mit Christus zwischen Maria und dem hl. Minias entstand aber erst um 1260. Den Giebel krönt ein Adler, das Wappentier der reichen Tuchhändlerzunft. Der Marmorfußboden mit Tierkreiszeichen im Kircheninneren entstand im Jahr 1207, das grandiose Marmorziborium schuf Michelozzo 1448. Sehenswert sind zudem die Fresken (1341) von Taddeo Gaddi, die Kapelle des Kardinals von Portugal (1459–1466), das Apsismosaik aus dem Jahr 1297 und die Krypta.

217 F1 Via delle Porte Sante 34
055 2 34 27 31 www.sanminiato almonte.it Mo–Sa 9.30–13 & 15–18, So 15–17.30 Uhr 12 frei

Geschafft! Auf der Freitreppe vor San Miniato haben Sie sich ein Päuschen verdient.

Gartenlust mit Panorama

Wie wohltuend ist doch eine Pause im Grünen: etwa im Giardino Bardini unterhalb des Giardino di Boboli! Sie atmen tief durch, genießen die Hortensien- und Kamelienpracht und das Vogelgezwitscher, lassen sich vielleicht ein mitgebrachtes Picknick schmecken oder besichtigen eine Ausstellung in der Villa Bardini.

Eingang: Via dei Bardi 1r oder Costa San Giorgio 2, Giardino tägl. 10–18 Uhr, 1. und letzter Mo im Monat geschl., Villa bei Ausstellungen Di–So 10–21 Uhr, www.villabardini.it

Wohin zum … Übernachten?

Preise für ein Doppelzimmer pro Nacht:
€ unter 130 €
€€ 130–200 €
€€€ über 200 €

Brunelleschi €€€

Sogar schon zu literarischen Ehren kam dieses modern ausgestattete 96-Zimmer-Luxushotel nahe dem Dom. Nach Plänen des 1990 verstorbenen Florentiner Architekten Italo Gamberini entstand es im und um den Torre della Pagliazza (541–544 n. Chr. erbaut). Es birgt ein Privatmuseum mit architektonischen Funden, die bei der Restaurierung entdeckt wurden.

217 D4 Piazza Santa Elisabetta 3
055 27370 www.hotelbrunelleschi.de
61, 62

Carpe Diem B & B €/€€

Im dritten Stock eines historischen Palazzo nahe der Basilica di Santa Croce liegen das Doppel- und die beiden Mezzanin-Mehrbettzimmer (für 3 bzw. 4 Pers.) sowie das mit kompletter Küche ausgestattete Apartment im historisch romantischen Florentiner Stil. Wunderbar ist auch die Panoramaterrasse mit Blick über die Dächer von Florenz.

217 E2 Via Tripoli 38 055 4 61 12 13
www.carpediemfirenze.com 14, 23

Gallery Hotel Art €€€

Das stilvolle Vier-Sterne-Hotel (69 DZ, 5 Suiten) ist in seiner Art einzigartig in Florenz. Es besticht durch seine klare, minimalistische Optik – dunkles Holz, neutrale Farbgebung und moderne Kunst sind die vorherrschenden Elemente. Regelmäßig finden Kunst- und Fotografie-Ausstellungen statt.

216 C3 Vicolo dell'Oro 5 055 27263
www.lungarnocollection.com
E-Bus: C3, C4

Helvetia & Bristol €€€

Das um 25 Zi. erweiterte Helvetia & Bristol atmet klassischen Luxus. Zu den prominenten Hotelgästen gehörte schon Igor Strawinsky. Die Ausgestaltung erinnert an alte europäische Eleganz. Service und Einrichtung sind aber topmodern.

216 C4 Via dei Pescioni 2 055 26651
www.starhotelscollezione.com/en/our-hotels/helvetia-and-bristol-florence
6, 11; E-Bus: C2

Hotel Davanzati €€

Das familiengeführte Hotel (20 Zimmer und Suiten) befindet sich ganz in der Nähe der Piazza della Signoria. Untergebracht ist es in einer mittelalterlichen Villa, die renoviert und mit modernster Technik ausgestattet wurde. Das Dekor ist klassisch, aber nicht überladen, der Preis in dieser Lage kaum zu schlagen. Legendär ist die Happy Hour (18.30 bis 19.30 Uhr) für Hotelgäste in der Lobby mit Prosecco, Chianti und Häppchen gratis.

216 C3 Via Porta Rossa 5
055 28 66 66 www.hoteldavanzati.it
E-Bus: C2 in der Nähe

Hotel David €€

In dem herrlich altmodischen Drei-Sterne-Hotel, das etwas zurückgesetzt von einer Allee in Oltrano liegt, meint man, zu Besuch bei lieben Verwandten zu sein. Selbstverständlich verfügen die individuell eingerichteten Zimmer, einige davon mit Balkon, über modernen Komfort. Bei schönem Wetter lockt ein romantischer Garten – und wer mag, bedient sich abends am Aperitivo-Buffet.

217 östl. F1 Viale Michelangelo 1
055 6 81 16 95 www.hoteldavid.com
12,13; E-Bus: C4

Hotel Hermitage €€€

Nur Frühbucher haben eine Chance, eines der Zimmer dieses reizenden Drei-Sterne-Hotels zu ergattern. Seinen guten Ruf verdankt es dem freundlichen Service, den komfortablen Bädern und der bestechenden Lage fast direkt am Ponte Vecchio. Nicht alle Zimmer haben Ausblick auf den Fluss oder die Brücke, dafür können diese recht laut sein. Im Sommer lädt die schöne Dachterrasse zum Frühstück ein.

216 C3 Vicolo Marzio 1
055 287216 www.hermitagehotel.com
E-Bus: C3, C4 in der Nähe

Hotel L'Orologio €€ / €€€
Nomen est omen – auf Schritt und Tritt stößt man in dem Boutiquehotel auf Uhren aus der Kollektion des Besitzers. In der Bibliothek unterstreicht das dezente Ticken eines Omega-Uhrwerks die gediegene Atmosphäre, im Salon tickt u. a. eine Weltzeituhr und die 55 Zimmer sind allesamt prestigeträchtigen Armbanduhren gewidmet. Auch das Räderwerk aus Standort, Stil und Service greift perfekt ineinander.
216 B4 Piazza Santa Maria Novella 24
055 27 73 80 www.hotelorologioflorence.com 6,11,12,37

Hotel Morandi alla Crocetta €€
In diesem Drei-Sterne-Kleinod merkt man den Geschmack seiner früheren Besitzerin Kathleen Doyle an. Die Räume sind alle mit Antiquitäten, Drucken und Holzfußböden versehen; im schönsten Zimmer findet sich sogar ein Freskenfragment des einst hier untergebrachten Klosters.
217 E5 Via Laura 50 055 2 34 47 48
www.hotelmorandi.it
6, 14, 19, 23, 31, 32 in der Nähe, Tram T2

NH Collection Firenze Porta Rossa €€€
Schon im Jahr 1386 erwähnt ein Händler aus Prato ein »albergho di Porta Rossa«, damals freilich noch als eine einfach Locanda. Inzwischen logieren die Gäste im einstigen Palazzo Bartolini Torrigiani (aus dem Jahr 1500) mit seinem Torre dei Monaldi (13. Jh.) und der Erweiterung aus dem 18. Jh. in modernestem Design, akzentuiert von historischen Relikten wie mittelalterlichen Fresken und ausgewählten Antiquitäten. Die Hotelkette NH renovierte es behutsam (70 Zimmer).
216 C3 Via Porta Rossa 19
055 2 71 09 11 www.nh-collection.com
E-Bus: C2 in der Nähe

Haus mit Tradition: Porta Rossa

Affittacamere Nel Cuore Di Firenze €
Fünfmal farbenfroher Shabby-Chic im zweiten Stock eines historischen Palazzo, der nicht nur bei den Einheimischen bekannt ist wegen seiner Fassade mit einem der wenigen erhalten historischen »Kinderfenster« (»finestre dei bambini«). Ganzjährig dienen die Wände dieses für seine Lage günstigen B & B auch für Ausstellungen zeitgenössischer Florentiner Künstler.
217 D3 Via del Corno 3 366 3 44 65 31
6 B, 23 A, 23 B, 37 (Haltestelle Uffizien nur 150 m entfernt)

Antica Dimora Johanna I €€/€€€
Die Zimmer in dieser eleganten Pension in der ersten Etage eines Palastes aus dem 19. Jh. haben Terrazzoböden, Baldachinbetten, Seidenvorhänge und Antiquitäten.
216 nördl. C5 Via Bonifacio Lupi 14
055 48 18 96 www.antichedimore fiorentine.it 6 A, 6 B, 13, 20, 23 A, 23 B in der Nähe

Riva Lofts €€€
Kleine Fabrik aus dem Jahr 1880 in Oltrarno, später von Künstlern und zuletzt von dem Architekten Claudio Nerdi als Atelier genutzt, der hier – inmitten von Ufergrün – neun ultramoderne Studios (30–100 m²) schuf. Es gibt einen Garten mit kleinem Pool und Sitzmöglichkeiten, drei Parkplätze sowie Leihfahrräder, mit denen Sie von der Fluss-Oase direkt gegenüber des Caschine Park in 15 Minuten am Ponte Vecchio sind.
216 westl. A4 Via Baccio Bandinelli 98
055 7 13 02 72 https://rivalofts.com
Tram T1, Haltestelle (Fermata) Paolo Uccello 200 m entfernt

Sognando Firenze €
Die Zimmer in dem familiär geführten B & B in Oltrarno sind hell und freundlich mit modernen Boxspring-Betten ausgestattet. Es gibt ein recht gutes Frühstück sowie kosten-

lose Parkplätze. Der Stadtbus hält gegenüber; in 15 Min. sind Sie im Stadtzentrum.
⊹217 östl. F1 ✉Via Giampaolo Orsini 115
☎329 8 84 53 59 ⊕https://sognandofirenze.it 🚌23 A (bis Halt Orsini), E-Bus: C4

Wohin zum ... Essen und Trinken?

Preise für ein Drei-Gänge-Menü mit Wein:

€	unter 35 €
€€	35–70 €
€€€	über 70 €

RESTAURANTS

Essenziale €€/€€€
Im reduziertem, durch Balkendecke und wuchtig-gemütlichen Ledersofa aber dennoch »warmen« Loftambiente servieren hier nicht Kellner, sondern die Köche selbst ihre kleinen, modernen Kreationen, die auch oft auch in ihrem Arrangement und ihrer Farbigkeit bestechen. Da gibt es z. B. Kopfsalat-Tacos mit Tintenfisch, Edamame, Salbei und Mandelmilch oder Pasta mit Schnecken, Daikon (Winterrettich) und Topinambur. Zum Stockfisch werden Kichererbsen und Chicoree-Sprossen serviert.
⊹216 A3 ✉Piazza di Cestello 3r
☎055 2 47 69 56 ⊕https://essenziale.me
◐Di–Fr 19–22, Sa, So 12–22 Uhr 🚌Bus 6

Gastronomia Galanti €/€€
Hier kann man stets ein ordentliches Tagesmenü, eine Lasagne, frittierte Polenta und andere einfache Speisen essen. In dem bereits seit 1960 bestehenden Betrieb wurde vieles modernisiert, auch eine Weinhandlung (Enoteca) kam hinzu.
⊹216 nördl. C5 ✉Piazza della Libertà 31r
☎055 49 03 59 ⊕https://gastronomiagalanti.com ◐Mo–Sa 9–22 Uhr, Mitte Juni–Mitte Sept. Sa nachm. geschl. 🚌1, 7, 25, 82; E-Bus: C1

Gustavino €€
Eine Küche mit modernem Touch und eine zeitgemäße florentinische Dekoration machen dieses Restaurant zu einem interessanten Kontrast zu den zahlreichen rustikalen Trattorien der Stadt. Auf der Speisekarte stehen hauptsächlich Steaks; es gibt aber auch Nudelgerichte und Pizzen, Salate und Fischspezialitäten. Dazu werden auch Spitzenweine wie Ornellaia aus Bolgheri, Brunello di Montalcino vom Weingut Terre Nere oder ein leckerer, günstiger Morellino di Scansano von Frescobaldi angeboten.
⊹217 D3 ✉Via della Condotta 37r
☎055 2 39 98 06 ⊕www.gustavino.it
◐Mo–Sa 11–15.30, 18–23, So 11–23 Uhr
🚌E-Bus: C1 in der Nähe, C2

Osteria Tripperia Il magazzino €€
Kutteln kennen Sie. Aber Lampredotto? Das ist der zarte Labmagen der Kuh, der auch in Florenz mitunter als Streetfood verkauft wird – geschmort in einem Sud aus Tomaten, Sellerie und Zwiebeln, fein gehackt und in ein Panini gepackt. Lampredotto kann aber auch als eine Art Bollito misto zubereitet werden, oder als Sushi, oder ... Versuchen Sie doch die Pici mit Kohl-Pesto oder die Crespelle (Pfannkuchen). Unbedingt vorbestellen! Alternativ bietet sich schräg gegenüber die Trattoria 4 Leoni an (Tel. 055 21 85 62, www.4leoni.it; tägl. 12–24 Uhr).
⊹216 B2 ✉Piazza della Passera 2/3
☎055 21 59 69 ⊕Facebook-Seite
◐tägl. 12–15, 19.30–23 Uhr 🚌11

Cacio Vino Trallallà €€
Das nette kleine Restaurant in einer Nebenstraße liegt zentral und doch abseits der Touristenströme. In das Gewölbe des Lokals passen nicht einmal 10 Gäste rein. Die Speisekarte ist auch sehr klein, doch die Gerichte sind vortrefflich, wie Lasagne, Carpaccio und Ravioli. Ausgesprochen freundlicher Service und prima Weinauswahl. Unbedingt reservieren!
⊹216 C3 ✉Borgo Santi Apostoli 29r
☎055 21 55 58 ⊕https://osteria-cacio-vino-trallala.business.site/ ◐Di–So 18 bis 22.30 Uhr 🚌keine Direktverbindungen

Leggenda dei Frati €€€
Das Restaurant in der Villa Bardini darf sich mit einem Michelin-Stern schmücken. Das

Hier ein Ristorante, dort eine kleine Enoteca – in Florenz muss niemand hungrig bleiben.

Ambiente ist elegant, akzentuiert durch zeitgenössische Kunst (Menüs 6–9 Gänge 130–180 € zzgl. Weine, oder a la carte).
217 D2 Costa San Giorgio 6/A
055 0 68 05 45
https://laleggendadeifrati.it
Di–So 19.30–22, Fr–So auch 12.30–14 Uhr
E-Bus C3, D

L'Ov €€

Chef Simone Bernacchioni mixt in dieser Osteria Vegetariana auch am neuen Standort in Oltrarno Traditionelles mit kreativen, zeitgenössischen Kreationen. So stehen auf dem Menü etwa vegane Cheeseburger mit Zwiebelringen (19 €). Ebenfalls vegan sind die Zucchini mit Joghurtsauce, Basilikum und Mandeln (16 €). Vegetarisch: frittierte Auberginen mit Knoblauch, Petersilie, Parmesan, Tomatensalat und Tsatsiki (16 €).
216 A3 Piazza del Carmine 4r
055 2 05 23 88 www.osteriavegetariana.it
Mo–Sa 19–23 Uhr E-Bus C4

Osteria Belle Donne €€

Lammkarree mit Trüffeln und Papardelle mit Wildschwein (cinghiale) sind die Spezialitäen in dieser Osteria. Deren Raffinesse zeigt sich im Detail, sowohl im Ambiente als auch auf dem Teller. Probieren Sie den Heringssalat, die hauchdünnen Spaghettini mit Geflügelleber und Vin Santo oder das Rindertartar.
216 C5 Via delle Belle Donne 16r
055 2 38 26 09 www.belledonneosteria.it
tägl. 12–15 & 18.30–24 Uhr
6, 11

Ristorante Frescobaldi €€/€€€

Seit mehr als 700 Jahren steht der Name Frescobaldi für Wein; elf Domänen gehören inzwischen zum Familien-Besitz. Glasweise oder als 3er-Flight (18–52 €) können Sie die bekannten Tropfen zum Lunch oder Dinner kosten – vielleicht zu Lamm in Pistazienkruste mit Jerusalem-Artischocken-Creme und Saisongemüse (29 €).
217 D3 Piazza della Signoria 31
+39 055 28 47 24 www.frescobaldifirenze.it Di–So 12–15, 19–23 Uhr E-Bus C1

CAFÉS UND GELATERIE

Caffè Amerini €

Das Caffè Amerini unterscheidet sich ein wenig von den meisten florentinischen Restaurants. Wie viele Bars und Restaurants der Stadt besitzt es eine Gewölbedecke – die bemalten Wände und das ausgefallene Mobiliar geben dem Lokal aber einen leicht exzentrischen Touch. Hier verkehren alle, ob Studenten oder vornehme ältere Dame. Man kann sich hier bei schlechtem Wetter bequem mit einem Buch zurückziehen, aber auch gut frühstücken oder zu Mittag essen – suchen Sie sich am Eingang einfach ein Sandwich, einen Salat oder eine andere Kleinigkeit aus. Gegen einen kleinen Aufpreis wird Ihnen das Gewünschte an den Tisch serviert.
216 B4 Via della Vigna Nuova 61/63r
055 28 49 41 Mo–Sa 7.30–19.30 Uhr
6; E-Bus: C2 und C4 in der Nähe

Caffè Gilli €€/€€€

Natürlich haben Tradition und Lage dieses eleganten Libertystyle-Cafés ihren Preis. Immerhin logiert es nun schon seit 1733 nahe dem Dom, wo es als kleiner Brot- und Backwarenladen von einem Schweizer Bäcker gegründet wurde. Aber Hand aufs Herz: Mit einem »cappucho« und einem leckeren Dolce das Leben auf der Piazza Republica zu betrachten, hat einfach was. Ein Muss sind auch die opulente Torta Gilli und die Pralinen des Hauses.
216 C4 Via Roma 1r 055 21 38 96
www.caffegilli.com tägl. 7.30–1 Uhr
E-Bus C1, C2

Caffè Letterario Le Murate €
Mit (szenischen) Lesungen, Autorengesprächen, Ausstellungen und Konzerten bietet dieses Literatur- und Kulturcafe unweit des Michelangelo gewidmeten Museo Casa Buonarotti ein breit gefächertes Programm. Sie können aber einfach auch nur im ruhigen Innenhof einen Caffè trinken, eine Kleinigkeit essen und den von Stararchitekt Renzo Piano perfekt umgestalteten ehemaligen Gefängniskomplex erkunden. Frühabends gibt es ein günstiges Buffet.
217 F3 Piazza delle Murate
333 1 86 35 21 www.lemurate.it
Mo–Fr 10.30–2, Sa 15–3, So 15–1 Uhr
8, 13, 14, 23, 31, 81

Gelateria Carabé
Quasi ein Stückchen Sizilien im »hohen« Norden: Probieren Sie unbedingt die frisch gefüllten Cannoli und eine Granita mit Früchten der Saison! Mutige wagen sich auch an Eissorten wie Kastanie, Olivenöl oder Lambrusco und Zitrusfrucht-Schokolade.
217 D5 Via Ricasoli 60r 055 28 94 76
www.ilparcocarabe.it tägl. 12–19 Uhr
1, 4, 6, 7, 10

La Loggia degli Albizi €
Gemütlich, zwanglos, kinderfreundlich: Diese Pasticceria nahe dem namensgebenden mittelalterlichen Albizi-Turm ist ein ganz normales Alltagscafé; es versteckt sich in einer schmalen Gasse keine zehn Gehminuten östlich vom Dom. Das Süßgebäck ist weitgehend hausgemacht; es gibt auch salzige Kleinigkeiten.

Tradition verpflichtet: Im Caffè Gilli geht's edel zu.

217 D4 Borgo degli Albizi 39r
055 7 77 05 59 Mo–Fr 7–20, Sa bis 21 Uhr
14, 23, C1, C2

Pasticceria Nencioni €
Alle Leckereien, die in diesem kleinen Café im Sant'Ambrogio-Viertel aus der Backstube kommen, sind das Nonplusultra florentinischer Konditorei-Kunst. Tägl. um 16 Uhr kommen die berühmten Budini di riso (Reisbällchen) warm auf die Theke.
217 F4 Via Pietrapiana 24r 055 24 10 12
www.pasticcerianencioni.com tägl. 7.30 bis 19 Uhr E-Bus: C1, C2

Vivoli €
Der Klassiker: Selbst für italienische Verhältnisse sind die Eis- und Sorbetspezialitäten des Vivoli nahe Santa Croce überwältigend.
217 E3 Via Isole delle Stinche 7r
055 29 23 34 https://vivoli.it
Di–Sa 8.30–18, So 9.30–18 Uhr
23; E-Bus: C1, C2, C3 in der Nähe

Volume €/€€
Die ehemalige Drechslerwerkstatt in Oltrarno zeigt nun ein farbenfrohes Vintage-Gesicht und bietet hausgemachte Kuchen und Pfannkuchen (aus Buchweizen). Brettspiele, Bücher und Zeitschriften laden zum längeren Aufenthalt ein. Tägl. 18.30–22 Uhr ist Cocktail-Time, regelmäßig gibt es auch Live-Musik!.
216 B2 Piazza Santo Spirito 5r
055 2 38 14 60 www.volume.fi.it
Mo, Di, Fr, Sa 17.30–2, Mi, Do, So 17–2 Uhr
Bus C3, C4

WEIN & SNACK

Casa del Vino €
Im »Haus des Weines« kann man nicht nur Wein trinken, sondern auch kaufen. Wegen der Nähe zum Mercato Centrale (S. 64) wird es von Einheimischen gut besucht. Zum Glas Wein gibt's an der Bar Crostini (Toasts) oder Panini (Sandwiches) sowie Fischsalate, Kutteln, Prosciutto, Salami.
216 C5 Via dell'Ariento 16r 347 0 65 08 43 Mo–Do 10–15.30, Fr & Sa 10–22 Uhr
keine Direktverbindungen

Fuori Porta €€

In Oltrarno, etwas unterhalb des Giardino delle Rose gelegen und zugleich Weinhandlung, paart die Küche auf exzellente Weise Tradition und Innovation. Das beginnt mit den Crostoni und setzt sich mit den Tagliolini mit Schwarzkohl-Pesto und bei Niedrigtemperatur zubereiteten Schweinefleisch »Tonno del Chianti« mit Bohnen und karamellisierten Zwiebeln fort. Gut 200 Weine sind vorrätig, u. a. von »Isola e Olena« aus dem Chianti-Classico-Gebiet.
217 E1 Via del Monte alle Croci 10r
055 2 34 24 83 www.fuoriporta.it
Di–Fr 12–15, 19–23.30, Sa, So 12–23.30 Uhr
12, 13

INO

Fast Food ist nicht gleich Fast Food. Das wird in dieser Mischung aus Enoteca und Lunch-Bar auf unnachahmliche Weise vorgeführt. So werden z. B. die Panini mit toskanischer Presswurst, eingemachtem Kaninchenfleisch oder Artischocken-Sardellen-Mix belegt. Dazu gibt es regionale Top-Weine.
216 C3 Via dei Georgofili 3r/7r
055 21 92 08 www.inofirenze.com
tägl. 12–15 Uhr
keine Direktverbindungen

Wohin zum … Einkaufen?

BÜCHER

Feltrinelli RED

»Read, eat and dream« lautet das schöne Motto der Feltrinelli-Filiale im Herzen der Stadt. Die Slowfood-Universität in Pollenza hat eigens für die Buchhandlung ein gastronomisches Konzept entwickelt, das auch florentinische Gerichte wie Trippa oder Lampredotto umfasst.
216 C4 Piazza della Repubblica 26–29
055 2 93 78 50 www.lafeltrinelli.it
Mo–Sa 9–20, So 10–20 Uhr
6, 11 in der Nähe;
E-Bus: C2

KLEIDUNG UND ACCESSOIRES

Armani

Das Hauptgeschäft von Giorgio Armani in Florenz mit der aktuellen, hochwertigen Prêt-à-porter-Kollektion findet sich in der Via de Tornabuoni. Das günstigere Emporio Armani mit Damen- und Herrenmode vor allem für Twens liegt an der Via Roma.
Hauptgeschäft: 216 C4 Via de' Tornabuoni 83r 055 21 90 41 www.armani.com, tägl. 10–19 Uhr 6, 36, 37, 68; E-Bus: C1 in der Nähe Emporio: 216 C4 Via Roma 14r 055 28 43 15 6, 11; E-Bus: C2 in der Nähe

Gucci

In diesem Flagship Store des Gucci-Imperiums gibt es Kleidung, Schuhe und Accessoires. An der Piazza Signoria 10 präsentiert die Gucci Garden-Galerie die Geschichte der Doppel-G-Marke, die Guccio Gucci 1921 gründete.
216 C4 Via de' Tornabuoni 73r–81r
055 26 40 11 www.gucci.com
tägl. 10–19.30 Uhr 6, 11

Mimi Furaha

Der neue Typ Modeshop beweist: Der Florentiner Unternehmergeist ist erneut erwacht. Leitmotiv: Es gibt nur »Made in Italy« – und zwar von kleineren Labels.
217 E4 Borgo degli Albizi 35r 055 2 34 44 56 Mo, Di, Do–Sa 10.30–13, 14–19, Mi, So 15–19 Uhr E-Bus: C1, C2 in der Nähe

Prada

Die Modemarke Prada mag zwar ursprünglich aus Mailand stammen, aber die Florentiner

haben das Geschäft, in dem die hochwertige Designermode verkauft wird, begeistert angenommen. Inzwischen gibt es ein zweites in der Via Roma 27r (tägl. 10–19 Uhr).
✈216 C4 ✉Via de' Tornabuoni 53r-67r ☎055 26 74 71 ⊕www.prada.com ●tägl. 10–19.30 Uhr 🚌6, 11 in der Nähe; E-Bus: C2, C4 in der Nähe

Pucci

Markgraf (Marchese) Emilio Pucci (1914 bis 1992) hatte sich in den 1950er- und 1960er-Jahren mit seiner glänzenden Seidenmode einen sehr guten Namen gemacht. Doch sein Stern war am Verblassen, bis in den 1990er-Jahren Seidenmode wieder aktuell wurde. Heute gilt Pucci als Grandseigneur der florentinischen Modedesigner.
✈216 C3 ✉Via de' Tornabuoni 20–22r ☎055 2 65 80 82 ⊕www.pucci.com ●tägl. 10–19 Uhr 🚌6, 11 in der Nähe; E-Bus: C2 in der Nähe

KAUFHÄUSER

COIN

Im COIN bekommt man einfach alles, und zwar in ausgezeichneter Qualität. Zum Sortiment gehört eine hauseigene Kleidermarke, aber auch Designerware. Seit 2022 residiert COIN nahe den Uffizien in der Loggia del Grano. Auf sechs Etagen und 2000 m² Fläche wird der Einkauf auch von Haushaltswaren zum Erlebnis (tägl. 10–20 Uhr).
✈217 D3 ✉Piazza del Grano 5/6 ☎055 0 15 19 40 ⊕www.coin.it 🚌E-Bus: C2

KULINARISCHES

Dolci & Dolcezze

Hier sind wahre Meister am Werk. Die Konditorei hat nur einen kleinen Verkaufsraum mit Barbetrieb. Wer eine Schokoladen- oder Zitronentorte mit aufs Hotelzimmer nimmt, wird erleben: Der Portier behandelt Sie nun als Insider (Di–Sa 8.30–19.30, So 9–13 Uhr).
✈217 östl. F4 ✉Piazza Beccaria 8r ☎055 2 34 54 58 🚌 23, 14; E-Bus: C2, C3

Pegna

Den Delikatessentempel südlich des Duomo gibt es bereits seit 1860. Hier finden sich Köstlichkeiten wie Käse, Salami, Kaffee, Tee, Olivenöl, Wein und Schokolade aus Italien und dem Rest der Welt. Das Unternehmen bietet auch eine Auswahl verpackter Produkte an, die sich hervorragend als Souvenirs eignen. Außerdem kann man sich hier wunderbar einen Picknickkorb zusammenstellen.
✈217 D4 ✉Via dello Studio 8 ☎055 28 27 01 ⊕www.pegna.it ●Mo–Sa 10–19 Uhr 🚌E-Bus: C1, C2 in der Nähe

HAUSHALTSWAREN

Bartolini

Im Jahr 1921 gegründet, ist Bartolini längst eine feste Größe. Einheimische nennen die Straße, an der das Geschäft liegt, nur »angolo Bartolini« (Bartolinikreuzung). Bartolini führt alle erdenklichen Küchengeräte – von Käsereiben bis zu Spaghettizangen –, aber auch edles Porzellan und Glaswaren.
✈217 D5 ✉Via dei Servi 72r ☎055 29 14 97 ⊕www.bartolinifirenze.it ●Mo–Sa 10–13.30, 14.30–19 Uhr 🚌14, 23, 71 in der Nähe; E-Bus: C1 in der Nähe

SCHMUCK

Lapini

Dieses alteingesessene Schmuckgeschäft zählt zu den wirklich exquisiten Geschäften in Florenz. Der Schmuck ist erlesen, das Design häufig ungewöhnlich.
✈216 A3 ✉Borgo San Frediano 50r ☎055 21 32 76 ●Mo–Fr 9–13, 16–19.30 Uhr 🚌6; E-Bus: C4

Torrini

Man kann schwerlich über den Ruf oder die Qualität eines Juweliers streiten, der bereits 1369 sein Warenzeichen eintragen ließ – ein halbes Kleeblatt. Torrini ist immer noch einer der besten Schmuckläden.
✈217 D4 ✉Piazza Duomo 12r ☎055 2 30 24 01 ⊕www.torrinijewels.com ● Mo–Sa 10.30–19 Uhr). 🚌14, 23; E-Bus: C1 in der Nähe

MÄRKTE

Mercato Centrale

Die riesigen Markthallen sind ein wunderbarer Ort, um sich für ein Picknick einzudecken oder nach Souvenirs zu stöbern (S. 64).
216 C5 Piazza del Mercato Centrale
14, 23 in der Nähe;
E-Bus: C1 in der Nähe

Mercato di San Lorenzo

Der Markt beherrscht den Platz neben der Kirche von San Lorenzo sowie die kleineren Seitenstraßen in direkter Nähe. An vielen Ständen werden ähnliche Produkte angeboten – Lederjacken, Schuhe, Handtaschen und T-Shirts. Die Qualität der Lederwaren – Mäntel und Jacken vor allem – ist oft gut, allerdings sind die Preise für einen Markt vielfach zu hoch. Versuchen Sie zu handeln!
216 C5 Via dell'Ariento, Piazza di San Lorenzo, Via del Canto de' Nelli
14, 23 in der Nähe;
E-Bus: C1 in der Nähe

PAPIER UND SCHREIBWAREN

Abacus

Liebhabern handgemachter Fotoalben oder Notizbücher funkeln hier die Augen: Die Einbände sind aus naturgefärbtem Kalbsleder oder marmoriertem Karton, die Seiten aus Baumwollpapier.
217 E5 Via Gino Capponi 22r 345 3 28 03 18 www.abacusfirenze.com Mo 15–19, Di–Sa 10–13.30, 15–19.30 Uhr
14, 23

Pineider

Pineider ist wohl der edelste Schreibwarenhändler Italiens. Zum erlesenen Angebot zählen schön gestaltetes, farbiges Papier, Tinte, Notizbücher, Kalender und Accessoires. Es besteht seit 1774 und konnte sich über die Jahrhunderte über solch illustre Kunden wie Napoleon, Stendhal, Puccini, Lord Byron, Shelley und Maria Callas freuen.
216 C3 Lungarno degli Acciaiuoli 72r–76r 055 28 46 55 www.pineider.com tägl. 10–19.30 Uhr 6, 11

PARFUMS UND TOILETTENARTIKEL

Farmacia di Santa Maria Novella

Die Apotheke von S. M. Novella, deren Geschichte bis ins Jahr 1221 zurückreicht, zählt zu den berühmtesten Italiens. Das zauberhafte alte Geschäft befindet sich in einer Kapelle aus dem 13. Jh. im Komplex von Santa Maria Novella. Es hat Fresken, altes Apothekeninterieur und Holzschränke. Zur öffentlichen Apotheke wurde es 1612 dank der

Farmacia di Santa Maria Novella: historische Tinkturen in historischem Ambiente

Dominikaner, die hier Elixiere, Salben und andere Produkte aus ihren Werkstätten und Heilkräutergärten verkauften. Die meisten Artikel werden bis heute traditionell und in höchster Qualität hergestellt, auch die Potpourris aus Blumen der florentinischen Hügel und das beruhigende Aqua di Santa Maria Novella. Alle Produkte sind liebevoll verpackt und eignen sich als Geschenk.
216 B5 Via della Scala 16 055 21 62 76 https://eu.smnovella.com tägl. 9.30–20 Uhr 36,11,12,36,37; E-Bus: C2 in der Nähe

DRUCKE UND STICHE

Giovanni Baccani

Drucke und Stiche gibt es überall in Florenz, doch kein Geschäft lockt so verführerisch wie das Baccani, das bereits 1903 gegründet wurde. Für jedes Budget ist etwas dabei (Mo–Sa 9.30 –13, 15.30–19.30 Uhr).
216 B4 Borgo Ognissanti 22r 055 21 44 67 www.giovannibaccani.it Mo–Sa 9.30–13, 15.30–19.30 Uhr
6; E-Bus: C3 in der Nähe

SCHUHE

Ferragamo

Salvatore Ferragamo machte sich mit Schuhen einen Namen, die er für Hollywoodstars anfertigte. Seine Nachfahren führen heute den Betrieb mit Topauswahl an Kleidung, Accessoires und aktuellsten Schuhen.
216 C3 Via de' Tornabuoni 4r–14r 055 29 21 23 www.ferragamo.com tägl. 10.30 bis 19.30 Uhr 6, 11 in der Nähe; E-Bus: C2 in der Nähe

Quercioli Style

In diesem kleinen Laden finden auch die Herren der Schöpfung ausgefallene – meist handgefertigte – Kreationen für ihre Füße, z. B. mit demselben Muster wie die Krawatte.
216 C3 Via Dei Calzaiuoli 18/20r Mo–Sa 10–19 Uhr 055 21 39 41 E-Bus C3, C4

Wohin zum ... Ausgehen?

Während der Sommermonate finden auf vielen Plätzen der Stadt Konzerte statt und treten Straßenkünstler auf – oft ist auch eine Bar aufgebaut. Ansonsten mutieren zahlreiche Restaurants am Abend zur Lounge und bieten ein Aperitif-Buffet an. In den vergangenen Jahren hat sich vor allem Oltrarno zum beliebten Ausgehziel gemausert.

TICKETS

Eintrittskarten für viele Konzerte und andere Veranstaltungen in Florenz gibt es an verschiedenen Kartenverkaufsstellen in der Stadt oder bei der Vorverkaufsstelle Box Office (Via delle Vecchie Carceri 1, Tel. 055 21 08 04; www.boxofficetoscana,it, Mo–Fr 9.30–19, Sa 9.30–14 Uhr).

KLASSISCHE MUSIK

Europas ältestes Klassikfestival, das Maggio Musicale Fiorentino, und sein Orchester haben mit der Opera di Firenze (auch Teatro del Maggio Musicale Fiorentino, Piazza Vittorio Gui 1, Tel. 055 2 77 93 09, www.maggiofiorentino.com) ein standesgemäßes Zuhause. Für den avantgardistischen Bau von 2014 ist der römische Architekt Paolo Desideri verantwortlich. Das ganze Jahr über gibt es hier und nebenan im 2021 eröffneten Auditorium »Zubin Mehta« hochkarätige Aufführungen; Karten sind auch bei Box Office (s. oben) erhältlich.

Das Orchestra della Toscana (Via Verdi 5, Tel. 055 2 34 07 10; www.orchestradellatoscana.it), spielt in der Regel von Oktober bis Mai im nahe gelegenen Teatro Verdi (Via Ghibellina 99r, Tel. 055 21 23 20, www.teatroverdifirenze.it). Karten gibt es an der Kasse des Teatro Verdi oder bei Box Office (s. »Tickets«, linke Spalte).

Das Stadtorchester von Florenz, die Filarmonica Gioacchino Rossini (Via Villamagna 41, Tel. 055 653 30 84; www.filarmonicarossini.it), tritt im Winter an diversen Spielstätten auf. Im Sommer gibt das Orchester auch Freiluftkonzerte auf der Piazza della Signoria. Auskünfte: Touristeninformation.

Das Orchestra da Camera Fiorentina (Via Monferrato 2, Tel.055 78 33 74; https://orchestradacamerafiorentina.it) gibt Konzerte u.a. in der Kirche von Orsanmichele (S. 66) und im Innenhof des Museo Bargello (S. 55); Karten gibt es u. a. eine Stunde vor den Konzerten in Orsanmichele. Die Organisation der Amici della Musica (Via Pier Capponi 41, Tel. 055 60 90 12 oder 055 60 74 40; https://amicimusicafirenze.it) organisiert Konzerte meist im Conservatorio »L. Cherubini« (Piazza delle Belle Arti, 2, Tel. 055 2 98 93 11, www.consfi.it). Auch im wunderschönen Teatro della Pergola (Via della Pergola 30, Tel. 055 076 33 33; www.teatrodellatoscana.it), Italiens ältestem erhaltenen Bühnenhaus, sowie in Kirchen wie San Lorenzo oder dem Duomo finden gelegentlich Konzerte statt. Näheres erfährt man in der Tourismusinformation der Stadt, Piazza della Stazione 4).

Die Schüler der Scuola di musica di Fiesole (www.scuolamusicafiesole.it) spielen bereits ab April an den Wochenenden an diversen ungewöhnlichen Orten in Florenz wie der Casa Rodolfo Siviero oder dem Museo della sanità.

LIVEMUSIK

Jazz Club

Im legeren, in einem mittelalterlichen Keller untergebrachten Club wird fast jeden Abends Livejazz geboten. Er liegt in einer Seitenstraße, einen Häuserblock südlich der Via degli Alfani an der Ecke Borgo Pinti. Sie müssen formal Mitglied des Clubs werden, um bei einem Konzert dabei sein zu können. Im Sommer mischt das Team um Enzo Milo am Mercato Sant'Ambrogio das Nachtleben auf.
217 E4 Via Nuova de' Cacciani 3 055 2 47 97 00 Di–So 22–5 Uhr 6, 31, 32

Caffè Concerto Paszkowski

Um die Jahrhundertwende stand der Konzertflügel schon tagsüber auf der Piazza und es spielte ein Damenorchester auf. Heute gastieren auf der Bühne nach dem Dinner toskanische Bands.
216 C4 Piazza della Repubblica 6 055 21 02 36 www.caffepaszkowski.com Konzerte tägl. ab 21.30 Uhr 6, 11

La Ménagère

In diesem ungewöhnlichen Etablissement, das sowohl Restaurant als auch Blumenladen ist, in dem Sie zudem Design aus Glas und Keramik für Küche und Haushalt kaufen können, mutiert das Basement abends häufig zur Jazzlounge.
217 D5 Via De' Ginori 8r 055 075 06 00 www.lamenagere.it tägl. 8–2 Uhr 14, 23

Glue

»Alternative Concept Store« nennt sich diese Einrichtung am Stadtrand, in der Theater- und Filmaufführungen, Ausstellungen und Livekonzerte unterschiedlicher Musikstile auf dem Programm stehen.
217 östl. F5 Viale Manfredo Fanti 20 055 60 06 19 www.gluefirenze.com 1. Besuch Mitgliedsbeitrag 15 € 10, 17, 20

NACHTCLUBS

Otel Firenze

Der supercoole und bewährte Dauerbrenner im Süden der Stadt überzeugt durch sein Konzept: Man speist zunächst und genießt ein Livespektakel, bevor die Kalorien wieder abgetanzt werden.
217 östl. F2 Viale Generale Dalla Chiesa 9 055 6 50 31 31 https://otelfirenze.it Fr–So 23–4 Uhr 360A

Full Up

Schon in den 1970er-Jahren eröffnet und erst kürzlich neu konzipiert. In diesem Club nahe des Doms erklingt inzwischen Musik der Disco-Ära ebenso wie Hip-Hop oder aus den neuesten Charts.
217 D3 Via della Vigna Vecchia 23r 055 29 30 06 www.fullupclub.com 23

NoF Club

1000 Konzerte seit 2016! Filippo, Lapo, Roberta und Tambo sorgen für Good Vibes in Oltrarno.
216 A3 Borgo San Frediano 17r 333 6 14 53 76 www.nofclub.it Mo–Sa 18.30–2.30 Uhr E-Bus C3, C4

BARS & ENOTECHE

Viele Lokale in Florenz bieten von 18 bis 22 Uhr einen Aperitif an wie das Caffè Sant' Ambrogio (Piazza Sant'Ambrogio 7r, Tel. 055 2 47 72 77, tgl. 9.30–2 Uhr, www.caffesantambrogio.it).

Enoteca Alessi

Nur einen Steinwurf vom Dom entfernt liegt dieses Weingeschäft mit angeschlossener Probierstube und Bar. Das Sortiment der offenen Weine kann sich sehen lassen; auch Weinverkostungen sind möglich. Dazu gibt es eine Auswahl an toskanischen Weinen und Antipasti. Leider schließt die Bar bereits um 18.30, das Weingeschäft um 19 Uhr.
217 D4 Via delle Oche 27r 055 21 49 66 https://enotecaalessi.it Di–Sa 11.30–18.30, Weingeschäft 10.30–19 Uhr keine Direktverbindungen

Kitsch Bar

In diesem »kitschigen« Etablissement mit überdachtem Patio ersetzen viele Gäste ihr Dinner durch das üppige Aperitivo-Buffet (mit Cocktail). Dazu gibt's Lounge-Musik und

intensive Farbigkeit. Von 21.30 bis 24 Uhr öffnet auch das Bistro.
217 oberhalb D5 Via San Gallo 22r 328 9 03 92 89 www.kitschfirenze.it tägl. 17.30–2 Uhr 8, 12, 31, 32, 366A

Moyo

In coolem, modernem Interieur bietet man Ihnen alles vom Frühstück bis zum Dinner. Ab dem frühen Abend gibt es eine Fülle von Spirituosen und Cocktails sowie ein traditionelles Aperitivo-Buffet. Schön für warme Sommernächte ist der Patio.
217 E3 Via de' Benci 23r 055 2 47 97 38 Mo–Do 8–2, Fr, Sa 8–3, So 9–2 Uhr, www.moyo.it 23

Dome Firenze

In der großen, lichtkünstlerisch imposanten Loungebar mit hoher Deckenkuppel gibt es täglich ab 19 Uhr ein Aperitivo-Angebot.
216 A5 Via il Prato 18r 351 5 66 01 03 https://domefirenze.com Di–Do, So 19 bis 23, Fr, Sa bis 24 Uhr, Mo geschl. 12, 36, 37, C4

Mad Souls & Spirits

Keine Plastikstrohhalme, dafür aber reichlich innovative Cocktails: In dieser Oltrarno-Bar mit Ziegelwänden und wassergrünem Thekenfond herrscht der Zeitgeist auch in umweltbewusster Variante. Upbeats begleiten Kreationen wie »Losco Mule« (Wodka und Ingwerbier) oder »Donald is a Trump« (Bourbon und Karottensaft).
216 A3 Borgo S. Frediano 36–38r 055 6 27 16 21 www.madsoulsandspirits.com 17–2 Uhr 6, 13, 36, 37, C4

Locale

Außergewöhnliche Cocktail-Präsentationen in einer außergewöhnlichen Umgebung: Das Restaurant, zu dem diese Bar gehört, ist im aufgestylten mittelalterlichen Palazzo Concicini untergebracht. Zinktresen, Pflanzenwände, subtiles Licht – kosten Sie in diesem Ambiente doch mal an einen Negroni mit Mezcal …
217 E4 Via Delle Seggiole 12 055 9 06 71 88 www.localefirenze.it tägl. 19.30 bis 2 Uhr keine Direktverbindungen

Le Volpi e L'Uva

Diese kleine Weinbar/Enoteca in Oltrarno, unweit der Ponte Vecchio, öffnet zwar schon am späten Vormittag, eignet sich aber wunderbar auch für einen Aperitiv im Freien. Allerdings sollten Sie dafür reservieren. Die offenen Weine wechseln regelmäßig. Auch Verkostungen sind möglich, beispielsweise vier Weine plus eine Auswahl von Käse und Salami.
216 C2 Piazza dei Rossi 1 055 2 39 81 32 www.levolpieluva.com tägl. 12–21 Uhr keine Direktverbindungen

Mit allen Sinnen: Weinverkostung in der Enoteca Alessi

An jedem ersten Sonntag im Monat und dem Samstag davor werden Liebhaber alter Kostbarkeiten auf Arezzos Piazza Grande sicher fündig.

Zentrale Toskana

Die Weine des Chianti, eine Fülle mittelalterlicher Architektur und atemberaubende Natur bezaubern die Sinne in der Region um Siena.

Seite 82–125

Erste Orientierung

Siena und Florenz sind alte Rivalinnen. Einst ging es um Macht und Einfluss, heute geht es um nicht weniger als den Titel der schönsten Stadt der Toskana. Nicht wenige meinen, Siena habe die Nase vorn.

Überzeugen Sie sich selbst und gönnen Sie sich im mittelalterlich geprägten Siena mindestens zwei oder drei Tage, um die vielen Sehenswürdigkeiten – einen spektakulären Marktplatz, eine reich verzierte Kathedrale, ein erlesenes Kunstmuseum und verschiedene andere große Museen – angemessen zu würdigen! Zudem sollten Sie ausgiebig den Charme der Gässchen, der kleinen Läden, Cafés und Restaurants genießen.

Landschaften und Dörfer

Der Reiz der restlichen zentralen Toskana liegt vor allem in ihrer bezaubernden Landschaft begründet. Abgesehen von den Sehenswürdigkeiten in der Stadt selbst, bietet sich Siena auch als guter Ausgangspunkt für Ausflüge in diese Teilregion an. Allerdings gibt es nur begrenzte Unterkunftsmöglichkeiten – und eine Anreise mit dem Auto wird dadurch verkompliziert, dass viele Bereiche der Innenstadt für den motorisierten Verkehr gesperrt sind. Auf jeden Fall liegt Siena ideal für Ausflüge ins Gebiet des Chianti Classico mit seinen Weinbergen, Burgen und der einzigartigen Natur. Ein Abstecher lohnt sich auch auf dem Weg von Florenz nach Siena. In der zentralen Toskana sind herrliche Panoramen zu genießen. Stets führen die Straßen zu einem reizvollen Städtchen oder Dorf. Ein Muss ist San Gimignano mit seiner mittelalterlichen Skyline, seinen kleinen, aber faszinierenden Museen, Kirchen und seiner tollen Lage. Da der Ort oft von Tagesausflüglern überlaufen ist, könnte eine Übernachtung sinnvoll sein – dann bleibt auch noch genügend Zeit für einen Besuch der benachbarten mittelalterlichen Orte Monteriggioni und Colle di Val d'Elsa.

Mittelalterlicher Charme

Sehenswerte, etwas abseits der üblichen Routen liegende Städte dieser Teilregion sind auch Arezzo und Cortona. Einen Umweg lohnt das auf einem Hügel gelegene Cortona wegen seiner Aussicht und Arezzo wegen seines berühmten Freskenzyklus' aus der Renaissance. Beide Städte beeindrucken mit ihrer mittelalterlichen Bausubstanz und sind von Siena auf gut ausgebauten Straßen problemlos zu erreichen. Der Besuch der beiden Städte lässt sich gut mit einem Ausflug ins Gebiet des Chianti Classico bzw. in die südliche Toskana und nach Montepulciano (S. 145) verbinden.

Wer überlegt, in Arezzo oder Cortona zu übernachten, der trifft mit Cortona die die spektakulärere Wahl.

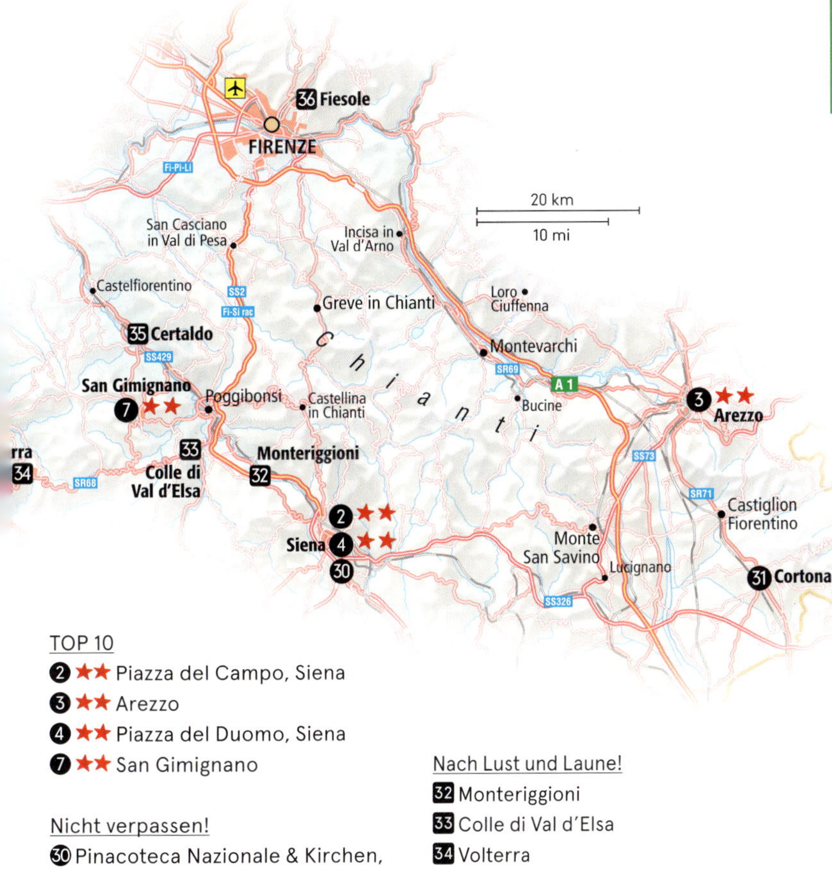

TOP 10

❷ ★★ Piazza del Campo, Siena

❸ ★★ Arezzo

❹ ★★ Piazza del Duomo, Siena

❼ ★★ San Gimignano

Nicht verpassen!

㉚ Pinacoteca Nazionale & Kirchen, Siena

㉛ Cortona

Nach Lust und Laune!

32 Monteriggioni

33 Colle di Val d'Elsa

34 Volterra

35 Certaldo

36 Fiesole

Mein Tag im Zeichen des schwarzen Hahnes

Was für eine Kulturlandschaft! Vor Ihnen breitet sich ein Mosaik aus Hügeln und Tälern, Weingärten, Olivenhainen und fruchtbarem Ackerland aus. Über kurvige Sträßchen geht es hinweg, von Dorf zu Dorf, von Weingut zu Weingut. Mal kosten Sie rustikale toskanische Spezialitäten, mal edle Rotweine, die das Gebiet des Chianti Classico berühmt gemacht haben. Mehr Toskana geht kaum …

10 Uhr: Erste Kilometer auf der Chiantigiana

Früh aufstehen, der Ausflug dauert länger, als Sie denken – denn immer wieder verlockt ein schöner Ausblick zum ungeplanten Stopp. Also: Rein ins Auto und los – am stilvollsten ist die Tour übrigens im Cabrio.

Von Sienas Bahnhof gen Norden fahrend, stoßen Sie bald auf die Schilder mit der Aufschrift SR 222 – Sie sind auf der Chiantigiana: Die wohl berühmteste Weinstraße der Toskana führt einmal von Süden nach Norden mitten durch das klassische Chianti-Gebiet, dessen Markenzeichen der schwarze Hahn ist.

11 Uhr: Wo der schwarze Hahn geboren wurde

Castellina in Chianti, die »kleine Burg«, hat eine große Vergangenheit als erstes Hauptquartier der Chianti-Liga, eines mittelalterlichen Militärbündnisses, das sich als

12 Uhr: Vom ältesten Kirchlein zum berühmten Metzger
14 Uhr: Zur guten Ernte
Greve in Chianti
14 Uhr
SR222
12 Uhr
Panzano in Chianti
Monti del Chianti
Badia a Coltibuono
Radda in Chianti
SP408
11 Uhr
Castellina in Chianti
Gaiole in Chianti
Castello di Ama
16.30 Uhr
Ama
Arbia
SR222
Parco Sculture del Chianti
Pievasciata
16.30 Uhr: Große Weine, moderne Kunst
SP408
Start/ Ende
5 km
3 mi
Siena
CONSORZIO DEL GALLO NERO
CHIANTI CLASSICO
11 Uhr: Wo der schwarze Hahn geboren wurde

Olivenhaine und Reben überziehen die sanft gewellten Hügel des Chianti, durch den sich zwischen Florenz und Siena (Abb. rechts oben) die Chiantigiana schlängelt.

Wappen einen schwarzen Hahn wählte. Jener »gallo nero« prangt als Gütezeichen des Chianti-Classico-Konsortiums auf Weinetiketten. Auf dem Burgplatz, der Piazza del Comune, erinnern zwei Bronze-Damen des Künstlers Alberto Inglesi an die ewige Rivalität zwischen Florenz und Siena, doch die Chianti-Trauben dazwischen sorgen für Versöhnung. In der Burg sind im Museo Archeologico del Chianti senese Funde aus dem nahen Etruskergrab auf dem Montecalvario und ein etruskischer Streitwagen ausgestellt.

Alternativ locken Weinverkostungen auf dem Gut Nittardi (www.nittardi.com) oder im Castello di Fonterutoli (https://mazzei.it).

12 Uhr: Vom Weinmuseum zum berühmten Metzger

Welche Qualität die Weine und Olivenöle des Chianti Classico haben, zeigt in Radda in Chianti das offizielle Weinmuseum mit Vinothek und Bistro (Casa Chianti Classico Circonvallazione S. Maria 18, Tel. 05 77 73 81 87, Mi–So 11–18 Uhr, www.casachianti classico.it, Eintritt frei). Auf einem Hügel erbaut, bezaubert der Ort mit seinen mittelalterlichen Gassen rund um die Piazza Ferrucci.

In Richtung Greve in Chianti bringt Sie die SP 2bis via Luccarelli wieder auf die Chiantigiana und nach Panzano in Chianti. Eine Institution ist hier der Metzger Mario Cecchini. In dessen Metzgerei so-

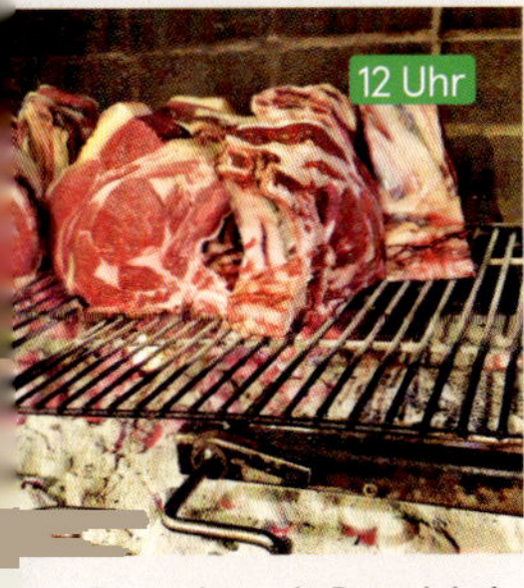

Zugegeben, ein Besuch bei Dario ist vor allem etwas für eingefleischte Karnivoren. Aber auch Vegetarier finden hier etwas im Angebot.

wie dahinter in der Officina della Bistecca (Steak-Werkstatt) und gegenüber im Ristorante Solociccia bietet er Riesensteaks oder Tonno del Chianti (in Rotwein gekochtes Spanferkel) sowie neuerdings auch vegetarische Menüs an (S. 123).

14 Uhr: Zur guten Ernte

Greve in Chianti bildet mit seiner hübschen, dreieckigen, von Arkadengängen gesäumten Piazza Matteotti die Bühne für einen sehr lebendigen Wochenmarkt und die alljährliche Weinmesse. Ein Muss ist die Antica Macelleria Falorni, in der Schinken die Decke zuhängen und Wildsalamis sich zu wahren Salamibergen türmen.

Noch ein Schlenker gefällig?

Dann biegen Sie kurz vor Radda auf die SP 408 zur zur Badia a Coltibuono ab. Die schon im 11. Jh. von Benediktiner-Mönchen gegründete Abtei »Zur guten Ernte« ist heute ein renommiertes Weingut (tgl. ab 14.30 Uhr Führungen mit Weinverkostung, 1 Std.).

Die SP 402 bringt Sie dann hinab nach Gaiole in Chianti. Lange

Im urigen Weinkeller des Weinguts Badia a Coltibuono lagern sehr edle Tropfen.

war der Talort ein wichtiges Handelszentrum für die Burgen im Umland, etwa das Castello di Brolio mit spektakulärem Burgmuseum, Osteria und Führungen mit Weinverkostung. Hier führte der Baron Ricasoli im Jahr 1851 die moderne Chianti-Classico-Rezeptur ein (www.ricasoli.com).

16.30 Uhr: Große Weine, moderne Kunst

Nicht jedes »castello« ist heute noch immer eine Burg. Das Castello di Ama etwa liegt in einem mittelalterlichen »casale«, einem befestigten Dorf. Seit gut 40 Jahren widmen sich Lorenza Sebasti und Marco Pallanti hier mit Leidenschaft dem Thema Wein und beweisen, dass aus der charaktervollen Sangiovese-Traube auch ein herrlicher Rosé wie der »Purple Rose« entstehen kann. Außerdem gaben die beiden auch ihrer Liebe zur modernen Kunst gebührend Raum: Künstler wie Michelangelo Pistoletto, Louise Bourgeois, Ilya Kabakov oder Daniel Buren setzten sich mit dem Genius Loci von Ama auseinander und hinterließen Werke.

Über die Traversa di Chianti gelangen Sie von Ama auf die SP 408 und über den Abzweig Pievasciata/ San Sano zum Parco Sculture del Chianti. In dem privaten Open-Air-Museum sehen Sie zeitgenössische Skulpturen, die wunderbar mit der

16.30 Uhr

Kunst und Natur gehen im Weingut Castello di Ama eine spannende Symbiose ein; u. a. ist hier diese Installation von Daniel Buren zu sehen.

Natur harmonieren, bevor dann der Abend wieder Siena gehört.

Länge: ca. 130 km

Museo Archeologico del Chianti senese
213 D2 Piazza del Comune 17–18, Castellina in Chianti 0577 74 20 90
www.museoarcheologicochianti.it
April, Mai, Sept. & Okt. tägl. 10.15–13.30, 14–18, Juni–Aug. 11.15–13.30, 14–19 Uhr
5 €

Dario Cecchini
213 D2 Via XX Luglio 11, Panzano in Chianti
055 85 20 20
www.dariocecchini.com
Metzgerei tägl. 9–16, Lunch 13, Dinner 20 Uhr

Antica Macelleria Falorni
213 D3 Piazza G. Matteotti 66, Greve in Chianti 055 85 30 29 https://falorni.it
Mo–Sa 9–19, So ab 10 Uhr

Badia a Coltibuono
213 D2 Loc. Badia a Coltibuono
0577 7 44 81 www.coltibuono.com
60-minütige Führungen tägl. 14.30–18 Uhr
ab 15 €

Castello di Ama
213 D2 Loc. Ama, Gaiole in Chianti
0577 74 60 69 www.castellodiama.com
Enoteca Mo–Sa 10.30–18 Uhr, 90-minütige Degustationen nur nach Voranmeldung

Parco Sculture del Chianti
213 D2 0577 35 71 51 www.chiantisculpturepark.it tägl. 10–18 Uhr 10 €

❷ ★★ Piazza del Campo, Siena

Was?	Europas größter mittelalterlicher Platz ist zugleich das pulsierende Herz Sienas.
Warum?	Um toskanisches »Dolce Vita« mittendrin und aus luftiger Höhe zu beobachten.
Wann?	Vom späten Nachmittag bis in den frühen Abend
Wie lange?	Bis Sie sich satt gesehen haben – wer auch gleich noch den Palazzo Pubblico besucht, kann ein paar Stunden einplanen.
Resümee	Die schönste »Muschel« (»conchiglia«) der Welt

Besonders schön präsentiert sich der Campo in den Abendstunden: Während sich das Geschehen in die angrenzenden Restaurants verlagert hat, liegt Ihnen der eigentliche Platz nun vergleichsweise leer und in seiner ganzen Pracht zu Füßen.

Siena liegt auf drei Hügeln, die jeweils etwa einem »terzo« (Drittel) entsprechen – einem von drei Bezirken, in die man die mittelalterliche Stadt einst eingeteilt hatte. Nahe der Stelle, an der die drei Hügel aufeinandertreffen, liegt Sienas atemberaubend schöne Piazza del Campo (von den Sienesen nur kurz »Campo« genannt).

Als Siena den Campo 1169 erwarb, war er noch eine unwirtliche und sumpfige Talmulde, in die die Abwässer der Stadt strömten. Da hier aber zugleich eine wichtiger Verkehrsknotenpunkt zweier Fernhandelsstraßen von Florenz nach Rom und von der Tyrrhenischen Küste nach Perugia lag, machte man sich ab 1193 daran, den Platz zu errichten. Mit der Herrschaft der Neun (1287–1355) musste dann ein repräsentativer Sitz der Magistratur her, am besten an der zentralen Piazza del Campo: Das Rathaus (Palazzo Pubblico) wurde 1298–1310 erbaut! Gegenüber diesem Stadtpalast entstand 1346 mit der Fonte Gaia der erste öffentliche Brunnen Sienas, den Jacopo della Quercia 1409–1419 mit Statuen und Reliefs verzierte.

Zweimal im Jahr, am 2. Juli und 16. August, verwandelt sich der Campo in eine Pferderennbahn. Beim historischen Palio treten Vertreter von zehn der 17 »contrade« (Stadtviertel) gegeneinander an. Er gilt als härtestes Pferderennen der Welt.

Der Campo – 1333 mit Backstein und dann 1348 neu gepflastert – hat die charakteristische Muschelform eines antiken Theaters und wird von mittelalterlichen Palästen gesäumt. Setzen Sie sich in eines der vielen Cafés und genießen Sie die Aussicht, die für die stolzen Preise entschädigt. Oder flanieren Sie auf der mit weißen Travertinstreifen fächerförmig in neun Segmente geteilten Piazza und genießen das Treiben!

Palazzo Pubblico

Der Palast diente Siena viele Jahrhunderte lang als Rathaus. Zu diesem gehören der Torre del Mangia (1325–1348), der 87 m (bis zum Blitzableiter 102 m) hohe Turm an der Ostseite, und das Museo Civico, das die oberen Räume des Palastes einnimmt. Bis zum herrlichen Ausblick von der Turmspitze

Weiße Travertinstreifen unterteilen den Campo in neun Segmente, die an die Herrschaft der Neun erinnern.

sind ca. 400 Stufen zu bewältigen. Es ist daher ratsam, zuerst das Museum zu besuchen, um noch genügend Energie für dessen Attraktionen mitzubringen.

Beim Betreten des Museums passiert man die gotische Cappella di Piazza (1352–1468), eine Art »Vorbau« zu Füßen des Turms. 1352 begonnen, gedachte man mit dem Bau der Kapelle der Erlösung von der Pestepidemie von 1348. Während die ersten Räume des Museums dann zügig durchschritten werden können, quellen die darauf folgenden Räume vor Kunstwerken über. In der Sala del Mappamondo ziehen zwei riesige Fresken die Aufmerksamkeit auf sich: links (wenn man mit dem Rücken zum Eingang steht) die »Maestà« (»Thronende Madonna«; um 1315) von Simone Martini, rechts Guidoriccio da Fogliano in Reiterpose bei der Belagerung von Montemassi 1328, dessen Urheberschaft kontrovers diskutiert wird. Und in der Sala della Pace ist einer der schönsten frühmittelalterlichen Freskenzyklen Europas zu besichtigen: Ambrogio Lorenzettis »Allegorien der guten und schlechten Herrschaft« (1338/39). Er illustriert die Folgen tugendhaften oder schlechten Regierens für die Bürger einer Stadt, die Siena darstellen soll.

Prètto Prosciutteria e Convivio: Via dei Termini 4, Tel. 0577 28 90 89, www.prettoprosciutteria.it, tägl. ab 10.30 Uhr bis spät abends

KLEINE PAUSE

Nur drei Gehminuten von der Piazaz del Campo tafeln auch die Sienesen gern in der günstigen und guten **Prètto Prosciutteria e Convivio.**

↟218

Museo Civico
✉Il Campo 1 ☎0577 29 22 23 ◑tägl. März–Okt. 10–19, Nov.–Feb. 10–18 Uhr
6 € (Kombitickets mit Santa Maria della Scala, Torre del Mangia, Pinacoteca Nazionale 14–24 €)

Torre del Mangia
✉Il Campo 1 ☎0577 29 22 23
◑März–Okt. tägl. 10–13.45 & 14.30–19, Nov.–Feb. tägl. 10–13 & 13.45–16 Uhr
10 € (mit Museo Civico 15 €)

Arezzo

Was?	Eine der schönsten Altstädte der Toskana, ein im Wortsinn schräger Platz und weltberühmte Fresken
Warum?	Weil Arezzo seinen ganz eigenen Reiz hat
Wann?	Wenn am 1. So im Monat und dem Sa davor der Antiquitätenmarkt stattfindet, lohnt sich der Besuch besonders.
Wie lange?	Mindestens einen Tag
Resümee	Die perfekte Filmkulisse

Wie so viele Orte in der Toskana hat auch Arezzo eine etruskische und römische Vergangenheit. Zur vollen Blüte gelangte die Stadt aber im Mittelalter, ihre Lage an den wichtigen Handelsrouten über die Apenninen bescherte ihr großen und bis heute sichtbaren Wohlstand. Arezzo entwickelte sich zu einem wichtigen Goldwaren- und Schmuckzentrum – bis heute ist das Juweliershandwerk hier stark vertreten.

Die Legende des Wahren Kreuzes

Die nähere Erkundung der zauberhaften Altstadt, die der Schauspieler und Regisseur Roberto Benigni für seinen mit einem Oscar ausgezeichneten Film »Das Leben ist schön« als Kulisse wählte, mag für Kunstenthusiasten erst an zweiter Stelle stehen. Denn als erstes steuern sie wohl den Freskenzyklus von Piero della Francesca in San Francesco an, einer gotischen Kirche von 1377, in der es auch noch Fresken von Spinello Aretino (ca. 1350–1410) und seinen Schülern zu sehen gibt. Piero della

Piero della Francescas »Legende des Wahren Kreuzes« gehört zu den Schlüsselwerken der Frührenaissance.

Francescas Zyklus bedeckt die Wände der Hauptchorkapelle. Er entstand 1452–1458 und 1460–1466 und folgt im Wesentlichen der »Legende des wahren Kreuzes«, an dem Christus einst starb und dessen Holz vom Baum auf Adams Grab stammen soll. Dargestellt wird der weitere Weg des Holzes, von der Kreuzigung bis zu seiner Wiederentdeckung durch die hl. Helena, Mutter des römischen Kaisers Konstantin des Großen. Piero della Francesca lotete in dem Zyklus, der übrigens nicht chronologisch angeordnet ist, die künstlerischen Möglichkeiten der Symmetrie, des Raums und der Perspektive aus. Vielleicht auch deswegen entfalten die Fresken eine geheimnisvolle und spannungsgeladene Wirkung.

Der schiefe Platz von Arezzo – und vieles mehr

Nicht weit von San Francesco liegt der Hauptplatz von Arezzo, die schräg abfallende Piazza Grande, die von Gebäuden aus allen Epochen gesäumt wird. Beherrscht wird der Platz auf der linken (West-)Seite von der halbrunden Apsis der Santa Maria della Pieve, einer schönen romanischen Kirche aus dem 12. Jh., deren Eingang am Corso Italia liegt. Nehmen Sie sich etwas Zeit für einen Rundgang und beachten Sie besonders den Hochaltar mit dem Werk »Madonna und die Heiligen« (1320) von Pietro Lorenzetti aus Siena. In der

Ganz schön schief: Arezzos Piazza Grande

nordwestlichen Platzecke erhebt sich der Palast der Fraternità dei Laici, von 1375–1550 erbaut, mit gotischem Portal und schönen Skulpturen (1434) von Bernardo Rossellino in den Lünetten. Am oberen Ende der Piazza liegt der Palazzo delle Logge (1573) mit einer Loggia, die der Maler, Architekt und Kunsthistoriker Giorgio Vasari aus Arezzo gestaltete. Auch dessen früheres Wohnhaus, die Casa di Vasari, ist sehenswert.

Gehen Sie von der Piazza Grande aus auf dem Corso Italia und dann links zum Haus Nr. 28 an der Via dell'Orto, das als Geburtshaus eines anderen berühmten Bürgers aus Arezzo gilt: des Dichters und Wissenschaftlers Petrarca (April–Okt. Mo, Di, Do–Sa 11–17.30, So 10.30–17.30, sonst nur Sa, So 10.30–17.30 Uhr; Eintritt: 4 €).

Weiter nördlich hält der Duomo einige Kunstschätze bereit: ein Fresko der »Maria Magdalena« (um 1466) von Piero della Francesca im nördlichen Kirchenschiff und das 1330 von Agostino di Giovanni und Agnolo di Ventura gestaltete Scheingrab des Bischofs Guido Tarlati († 1327) sowie das Monumentalgrab des 1276 in Arezzo verstorbenen Papstes Gregor X.

Östlich des Doms erstreckt sich der Prato, ein schöner Park mit dem Monumentaldenkmal für Petrarca, über dem sich die fünfeckige Fortezza Medicea (1538–1560) erhebt. Westlich des Doms erhebt sich die gotische Kirche San Domenico (ab 1275) mit einem herrlichen Kruzifix (ca. 1265) von Cimabue, dem Lehrer Giottos. Südlich davon steht in der Via Garibaldi die ab dem Jahr 1491 erbaute Kirche Santissima Annunziata.

KLEINE PAUSE

Caffè und hausgemachte Dolci im Retroambiente gibt es in der **Bar Stefano** unweit der Basilica San Francesco.

Bar Stefano: Corso Italia 61, Tel. 575 2 43 37, Mo 7–19, Di, Mi und So 7–20, Do, Fr 7–21, Sa 7–22.30 Uhr

213 F2

San Francesco
Piazza San Francesco ☎ 0575 1 69 62 56 https://museiarezzo.it
Mo, Di, Do–Sa 9–19, So 13–18 Uhr (max. 25 Besucher pro Zeitfenster)
7 € + 3 € Vorbestellung (obligatorisch) oder Kombiticket Museen Arezzo 18 € + 3 €)

Santa Maria della Pieve
Corso Italia ☎ 0575 2 26 29
tägl. 8.30–12.30 & 15–18.30 Uhr

Casa di Vasari
Via XX Settembre 55 ☎ 0575 35 44 49 www.giorgiovasari-ticketoffice.it Mo, Mi–Sa 9–19.30, So 9 bis 13.30 Uhr 5 € oder Kombiticket Museen Arezzo (18 € + 3 € Vorbestellung)

❹ ★★ Piazza del Duomo, Siena

Was?	Die vielleicht schönste gotische Kirche Italiens
Warum?	Weil das inmitten enger Gassen sich öffnende Ensemble der Kathedrale mit einzigartigem Detailreichtum verblüfft.
Wann?	Vom 27.6 bis zum 31.7. sowie vom 18.8. bis 18.10. – nur dann ist der prächtige Dom-Fußboden fast vollständig unverhüllt.
Wie lange?	Für das komplette Ensemble braucht man einen halben Tag.
Was noch?	Ein Ausflug zum Kathedralendach, ins Baptisterium und in den Museumskomplex des Ex-Hospitals Santa Maria della Scala
Resümee	Größer, höher, schöner

Siena ging aus einer etruskischen Siedlung hervor und wurde später unter dem Namen Saena Iulia römische Kolonie. Von der römischen Stadt ist nur wenig übrig geblieben, wobei die Lage des Doms, am höchsten Punkt der Stadt, mit hoher Wahrscheinlichkeit den Standort eines römischen Minervatempels markiert.

Der Duomo

Mit den Bauarbeiten zum Dom wurde um 1179 begonnen. 1284 war er weitgehend fertiggestellt, der Campanile 1313. 1339 beschloss die wohlhabende Stadt, den Dom zum bis dato größten Gotteshaus Italiens zu erweitern; das alte Kirchenschiff sollte als Querschiff im Neubau integriert werden. Doch die Pest des Jahres 1348 und der damit verbundene wirtschaftliche Niedergang der Stadt beendete abrupt dieses gewaltige Vorhaben. Man kann heute noch Elemente des »neuen« Langschiffs rechts (östlich) des Doms sehen.

Die wunderschöne Domfassade wurde 1284–1297 vom Bildhauer Giovanni Pisano gestaltet und dann von Camaino di Crescentino 1299–1317 vollendet. Auch das Innere des Doms ist kostbar ausgestaltet: Der Fußboden besteht aus 56 *tarsie marmoree*, Marmorintarsien, die die besten Künstler aus Siena zwischen 1369 und 1547 anfertigten (und die die meiste Zeit des Jahres unter einer Schutzabdeckung liegen). Die Büsten rund um das Hauptschiff stellen 171 Päpste und 36 Kaiser des Heiligen Römischen Reiches dar.

Überragend! Am höchsten Punkt der Stadt stehend, dominiert der Dom die Silhouette Sienas.

Vom linken (nördlichen) Seitenschiff gelangt man in die Libreria Piccolomini (Piccolomini-Bibliothek), die der umbrische Künstler Pinturicchio mit herrlichen Fresken, »Motive aus dem Leben von Papst Pius II.« (1502–1507), verzierte. Pius, der den bürgerlichen Namen Enea Silvio Piccolomini trug, stammte aus Pienza (S. 136). Links vom Bibliothekseingang steht der Piccolomini-Altar (1481–1485) mit vier Statuen (1501–1504) von Michelangelo in den Nischen.

In der Vierung erhebt sich die grandiose Kanzel (1265 bis 1268) aus Carrara-Marmor von Nicola Pisano, eines der großartigsten Werke italienischer mittelalterlicher Bildhauerkunst. In der linken Ecke des nördlichen Querschiffs finden sich in der Cappella di San Giovanni Battista weitere Fresken (1504/05) von Pinturicchio sowie die famose Bronzestatue Johannes' des Täufers (1455) von Donatello.

Weitere Werke Donatellos schmücken das Battistero di San Giovanni (Baptisterium) auf der Rückseite des Doms. Um es zu besichtigen, muss man den Dom verlassen und die Treppen zur Piazza San Giovanni hinabsteigen: Das Taufbecken (1417–1430) zeigt sechs Bronzereliefs von Jacopo della Quercia, Giovanni di Turino, Lorenzo Ghiberti und Donatello, der auch die zwei Bronzestatuen Fedee (Glaube) und Speranza (Hoffnung) sowie einen tanzenden Putto schuf. *(Weiter: S. 100)*

Duomo Santa Maria

Auf dem höchsten Punkt der Stadt erhebt sich der stattliche Dom Santa Maria mit romanischen und gotischen Stilelementen in der Fassade. Unterhalb des Chors schließt sich das Baptisterium San Giovanni an, während seitlich noch Überreste des »Neuen Doms« zu sehen sind, mit dem die Sienesen im 14. Jh. den bestehenden erweitern wollten.

1 Marmorfassade: Ende des 13. Jh.s entwarf Giovanni Pisano die Fassade des Doms, inspiriert von der französischen Gotik.

2 Libreria Piccolomini: Die Piccolomini-Bibliothek wurde von Kardinal Francesco Piccolomini (später Pius III.) zu Ehren seines Onkels Pius II. gegründet. Hier befinden sich die berühmten Fresken von Pinturicchio mit Szenen aus dem Leben von Pius II.

3 Cappella di San Giovanni Battista: In der Renaissancekapelle sind ein Freskenzyklus von Pinturicchio und eine Bronzestatue Johannes' des Täufers von Donatello (1455) zu sehen.

4 Kanzel von Nicola Pisano: Die oktogonale Kanzel von Nicola Pisano (13. Jh.) ruht auf Säulen, die von Löwen gestützt werden.

5 Battistero di San Giovanni: Mit der Erweiterung des Domchors (ab 1317) wurde bis 1325 eine Unterkirche errichtet: das Baptisterium.

6 Museo dell'Opera Metropolitana: Im Erdgeschoss des Dommuseums sind u. a. die von Pisano und seinen Mitarbeitern gefertigten überlebensgroßen Originalskulpturen der Fassade zu sehen, die dort den Witterungen ausgesetzt waren und daher im Laufe der Zeit durch Kopien ersetzt werden mussten.

7 Il Facciatone: Geldmangel, technische Probleme und zuletzt auch der Ausbruch der Pest 1348 stoppten die ehrgeizigen Erweiterungspläne, die die Stadtväter von Siena 1339 beschlossen hatten. An diese Ambitionen erinnert die heute begehbare, nur teilweise vollendete Außenmauer: »Il Facciatone« (die große Fassade).

8 Krypta: Auf der Domrückseite liegt der Zugang zur Krypta aus dem 13. Jahrhundert. Sie wurde erst 1999 nach 700 Jahren wiederentdeckt. Ihre Wände sind mit gut erhaltenen Fresken aus dem 13. Jh. bemalt, die Künstler der Sieneser Schule schufen.

Ansichten des Sieneser Doms Santa Maria Assunta: Die wundervolle Fassade sowie das prächtige Innere mit Pisanos Kanzel und dem aufwendig mit Intarsien gestalteten Fußboden machen ihn zur vielleicht schönsten gotischen Kirche Italiens.

Absoluter Höhepunkt ist der im Dom startende Rundweg Porta del Cielo (»Himmelspforte«) hinauf zum Dach mit grandiosen Blicken ins Dominnere und auf Siena.

Mittelalterliche Bildhauerkunst

Das Museo dell'Opera Metropolitana in dem im 14. Jh. begonnenen Langhaus des Domneubaus zeigt u. a. die Originalskulpturen der Domfassade aus der Werkstatt von Giovanni Pisano. Weitere Meisterwerke sind das Relief »Madonna der Vergebung« (1457–1459) von Donatello und Duccios riesige »Maestà« (1308–1311), eines der großartigsten italienischen Altarbilder des Mittelalters. Eine neue Sicht auf den Dom ermöglicht die Aussichtsplattform auf der Fassade Il Facciatone (S. 100).

Kunst im einstigen Krankenhaus

Der heute gewaltige Museumskomplex S. M. S. Santa Maria della Scala im einstigen Ospedale di Santa Maria della Scala wurde der Legende nach gegen Ende des 9. Jh.s von einem Schuster, Beato Sorore, gegründet, der sein Haus Pilgern und Kranken zur Verfügung stellte. Angeblich träumte seine Mutter am Tag vor seiner Geburt davon, dass ihr Sohn auf einer Leiter in den Himmel stieg, was den Beinamen »della Scala« erklären könnte. Vermutlich bezieht sich dieser aber auf die nahe Domtreppe. Im Inneren des zunächst als Pilgerhospiz und Hospital, später als Waisenhaus fungierenden Baus beeindrucken vor allem die Fresken in der alten Sakristei (15. Jh.) und in der Sala del Pellegrinaio (Pilgersaal) die Freskenreihe (1440–1444) von Vecchietta, Domenico di Bartolo und anderen sienesischen Künstlern.

Moderne Kunst zeigt das S. M. S. Contemporanea, gut besucht sind auch das Kunstmuseum für Kinder und das integrierte Nationale Archäologische Museum.

KLEINE PAUSE

Die nahe **Osteria Permalico** (S. 124) lädt mit toskanischen Fleischspezialitäten tägl. auch zum Lunch.

218

Duomo & Libreria Piccolomini
Piazza del Duomo ☎ 0577 28 63 00
https://operaduomo.siena.it
April–Okt. tägl. 10–19, Domfeiertage 13.30–18, Nov.–März. tägl. 10.30–17.30, Domfeiertage 13.30–17.30, 26. Dez. bis 6. Jan tägl. 10.30–18, Domfeiertage 13.30–17.30 Uhr 6 €, 27.6.–31.7. und 18.8.–18.10. 8 €, Opa Si Pass für alle Domeinrichtungen (außer Porta del Cielo) 13 €, 27.6.–31.8. und 18.8.–18.10. 15 €

Porta del Cielo
☎ 0577 28 63 00 wie Duomo (Ticket nur nach Voranmeldung) 20 € (gültig für das gesamte Domensemble)

Battistero di San Giovanni
Piazza San Giovanni ☎ 0577 28 63 00
tägl. April–Okt. 10–19, Nov.–März 10.30–17.30, 26.12.–6.1. 10.30–18 Uhr
OPA Si Pass oder Porta del Cielo

Museo dell'Opera del Duomo/ Facciatone
Piazza del Duomo 8 ☎ 0577 28 63 00
tägl. April–Okt. 9.30–19.30, Nov. bis März 10.30–17.30, 26.12.–6.1. 10.30–18 Uhr OPA Si Pass oder Porta del Cielo

Ospedale di Santa Maria della Scala
Piazza del Duomo 2 ☎ 0577 22 87 44
www.santamariadellascala.com 15.3. bis 15.10., 26.12.–6.1. tägl. 10–19, 16.10. bis 14.3. Mo, Mi–Fr 10–17, Sa, So 10–19 Uhr, Di geschl. 9 €, Kombitickets 14–24 €

❼ ★★ San Gimignano

Was?	Bilderbuchstädtchen mit berühmtem Freskenzyklus und noch berühmteren Geschlechtertürmen
Warum?	Um mit eigenen Augen zu sehen, dass Wolkenkratzer keine moderne Erfindung sind.
Wann?	Früh am Morgen, noch besser mit einer Übernachtung
Wie lange?	Mindestens einen halben Tag
Resümee	Das Manhattan des Mittelalters

Es ist eine Skyline, wie sie auch moderne Städte haben. Wie steinerne Nadeln ragen noch 14 von einst 72 Geschlechtertürmen aus dem Gassengewirr der Altstadt San Gimignano heraus, die bereits 1990 zum UNESCO-Weltkulturerbe erklärt wurde. Aber auch der Museumskomplex Santa Chiara und zwei freskengeschmückte Kirchen lohnen einen Besuch.

Weite Plätze, höhe Türme, enge Gassen

Das Städtchen ist winzig und misst von einem zum anderen Ende gerade 750 m. Alle Sehenswürdigkeiten sind bequem zu Fuß zu erreichen. Am besten erkundet man den Ort vom südlichen Stadttor aus, der Porta San Giovanni. Folgt man von hier der Via San Giovanni bergauf, erreicht man zunächst rechter Hand San Francesco, eine ehemalige Kirche aus dem 13. Jh., die 1553 den heutigen Namen erhielt.

Am oberen Ende der Via San Giovanni steht der Arco dei Becci, ein mittelalterlicher Torbogen, der in die erste Stadtmauer von 998 n. Chr. integriert ist (die zweite Mauer mit der Porta San Giovanni wurde bis 1214 hinzugefügt). Der Torbogen führt zur malerischen Piazza della Cisterna, die ihren Namen dem mittelalterlichen Brunnen (»cisterna«) in ihrer Mitte verdankt. Hier reihen sich nette Cafés, Gelaterie (Eisdielen) und hübsche Hotels (S. 121), zudem gibt es die Gruselmuseen der Folter und der Todesstrafe, beides in der Toskana schon 1786 abgeschafft (Via San Giovanni 82 und 125, Tel. 0577 94 05 26, tägl. 10–19 Uhr, Winter nur Sa, So; Eintritt: 10 €, www.torturemuseum.it). Der Zisternenplatz grenzt an die Piazza del Duomo mit den Hauptattraktionen der Stadt: An der Westseite erhebt sich die Collegiata di Santa Maria Assunta (Stiftskirche der Maria Verkündigung), von den Einheimischen nur Duomo (Dom) genannt, da sie einst eine Kathedrale war, bis die Stadt ihren Bischofssitz verlor. Links davon ragt der Palazzo del Popolo auf (ab 1288 erbaut, ab 1323 erweitert) mit dem imposanten Torre Grossa, der Tourismusinformation und dem Museo Civico (S. 106).

Bilderbibel fürs Volk

Die Collegiata wurde 1148 geweiht, 1239 umgebaut und 1456 bis 1460 vom Architekten und Bildhauer Giuliano da Maiano erweitert. Die schlichte Fassade täuscht: Das Innere ist fast vollständig mit herrlichen Fresken geschmückt. Die rückwärtige Wand wird von Taddeo di Bartolos »Jüngstem Gericht« (1393) eingenommen, flankiert von »Hölle« und »Paradies«, die auf Mauervorsprüngen aufgemalt wurden. Dazwischen befindet sich ein Fresko von Benozzo Gozzoli, in dessen Mittelpunkt der hl. Sebastian (1465) steht.

Der zweite Zyklus (ca. 1338–1340) an der Südwand wird den Brüdern Lippo und Federico Memmi zugeschrieben, die aus Siena stammten. Die drei zum Teil beschädigten Gemäldereihen zeigen Motive aus dem Neuen Testament. Der Zyklus (1356–1367) auf der gegenüberliegenden Mauer stammt von Bartolo di Fredi, ebenfalls aus Siena; diese Szenen aus dem Alten Testament in den Lünetten über der

Wer hat den höchsten? Das Konkurrenzdenken der Adelsfamilien von San Gimignano bescherte dem Städtchen eine beachtliche Skyline.

Hauptwand zeigen u. a. Motive aus der Schöpfungsgeschichte. Die Kirche birgt weitere erstrangige Kunstschätze: Im rechten (südlichen) Seitenschiff wartet die Cappella di Santa Fina u. a. mit einem bezaubernden Altar, einem Marmorschrein und Flachreliefs (1475) ebenfalls von Benedetto da Maiano auf, ferner enthält sie drei Fresken von Domenico Ghirlandaio über das Leben von Santa Fina (1238–1253), der Schutzheiligen San Gimignanos.

Religiöse Kunstwerke bewahrt nebenan an der Piazza Luigi Pecori 1–2 das Museo d'Arte Sacra.

Hoch hinaus!

Das Museo Civico umfasst die in den Jahren 1300 bis 1311 erbaute Torre Grossa – der einzige Turm in San Gimignano, der erklommen werden kann. Die sogenannten Geschlechtertürme dienten der Verteidigung und waren zugleich Statussymbole der Adligen. Dass in San Gimignano noch 14 stehen, liegt an der Pest von 1348, die die Stadt so schwer traf, dass sie ihre Unabhängigkeit aufgab und sich unter den Schutz von Florenz begab. Die Macht der Adligen zerbrach; ihre Türme jedoch, die ihren Zweck verloren hatten, blieben weiterhin stehen.

Der erste Museumssaal, »Ratssaal« (Sala del Consiglio) bzw. »Sala di Dante« genannt, erinnert an Dantes Aufenthalt im Mai 1300, bei dem er als Gesandter von Florenz ver-

Einem aus der Renaissance stammenden Travertinbrunnen verdankt die stimmungsvolle Piazza della Cisterna ihren Namen.

suchte, die Stadträte von San Gimignano für die papsttreue Partei der Guelfen zu gewinnen (die mit den kaisertreuen Ghibellinen um die Herrschaft in Florenz und der Toskana stritt). Der Raum wird von dem riesigen Gemälde von Lippo Memmi, der »Maestà« (»Thronende Madonna«; 1317), beherrscht. In der Pinakothek (vier Säle) im zweiten Stock sind Gemälde aus Florenz, Umbrien und Siena zu sehen, u. a. von Filippino Lippi, Pinturicchio und Coppo di Marcovaldo. Einige der schönsten Bilder stammen jedoch von weniger bekannten Künstlern, so u. a. die Darstellungen des hl. Gimignano (von Taddeo di Bartolo) sowie des hl. Bartholomäus und der hl. Fina (beide von Lorenzo di Niccolò). In der Camera del Podestà befinden sich kuriose Fresken von Memmo di Filippuccio (ca. 1250–ca. 1325), die positive wie negative Auswirkungen jugendlicher Liebe zeigen.

Kirche und Konvent Sant`Agostino

Kirche und Konvent von Sant'Agostino entstanden 1280 bis 1298 nahe am Ortsrand an der heutigen Piazza Sant'Agostino 10. Viele zentralere Standorte in der Stadt waren da schon verbaut. Die Kirche Sant'Agostino ist für den 17-teiligen, 2018 bis 2023 restaurierten Freskenzyklus von Benozzo Gozzoli ringsum den Hauptaltar berühmt. Er zeigt Begebenheiten aus dem Leben des hl. Augustinus (1464/65). Wie in der florentinischen Cappella dei Magi (S. 64) fällt auch dieses Werk Gozzolis durch seinen Detailreichtum auf. Das beeindruckende Fresko über dem Hochaltar stammt von Piero del Pollaiuolo und stellt die »Krönung Mariens« (1483) dar.

Eine weitere Attraktion in der Kirche ist das Grabmonument des im Jahr 1910 heiliggesprochenen Bartolo da San Gimignano (1228–1300) in der Cappella di San Bartolo (direkt links am Eingang). Der Marmoraltar, in dem die Gebeine des hl. Bartolo ruhen, wurde im Jahr 1494 von Benedetto da Maiano fertiggestellt. Den großartigen Fußboden schuf Andrea della Robbia (1435–1525).

Kirche Sant' Agostino: Tel. 0577 90 43 13, https://conventosantagostino.it, tägl. 7–12, 15 bis 18 Uhr, Eintritt frei

Museen und mittelalterliche Straßen

Wer von Sant'Agostino der Via Folgore da San Gimignano in östlicher Richtung folgt, gelangt zum Museumskomplex Santa Chiara. Das Archäologische Museum präsentiert dort die 2010 entdeckte etruskische Bronzestatue (3. Jh. v. Chr.) eines Opfernden, »Hinthial« (Geist, Schatten) genannt. Beeindruckend ist die Galerie für moderne Kunst (20. Jh.) im ersten Stock, großartig der Fensterblick auf die Skyline der Stadt. Die Kirche San Iacopo an der Porta San Jacopo geht auf ein Templerhospiz nebenan zurück, das ab dem Jahr 1221 verbürgt ist. Entlang der Stadtmauer geht es durch die Porta dei Fonti zur im Jahr 1240 erbauten Kirche San Lorenzo in Ponte (Via Santo Stefano) mit herrlichen Fresken von Cenni di Francesco di ser Cenni. Oberhalb der Piazza del Duomo lädt auf der Rocca (1353) das örtliche Weinkonsortium zur Verkostung des berühmten Weißweins Vernaccia di San Gimignano ein (tägl. 11.30/12–19/19.30 Uhr; https://wine experience.vernacciasangimignano.it/). Weitere Programmpunkte könnten das Museo Ornitologico (Vogelkundemuseum) mit 370 Vogelarten oder das Museum »San Gimignano 1300« sein, wo man die Stadt im Jahr 1300 im Maßstab 1:100 bewundern kann.

Gelateria Dondoli: Piazza della Cisterna 4, Tel. 0577 94 22 44, www.gelateriadondoli.com, tägl. 9–23.30 Uhr

KLEINE PAUSE

Allein die **Gelateria Dondoli** (Piazza della Cisterna 4) vom zweifachen Speiseeis-Weltmeister Sergio Dondoli ist Grund genug, nach San Gimignano zu fahren! Probieren Sie Kreationen wie Kürbis, Kastanie mit Rosmarin oder die Crema di Santa Fina mit Bourbon-Vanille, Safran und Pinienkernen!

212 C2

Collegiata und Dommuseum
Piazza del Duomo ☎ 0577 28 63 00
www.duomosangimignano.it
April–Okt. Mo–Fr 10–19.30, Sa 10–17, So 12.30–19.30, Nov.–März Mo–Sa 10–17, So 12.30–17 Uhr 5 € oder San Gimignano Pass (mit allen städt. Museen; 2 Tage gültig) 13 €

Museo Civico und Torre Grossa
Palazzo del Popolo, Piazza del Duomo ☎ 0577 28 63 00
www.sangimignanomusei.it
April–Okt. tägl. 10–19.30, Nov.–März Mo–Fr 11–17.30, Sa, So 11–18 Uhr
9 € (Kombiticket: auch für den Museumskomplex Santa Chiara und die Kirche San Lorenzo in Ponte)

Museumskomplex Santa Chiara, San Lorenzo in Ponte
Palazzo del Popolo, Piazza del Duomo ☎ 0577 28 63 00
wie Museo Civico

Museo »San Gimignano 1300«
Via Costarella 3 ☎ 327 4 39 51 65
www.sangimignano1300.com
tägl. April–Okt. 10–18, Nov.–März 10–17 Uhr
5 €

Museo Ornitologico
Via Quercecchio 49
☎ 0577 94 13 88
April–Sept. tägl. 11.30–17 Uhr
3,50 €

30 Pinacoteca Nazionale · Kirchen, Siena

Was?	Die Kunst der Schule von Siena
Warum?	Vor allem wegen der sienesischen Goldgrundmalereien des 13.–15. Jahrhunderts
Wann?	Am besten gleich morgens
Wie lange?	Etwa zwei Stunden
Was noch?	Vom »Salone delle sculture lapidee« bietet sich Ihnen eine eindrucksvolle Aussicht über die Dächer von Siena.
Resümee	Viel Gotik … und etwas Renaissance

Im Norden der Altstadt dominiert die Basilika San Domenico die Silhouette Sienas.

Links: Der aus Siena stammende Künstler Sodoma schuf die imposante »Kreuzabnahme« von San Francesco.

Rechts: In der Pinacoteca Nazionale herrscht selten großer Andrang, Gemälde und Skulpturen können meist in aller Ruhe betrachtet werden.

In der Pinacoteca Nazionale, der bedeutendsten Galerie der Stadt, lässt sich die Entwicklung der Sieneser Schule nachvollziehen, die noch lange Zeit an der Gotik festhielt, während man sich in Florenz schon der Renaissance zuwandte.

Die Schule von Siena

Die frühe Malerei in Siena war stark von der byzantinischen Kunst beeinflusst, die sich durch die verschwenderische Verwendung von vergoldeten Bildhintergründen und der stilisierten Darstellung der Madonna mit Kind auszeichnete. Frühe Meister dieser Tradition in Siena, deren Werke heute in der Pinacoteca zu sehen sind, waren Guido da Siena, Duccio, Simone Martini sowie die Brüder Pietro und Ambrogio Lorenzetti. Auch wenn im 15. Jh. Künstler vereinzelt neuen Trends folgten, blieben viele andere, vor allem Sano di Pietro, Giovanni di Paolo und Matteo di Giovanni, dem alten Stil treu.

Im 16. Jh. war die Blütezeit der alten Malkunst in Siena weitgehend vorüber. Eine Ausnahme sind die Arbeiten des Manieristen Domenico Beccafumi und die von Giovanni Antonio Bazzi (Säle 27–30, 32 und 37), genannt Sodoma, der für seine Fresken in Monte Oliveto Maggiore (S. 143) berühmt ist.

Die Schutzpatronin Europas und andere Heilige

Der gewaltige Backsteinbau der gotischen Kirche San Domenico aus dem 13. Jh. an der Piazza San Domenico bestimmt das nördliche Stadtbild. Die dortige Cappella di Santa Caterina ist der hl. Katharina von Siena (1347–1380), der Schutzpatronin Europas, geweiht. In einem Reliquienschrein werden ihr Haupt und ein Finger aufbewahrt, Fresken (um 1525) von Sodoma stellen Szenen aus ihrem Leben dar.

Die etwas unscheinbare Kirche San Francesco wartet mit Fresken von Sassetta sowie Pietro und Ambrogio Lorenzetti auf. Beachtung verdient das Gotteshaus wegen des Oratorio di San Bernardino mit Fresken von Sodoma und Beccafumi, die »Das Leben der Jungfrau« (1496–1518) darstellen (Piazza San Francesco 9, April–Okt. tägl. 13.30–19 Uhr, Eintritt: OPA Si Pass oder Porta del Cielo (siehe S. 103).

Die Kirche Santa Maria dei Servi (Piazza Manzoni) ist nur zehn Minuten vom Campo entfernt; der kurze Spaziergang wird mit Kunstschätzen und einer wunderbaren Aussicht auf die Stadt belohnt. Die zweite Kapelle im rechten Gang schmückt ein Madonnengemälde (1261) des Florentiners Coppo di Marcovaldo (ca. 1225–ca. 1276), der bei einer Schlacht gegen Siena in Gefangenschaft geriet und sich mit der Anfertigung dieses Gemäldes freikaufte. In der fünften Kapelle rechts sehen Sie die drastische Darstellung »Ermordung der unschuldigen Kinder« von Matteo di Giovanni (1491). Das gleiche Motiv im Seitenschiff, erste Kapelle rechts, stammt von Pietro Lorenzetti (1280/85–1348).

KLEINE PAUSE

Hausgemachte Pasta- und Fleischgerichte, dazu vegetarische Optionen, gute Weine, eine lockere Atmosphäre und moderate Preise – die **Osteria di Castelvecchio** ist eine gute Adresse, um nahe der Pinacoteca den Kunstgenuss sacken zu lassen.

Osteria di Castelvecchio: Via Castelvecchio 65, Tel. 0577 4 70 93, Do–Di 12.30 bis 15 & 19.30–22 Uhr, Mi geschl.

Pinacoteca Nazionale
✉ Palazzi Buonsignori und Brigidi, Via di San Pietro 29 ☎ 0577 28 11 61
www.pinacotecanazionalesiena.it
Di–Sa 9–19, So, Mo 9–13.30 Uhr
6 € oder Kombitickets 14–24 €

Basilica di San Domenico
✉ Piazza San Domenico 1
☎ 0577 28 68 48
www.basilicacateriniana.it
März–Okt. tägl. 7–18.30, Nov.–Feb. 8.30–18 Uhr frei

31 Cortona

Was?	Einer der schönsten und ältesten Bergorte der Toskana mit herrlichem Weitblick.
Warum?	Um sich durchs wunderbare Gewirr enger Gassen und Plätze treiben zu lassen und etruskisches Erbe zu bewundern.
Wann?	Im Morgen- oder Abendlicht
Wie lange?	Zwei Stunden ... Antike-Liebhaber brauchen mehr Zeit!
Resümee	Ganz schön steil!

An der Via Roma 6 steht die herrliche, 1485 bis 1525 von der Schusterinnung erbaute Wallfahrtskirche Santa Maria delle Grazie al Calcinaio. Am Ostersonntag 1484 soll hier ein auf eine Wanne zum Gerben von Leder gemaltes Bildnis der Madonna mit Kind erstmals ein Wunder bewirkt haben. Die Wanne wurde wegen des verwendeten Brandkalks »Calcinaio« (Kalkgrube) genannt. Die heilige Ikone befindet sich heute auf dem Hauptaltar.

Innerhalb der Stadtmauern markiert die kleine, aber umso stimmungsvollere Piazza della Repubblica das Zentrum der kompakten Altstadt. Dominiert wird sie vom 1241 erstmals erwähnten, trutzig wirkenden Palazzo Comunale und dessen mit Zinnen besetzten Uhrturm. Von hier aus führt ein kurzer Spaziergang nach Nordwesten über die Piazza Signorelli zur Piazza del Duomo mit dem Dom (barocker Hauptaltar von 1664) und gegenüber dem Museo Diocesano.

Museale Schätze

Dessen Höhepunkte sind zwei Meisterwerke von Fra Angelico, der zwei Jahre lang als Mönch im Dominikanerkloster der Stadt lebte. Neben Angelicos »Verkündigung« (um 1430) und seinem Triptychon mit Szenen aus dem Leben des hl. Dominikus (1436/37) sind auch bemerkenswerte Werke u. a. von Sassetta, Pietro Lorenzetti und dem in Cortona geborenen Luca Signorelli (ca. 1455–1523) zu sehen. Die archäologische Hauptattraktion ist ein römischer Sarkophag aus dem 2. Jh. n. Chr., der mit Motiven des Kampfes zwischen Dionysos und den Amazonen verziert ist. Die Arbeit begeisterte und inspirierte u. a. Donatello und Filippo Brunelleschi.

Die Stadt wurde vermutlich schon im 8. Jh. v. Chr. von Etruskern gegründet und gehörte zum Zwölfstädtebund. Das Museo dell'Accademia Etrusca zeigt u. a. den »Lampadario Etrusco« – einen bronzenen Kronleuchter aus dem 5. Jh. v. Chr. –, die »Tabula Cortenensis« mit einer etruskische Inschrift sowie herrlichen etruskischen Schmuck, Vasen, römische Mosaiken und ägyptische Objekte. Zum

Bei einem Streifzug durch die Straßen und Gassen offenbart Cortona seinen ganzen Zauber; er könnte mit einem Aperitivo in dem Treffpunkt der Stadt, dem Caffé Signorelli (Via Nazionale 1) enden.

Museum gehört auch der Parco MEAC im Ortsteil Sodo mit etruskischen Tumulusgräbern.

Ohne Fleiß kein Preis

Mühsam ist der Aufstieg zur Fortezza Medicea, einer Festungsruine, die auf Befehl von Cosimo I. de' Medici bis 1561 erbaut wurde. Umso überwältigender die Aussicht: An klaren Tagen kann man vage den Trasimenischen See im benachbarten Umbrien erkennen. Zwischen den verstreuten Mauerresten finden sich Teile der alten römischen und etruskischen Schutzwälle. Direkt unterhalb der Festung erhebt sich die Kirche Santa Margherita (1897 eingeweiht) mit dem Grab (1362) der hl. Margarete von Cortona, der Schutzheiligen der Stadt.

KLEINE PAUSE

Nomen est omen – ein Logenplatz mit Aussicht für Lunch oder Dinner ist **La Loggetta** (S. 123).

---

213 F1

Museo Diocesano
Piazza del Duomo 1 ☎ 0577 28 63 00
www.cortonatuseibellezza.it
1.4.–5.11. und 26.12.–7.1. tägl. 10.30 bis 13.30, 14–18.30, 6.11.–31.3. Fr–So 10–17 Uhr 6 €

Museo dell'Accademia Etrusca (MAEC) und Parco MAEC
Piazza Signorelli 9 ☎ 0575 63 04 15, Park Tel. 0575 61 27 86 https://cortonamaec.org April–Okt. tägl. 10–19, Nov.–März Di–So 10–17, Park 1.4.–15.9. tägl. 10–19, 16.9.– 31.3. Fr–So 10–14 Uhr 10 €, mit Park 13 €, nur Park 5 €

Fortezza Medicea
Via di Fortezza ☎ 0575 1 64 55 07
www.fortezzadelgirifalco.it
tägl. 1.4. 16.6., 4.9.–1.10. 10–19, 17.6.–3.9. 10–20, 2.10.–1.11. 10–18, 2.11.–28.2. Sa, So 10–17, März Sa, So 10–18 Uhr 5 €, bei Events 8 €

Strenge, Stille, Schönheit

Diesen besonderen Ort fand schon Franz von Assisi bezaubernd. Nach einer Stunde Waldspaziergang ab Cortona liegt er auch vor Ihnen: eine perfekt in die Natur eingepasste Kloster-Oase. Streng und karg präsentiert sich zwischen den Grotten des Monte Sant'Egidio das Ensemble des noch immer bewohnten Eremo Le Celle. Steil rauscht hier in manchen Monaten ein Flüsschen unter der Brücke hindurch. Sehen Sie sich die winzige Zelle San Francescos an – und achten Sie auf die Stille, spüren Sie den Frieden dieses Platzes!

Strada dei Cappuccini 1, Cortona, Tel. 057560 10 17, www.lecelledicortona.it

Nach Lust und Laune!

32 Monteriggioni

Monteriggioni erscheint wie eine Vision des Mittelalters: eine turmbewehrte, seit 2005 begehbare Mauerkrone auf einem Hügel inmitten von Olivenhainen – neuere Gebäude sucht man vergebens. Das Kastell wurde von Siedlern aus Siena 1213–1219 als Verteidigungsbastion gegen Florenz erbaut. Die 1260 erneuerten Mauern mit 14 Türmen widerstanden Florenz aber nur bis 1269. Für die damalige Zeit waren die Verteidigungsanlagen außergewöhnlich, die Türme wurden sogar von Dante in seinem »Inferno« erwähnt, dem ersten Teil seines epischen Gedichts »Göttliche Komödie«. Rund um die Piazza Dante Alighieri (früher Piazza Roma) gibt es die Kirche Santa Maria Assunta (13. Jh.), Rüstungen und Waffen in den vier Sälen der Ausstellung Monteriggioni in Arme und ein Vier-Sterne-Hotel mit Restaurant (S. 121).

213 D2

Mauerbegehung, Monteriggioni in Arme
Piazza Dante Alighieri 23 ☎ 0577 30 48 34 www.monteriggioniturismo.it
April–Sept. tägl. 9.30–13.30, 14 bis 19.30, März, Okt. 9.30, 14–18, Nov.–Feb. Mi–Mo 10–13.30, 14–16.30 Uhr 5 €

33 Colle di Val d'Elsa

Colle di Val d'Elsa liegt etwas im Schatten des nahen San Gimignano (S. 104). Colle Alta, der obere Stadtteil auf dem Hügel, besticht durch ruhige, blumengeschmückte Gassen, alte Kirchen, Museen und viele schöne Ecken. Ideal parkt man an der Porta Nova. Man findet sich leicht zurecht: Colle Alto besteht vor allem aus der Hauptstraße, der Via del Castello, die sich über die gesamte Länge der Hügelkette des Städtchens zieht. In der Ortsmitte öffnet sich die Straße zur Piazza del Duomo hin mit dem Dom (1603 bis 1630) linker Hand. Dieser enthält ein exquisites Marmortabernakel

Dante beschrieb die Türme von Monteriggioni als Giganten (»Inferno«, 31. Gesang, Verse 40–45).

aus dem 15. Jh., das vermutlich von Mino da Fiesole stammt. Links neben dem Dom ist im Palazzo Pretorio (14. Jh.) das neugestaltete Museo Archeologico untergebracht.

Weiter unten an der Via del Castello wirkt der Ort zunehmend mittelalterlich, kleine Gassen zu beiden Seiten der Straße lohnen einen Abstecher. Das letzte Stück führt vorbei an der Kirche Santa Maria in Canonica, einer kleinen romanischen Kirche aus dem 12. Jh., und der Casa-Torre di Arnolfo di Cambio, in der angeblich der Architekt Arnolfo di Cambio um 1240/45 geboren wurde. Nahezu direkt hinter dem Turm stößt man auf den wunderschönen Aussichtspunkt Baluardo mit herrlicher Sicht über Colle Bassa, den unteren Teil der Stadt, und die schöne Landschaft.

Im Museo San Pietro fanden die Exponate des Museo Civico und des Museo Diocesano d'Arte Sacra sowie die Privatsammlungen Fusi und Bilenchi eine neue Heimat.

Colle di Val d'Elsa ist berühmt für seine Glas- und Papierherstellung und seine Buchdruckerkunst.

212 C2

Touristeninformation
Via del Castello 33 ☎ 0577 92 27 91
www.prolococollevaldelsa.it
Mai–Okt. Mi–Mo 10–13 & 14–18 Uhr

Museo Archeologico
Piazza Duomo 42 www.collealtamusei.it 2024 Wiedereröffnung (Zeiten/Eintritt siehe Museo San Pietro)

Museo San Pietro
Via Gracco del Secco, 102
☎ 0577 28 63 00 www.collealtamusei.it April–Okt. und 26.12.–8.1. tägl. 11–17, März, Nov., Dez. Sa, So 15–17 Uhr, 9.1.–28.2. geschl. 6 €

Museo del Cristallo
Via del Castello 33 (1. Etage ☎ 0577 92 41 35 www.museodelcristallo.it wg. Umbau geschl.; es wurde aber eine kostenfreie Sonderausstellung an der Via del Castello 33 in Colle Alta, eingerichtet.

34 Volterra

Wie ein Adlerhorst thront Volterra auf einem windumpeitschten Hügel und ist auch im Vergleich zu den idyllischen Städten ringsum eine imposante Erscheinung. Die alte Etruskerstadt hat viel Geschichte zu bieten: mittelalterliche Bauten, bezaubernde alte Straßen und eines der wichtigsten archäologischen Museen der Region. Überall locken außerdem Geschäfte mit Alabaster. Das Ecomuseo dell'Alabastro im Torre Minucci des Palastes Minucci-Solaini präsentiert diesen traditionellen Wirtschaftszweig mit Kunstexponaten.

Das mittelalterliche Zentrum der Stadt, die Piazza dei Priori, wird gesäumt vom ältesten Rathaus der Toskana, dem Palazzo dei Priori, sowie gegenüber dem Palazzo Pretorio. An der Piazza San Giovanni stehen der Dom (1120 eingeweiht), das Baptisterium aus dem 13. Jh. und der Torre del Porcellino; seinen Namen verdankt der Turm dem Ala-

Kitsch oder Kunst – in Volterras Alabasterateliers ist der Übergang mitunter fließend.

basterschweinchen am Gesims. Die künstlerischen Höhepunkte des Doms sind die »Kreuzabnahme« (1228), eine mehrfarbige Holzfigurengruppe in einer Kapelle im rechten Querschiff, sowie das Ziborium und zwei flankierende Engel (1471) am Hochaltar von Mino da Fiesole.

Gleich vor dem Baptisterium befindet sich das Museo Diocesano d'Arte Sacra. Im Mittelpunkt steht das Gemälde »Thronende Madonna mit Heiligen« (1521) von Rosso Fiorentino. Dessen Arbeiten bestimmen auch die Pinacoteca e Museo Civico, wo mit seiner »Kreuzabnahme« (1521) eines der Meisterwerke des Manierismus zu sehen ist. Ebenso imposant ist »Gli Sposi« (»Das verheiratete Paar«), eine etruskische Grabskulptur aus dem Museo Etrusco Guarnacci. Weitere Zeugnisse aus der etruskischen und römischen Geschichte Volterras finden sich im Parco Archeologico.

212 B2

Touristeninformation
Piazza dei Priori 20 ☎ 0588 8 72 57 https://volterratur.it tägl. 9–13, 14–18, Juli/Aug. Mo–Fr 10–18, Sa, So 10–13, 14–19 Uhr

Ecomuseo dell'Alabastro
Piazza Minucci 2 www.museivaldicecina.it/de/ecomuseo_alabastro.php April–Okt. tägl. 9–19, Nov.–März 10–16.30 Uhr 10 € oder Volterra Card

Palazzo dei Priori
Piazza dei Priori 1 Tel. 0588 8 75 80 www.volterratur.it wie Ecomuseo 10 € oder Volterra Card

Museo Etrusco Guarnacci
Via Don Minzoni 15 ☎ 0588 8 63 47 https://volterratur.it tägl. 1.4.–5.11. 9–19, 6.11.–31.3. 10–16.30 Uhr 10 € oder Volterra Card

Pinacoteca e Museo Civico
Via dei Sarti 1 ☎ 0588 8 75 80 , Eintritt wie Museo Guarnacci

Acropoli Etrusca sowie **Parco Archeologico/Teatro Romano**
https://volterratur.it 1.4.–5.11. tägl. 10–17.30, sonst Sa, So 10–16.30 Uhr je 10 € oder Volterra Card

Fortezza Medicea
https://volterratur.it Juni Sa–Mo 12–18, Juli–Sept. Fr–Mo 12–19, Okt. Sa, So 12–18 Uhr 5 €

Domkomplex Anima di Volterra
Piazza San Giovanni ☎ 337 1 42 25 18 www.animadivolterra.it 1.4.–1.11. und 26.12.–6.1. tägl. 10–18, Dom So nur 12.30–18, März Sa, So 10–18 Uhr, 7.1. bis 31.3. geschl. Anima di Volterra Pass (82 Tage gültig) 11 €)

Museo Diocesano d'Arte Sacra
Sant'Agostino, Piazza XX Settembre ☎ 0588 8 77 33 www.museodiocesanovolterra.com Do–Mo 10–13, 14 bis 18 Uhr 5 €

Hier wurden ein Badekomplex, ein römisches Theater und andere Ruinen freigelegt. Zudem lohnt ein Besuch der Fortezza Medicea. Ein guter Abschluss sind die sogenannten »balze«, stark erodierte Klippen, am westlichen Stadtrand.

35 Certaldo

Die winzige mittelalterliche Festungsstadt Rione Castello oder Certaldo Alto liegt auf einer Bergkuppe über dem modernen Zentrum von Certaldo und ist zu Fuß oder mit der Seilbahn (»funicolare«) zu erreichen. Die Straßen und Gassen mit ihrer harmonischen mittelalterlichen Architektur lohnen einen Besuch. Achten Sie zudem auf den Palazzo Pretorio, eine Burg aus dem 13. Jahrhundert. Die Casa Boccaccio widmet sich dem Werk des Renaissancedichters Giovanni Boccaccio, der von hier stammte. Und das Museo d'Arte Sacra in einem 400 Jahre alten Augustinerkloster zeigt in sieben Sälen religiöse Kunst. Das berühmte Kruzifix von Petrognano (Mitte 13. Jh.) befindet sich nun in der Apsis der Kirche San Jacopo e Filippo.

212 C3

Touristeninformationen
Piazzetta del Vicariato 4 im Palazzo Pretorio ☎ 0571 66 12 19 www.visitcertaldo.com

Funicolare di Certaldo
Talstation Piazza Boccaccio 37, Station Certaldo Alto an der Porta Alberti
tägl. 15.4.–15.10. 7.30–1, 16.10.–14.4. 7.30–19.30 Uhr, jeweils alle 15 Min.
einfach 1,30 €, hin & zurück 1,50 €

Palazzo Pretorio
Piazzetta del Vicariato 3 ☎ 0571 66 12 65 www.visitcertaldo.com
April–Okt. tägl. 10–13, 14.30–19, Nov. bis März Mo, Mi–Fr 10–13, 14.30–16.30, Sa, So 10–13, 14.30–17.30 Uhr 5 € (mit Casa Boccaccio) bzw. 7 € (mit Casa Boccaccio und Museo d'Arte Sacra)

Casa del Boccaccio
Via Boccaccio 18 ☎ 0571 66 12 19
www.enteboccaccio.it
s. Palazzo Pretorio

Museo d'Arte Sacra
Piazza Santi Jacopo e Filippo 2
☎ 0571 65 68 24 www.conventoagostiniani.it s. Palazzo Pretorio 4 € oder Kombiticket 7 € (s. Pal. Pretorio)

36 Fiesole

Das Hügelstädtchen rund 8 km nordwestlich von Florenz punktet vor allem mit seinen grandiosen Ausblicken auf Florenz (ca. 40 Min. von dort ab Piazza Santa Maria Novella mit Bus 7). Es birgt aber auch sehenswerte Ausgrabungen und schöne Gotteshäuser.

Im Zentrum des Geschehens liegt die Piazza Mino mit dem Dom. Von hier sind es nur ein paar Schritte zum kleinen Museo Bandini mit Florentiner und toskanischer Kunst des Mittelalters. Am Ende der Straße liegt die Archäologische Zone mit römischem Theater und etruskischen Mauern. Westlich der Piazza liegt der Convento San Francesco. Wenn nach dem Besuch der kleinen Blumen-und Kräutergärten, der Mönchsgemächer und der Kirche mit dem Altargemälde der Kreuzigung Christi des florentinischen Renaissance-Künstlers Neri di Bicci (1418–1492) die Sonne zu sinken beginnt, schauen Sie hinab in Richtung Arno: In zauberhaftestem Abendlicht liegt Ihnen die Stadt Florenz zu Füßen.

Auf dem Weg zurück lohnt ein Halt an der Kirche San Dominico südlich des Ortszentrums, in der es Fra Angelicos Altarbild »Madonna mit Kind und Heiligen« (ca. 1419 bis 1421) zu bewundern gibt (Bushaltestelle direkt davor). Hangwärts können Sie hier noch einen kleinen Abstecher zur Badia Fiesolana machen, einer alten Abteikirche mit reizender romanischer Fassade.

Erst im 19. Jh. wiederentdeckt wurde das römische Theater von Fiesole. Heute finden hier im Sommer Klassik- und Popkonzerte statt.

211 F3

Touristeninformation
Via Portigiani 3 ☎ 055 5 96 13 11
www.fiesoleforyou.it Mai tägl. 10–13 & 15–18, Juni–Sept. Mo & Fr–So 10–13 & 16–18, Okt. Fr–So 10–13 & 15–17 Uhr

Museo Bandini
Via Duprè 1 ☎ 055 5 96 12 93
www.museidifiesole.it April–Sept. Fr–So 9–19, März & Okt. Fr–So 10–18, Nov.–Feb. Fr–So 10–15 Uhr 5 €, mit Arch. Zone und Arch. Museum 12 €

Area Archeologica
Via Marini-Via Portigiani
☎ 055 5 96 12 93 www.museidifiesole.it
April–Sept. tägl. 9–19, März & Okt. 10 bis 18, Nov.–Feb. Mi–Mo 10–15 Uhr 7 €, mit Arch. Museum 10 €, mit Museo Archeologico und Museo Bandini 12 €

Convento San Francesco
Via San Francesco 13 www.fratifiesole.it Mo–Sa 10–12, 14–17, So 14–17 Uhr (Museum) Spende

Wohin zum ... Übernachten?

Preise für ein Doppelzimmer pro Nacht:
€ unter 130 €
€€ 130–200 €
€€€ über 200 €

AREZZO

Casa Volpi €€/€€€
Mit einem der beiden hauseigenen Leihfahrräder oder dem Bus sind die 2,2 km vom Hügel dieser Villa aus dem 18. Jh. bis ins Stadtzentrum kein Problem. Die Zimmer sind eher schlicht, das (öffentliche) Restaurant setzt auf traditionelle örtliche Produkte; Olivenöl und Wein kommen aus eigener Produktion. Und im Garten können Sie wunderbar entspannen.
213 F2 Via Simone Martini 29
0575 35 43 64 www.residencecasavolpi.it

CERTALDO

Antica Torre del Borgo €/€€
45 Stufen bringen Sie hinauf zu diesem romantischen B & B in den oberen Etagen eines mittelalterlichen Turms. Holzdecken, freigelegtes Mauerwerk und erlesene Details machen den Charme der vier Zimmer aus – und natürlich der Ausblick (vor allem aus dem Rosmarin-Zimmer).
212 C3 Via Giovanni Boccaccio 3
331 8 86 91 71 www.anticatorredelborgo.it

CHIANTI

Castello di Spaltenna €€€
Eines der besten Vier-Sterne-Hotels der Region: Das Haus liegt in einer tollen Burg aus dem 13. Jh. auf einem Hügel am Stadtrand. Die Zimmer und Apartments sind individuell eingerichtet. Das Hotel punktet mit erstklassigen Restaurants, einer Weinbar, einem großzügigen Spa-Bereich, einem Pool und einem überdachten Schwimmbad.
213 D2 Via Spaltenna 13, Gaiole in Chianti 0577 74 94 83
www.spaltenna.it

Fürstlich und doch zeitgemäß logieren Sie im Castello di Spaltenna.

Villa Le Barone €€/€€€
Einst der Landsitz der Familie della Robbia und Sommerresidenz des Keramikkünstlers Luca della Robbia, später erblüht zu einem Weingut mit Olivenhainen, birgt die herzogliche Fattoria nun reizende Gästezimmer inmitten eines wunderbaren weiten Gartens mit Pool und Rosensträuchern. Das Restaurant hat eine große Pergolaterrasse – und wenn Sie die regionalen Köstlichkeiten wie das Rindfleisch aus eigener Zucht gleich wieder abtrainieren möchten, können Sie im Le Barone auch auf ein Leihfahrrad steigen oder ein paar Runden Tennis spielen.
213 D2 ,Località San Leolino 19, Panzano in Chianti 055 85 26 21
https://villalebarone.com

CORTONA

Il Falconiere €€€
Das Luxus-Relais mit Swimmingpool und Spa-Bereich mit Weintherapie liegt in einer wunderschön restaurierten Villa aus dem 17. Jh., rund 3 km außerhalb der Stadtmauer an der SR 71 nach Arezzo. Alle Zimmer sind hervorragend mit zeitgenössischen Möbeln eingerichtet, manche zieren Freskenmalereien und Antiquitäten. Obendrein hat das von einem Michelin-Stern geadelte Restaurant eine vielfältige Weinkarte und eine Dachterrasse, auf der sich besonders abends ein Besuch angenehm gestaltet.
213 F1 Località San Martino a Bocena 370
0575 61 26 79
www.ilfalconiere.it

B & B Vicolo Della Scala €
Blümchenhaken im Bad, ein alter Bauernschrank, duftige Bettvorhänge: Liebevoll hat Antonella ihre drei Gästezimmer und das Apartment Pozzo Tondo (Mindestaufenthalt 3 Tage) möbliert. Sie liegen in einem historischen Palazzo in einem Altstadtgässchen; Parkplätze gibt es an der nahen Piazza Garibaldi. Zum Frühstück wird nicht nur traditionelles Süßgebäck, sondern auch Schinken und Käse angeboten.
213 F1 Vicolo della Scala 12
0575 1 65 02 66

Villa Marsili Hotel €/€€
Erbaut auf den Grundmauern einer Kirche aus dem 14. Jh. (in der Halle sind noch Original-Fresken erhalten) besticht das luxuriöse 25-Zimmer-Haus durch sein romantisches Ambiente, einen bezaubernden Garten und ein üppiges Frühstücksbuffet.
213 F1 Viale C. Battisti 13 0575 60 52 52
www.villamarsili.net

MONTERIGGIONI

Monteriggioni €€
Da dieses stilvolle Vier-Sterne-Hotel im Herzen eines der schönsten Orte der Toskana liegt, sollte man rechtzeitig im Voraus buchen. Die Zimmer bieten modernen Komfort wie Klimaanlage und ein geschmackvolles Interieur. Es gibt einen Garten und einen Swimmingpool, aber kein eigenes Restaurant.
213 D2 Via I° Maggio 4 0577 30 50 09
www.hotelmonteriggioni.it
6.11.–31.3. geschl.

SAN GIMIGNANO

La Cisterna €/€€
Altmodischer Charme im besten Sinne – Wandspiegel mit handbemalten Rahmen, Kommoden und Konsolen im Florentiner Stil – prägt das Ambiente in dem Drei-Sterne-Haus, das bereits 1919 anstelle einer mittelalterlichen Pilgerherberge eröffnete. Versuchen Sie ein Zimmer mit Balkon und Aussicht über das Tal zu ergattern – oder genießen Sie den Blick aus dem Restaurant Le Terrazze, das köstliche Aromen der Toskana bietet, in Richtung Val d'Elsa (nur März bis Okt. mittags und abends).
212 C2 Piazza Cisterna 23
0577 94 03 28 www.hotelcisterna.it

La Collegiata €€€
Wer nicht unbedingt aufs Geld achten muss, der sollte sich in diesem Vier-Sterne-Hotel einquartieren, dessen 20 Zimmer in einem umgebauten Konvent aus dem 16. Jh. untergebracht sind. Zum Haus, das rund 2 km nördlich der Stadtmauern liegt, gehören ein Restaurant und ein Swimmingpool. Es bietet eine faszinierende Aussicht auf San Gimignano und seine Türme.
212 C2 Località La Strada 27
0577 94 32 01
www.lacollegiata.it

SIENA

B & B Le Lupe €/€€
Sie lieben kräftige Farben und freuen sich über Schriftkunst an der Wand? Dann fühlen Sie sich wahrscheinlich wohl in den fünf Gästezimmern für eine bis drei Personen, die in einer umgebauten Fabrik aus dem Anfang des 20. Jh.s eingerichtet wurden. Manche (z. B. Nr. 4) bieten sogar einen Balkon mit Stadtblick.
213 D1 Via Giuseppe Garibaldi 70
334 7 41 21 26 www.bblelupe.com

Hotel Palazzetto Rosso €€/€€€
Frisches Design und mittelalterliches Ambiente verbindet dieses Boutiquehotel im Herzen Sienas aufs Beste. Die neun Zimmer zeichnen sich alle aus durch Holzdecken, Backsteinwände und Terrakotta-Böden, zu denen zeitgenössische Möbel und Accessoires einen schönen Kontrast bilden.
213 D1 Via Dei Rossi 38–42
0577 23 61 97 www.palazzettorosso.com

Palazzo Ravizza €€€
Der aus dem 18. Jh. stammende Palazzo Ravizza ist seit mehr als zwei Jahrhunderten im Besitz derselben Familie. Das Hotel hat den Charme vergangener Zeiten konserviert: Es ist mit vielen Originalstücken und Antiquitä-

ten eingerichtet. Die Zimmer an der Rückseite bieten Aussicht auf einen Garten, in den oberen Etagen der Vorderseite überblickt man die Stadt. Das Hotel liegt am südwestlichen Rand des historischen Stadtkerns von Siena, etwa 500 m vom Dom entfernt.
213 D1 Pian dei Mantellini 34
0577 28 04 62 https://palazzoravizza.it

Villa Paola B & B €€
Fast wie bei Freunden: In einem einstigen kleinen Landsitz mit Turm und Garten entstanden vier Zimmer und Suiten (die sich zwei Bäder im Obergeschoss teilen). Die Räume sind nicht sehr groß, dafür ruhig und farbenfroh zeitgenössisch designt. Es darf kostenlos direkt am Haus geparkt werden, zum Campo brauchen Sie zu Fuß nicht mehr als 15 Minuten. Für italienische Verhältnisse gibt es ein reichhaltiges Frühstück.
213 D1 Strada del Villino 7 0577 22 11 61
https://villa-paola-bb.siena-hotels.org/de/

VOLTERRA

Hotel Etruria €/€€
Mal schlicht, mal modern, mal romantisch: Familie Moretti hat ihre fünf Gästezimmer individuell gestaltet. Ruhig und entspannend ist der Terrassengarten mit elegantem Café Etruria, alles nah am archäologischen Park. Bushaltestelle und Parkplatz sind nur 100 m entfernt.
211 E1 Via Giacomo Matteotti 32 0588 8 73 77 https://albergoetruria.it/volterra/

Wohin zum … Essen und Trinken?

Preise für ein Drei-Gänge-Menü mit Wein:

€	unter 35 €
€€	35–70 €
€€€	über 70 €

AREZZO

Antica Osteria L'Agania €
Da das geschäftige und zentral gelegene Restaurant keine Reservierungen annimmt, sollten Sie früh erscheinen. Das Essen ist einfach, aber hervorragend zubereitet. Zu den typisch toskanischen Gerichten zählen Ribollita (Gemüsesuppe), Kutteln und hausgemachte Pasta. Zum Dekor im holzverkleideten Speiseraum gehören alte Fotos, Weinflaschen, Knoblauch- und Paprikaketten. Die Besitzer der Osteria betreiben eine Weinbar gleich nebenan.
213 F2 Via Mazzini 10 0575 29 53 81
https://agania.com Di–Sa 12–14.30, 19–22.30, So 12–14.30 Uhr

Formaggeria Biancolatte €/€€
Lunch im Käseladen? Natürlich stehen da die Milcherzeugnisse im Zentrum, aber es gibt auch eine kleine Auswahl weiterer Speisen wie Tatar, Kichererbsenalat oder Spaghetti al Limone. Alles frisch und modern wie das milchweiße Ambiente.
213 F2 Via Giuseppe Garibaldi 137
0575 1 65 43 02 www.facebook.com/Formaggeriabiancolatte/?locale=it_IT
Mo–Do 10–15, Fr. & Sa 10–15 & 18–22 Uhr

Le Logge Vasari €€
Drei gute Gründe sprechen für das Restaurant in einem alten Salzlager: Es hat den Charme vergangener Tage, es gibt ausgezeichnete regionale Gerichte, und im Sommer blickt man von den Tischen unter den Laubengängen auf das quirlige Treiben einer toskanischen Stadt.
213 F2 Piazza Grande 19
0575 29 58 94 https://loggevasari.it
Do–Mo 12–15.30 & 19–22.30, Mi nur 12–15.30 Uhr, Di geschl.

Mit etwas Glück kann man im Le Logge Vasari erleben, wie Pasta von Hand gemacht wird.

CERTALDO

Il Castello € / €€
Wie der Name vermuten lässt, liegt dieses Restaurant in einem der Festungsgebäude der historischen Oberstadt. Auf der Speisekarte stehen typisch toskanische Spezialitäten der Saison, u. a. Wildgerichte wie Hase und Wildschwein. Die Tische verteilen sich auf hübsch gestaltete Gewölberäume, die schattige Terrasse und den offenen Außenbereich mit Blick über die Dächer der Stadt.
212 C3 Via G della Rena 6
0571 1 90 02 61 www.castellocertaldo.com tägl. 12–15 & 19–22 Uhr

CHIANTI

Osteria di Passignano €€€
Etwa 50 Schritte von der wieder zu besichtigenden uralten Abtei Badia a Passignano, einem Ortsteil von Tavarnelle, locken Michelin-Stern-Küche, eine Kochschule, der Weinladen mit Verkostungen und Touren zu den Antinori-Weinen im Keller der Abtei.
213 D2 Via Passignano 33, Tavarnelle Val di Pesa 055 8 07 12 78
www.osteriadipassignano.com
Mo–Sa 12.15–14.15 & 19.30–22 Uhr, So geschl.

Solociccia €€
Metzger Dario Cecchini (S. 91) ist für die New York Times »der berühmteste Metzger der Welt«. Er führt mehrere Restaurants, u.a. zum Thema Burger und zum Thema Steaks. Im Solociccia gibt es jeden Tag mittags um 13 Uhr ein rustikales 7-Gänge-Menü und für Vegetarier ein 6-Gänge-Menü (jeweils 40 €).
213 D2 Via XX Luglio 11, Panzano in Chianti 055 85 20 20 www.dariocecchini.com

COLLE DI VAL D'ELSA

Arnolfo €€€
Gaetano Trovato darf sich für seine subtilen, zeitgenössischen, mitunter außergewöhnlichen Kreationen aus hervorragenden, oft regionalen Produkten inzwischen mit zwei Michelin-Sternen schmücken. Bruder Giovanni verantwortet das passende Weinangebot im hypermodernen Restaurantneubau der beiden vor den Toren der Stadt. Der bisherige Sitz, ein toskanischer Palast (17. Jh.) an der Via XX Settembre 50, dient nun für exklusive Übernachtungen.
212 C2 Viale della Rimembranza 24
0577 92 05 49 www.arnolfo.com
Do–Mo 13–14.30, 20–22.30, 23.1.–21.3. nur Fr–Mo 13–14.30, 20–22.30, 15.2.–7.3., 2.4. bis 10.4. sowie 19.11.–4.12. geschl.

CORTONA

La Loggetta €€
Dank des geschmackvollen rustikalen Interieurs mit Backsteinwänden und der zentralen Lage in unmittelbarer Nähe des Hauptplatzes ist das Restaurant kaum zu übersehen (Abb. S. 113). Auf der Speisekarte stehen regionale Gerichte, für die Küchenchef Marco Frivoli saisonale Produkte verwendet. So bekommen Sie einen guten Einblick in die gute Küche der Toskana – wenn auch mit einer eher modernen als ländlichen Note. Auf der Weinkarte steht eine umfassende Auswahl toskanischer Marken. Bei schönem Wetter sollten Sie draußen auf der Terrasse essen.
213 F1 Piazza Pescheria 3
0575 63 05 75
www.laloggetta.com
Do–Di 12–15, 19–23 Uhr, Mi geschl.

Osteria del Teatro €€
Zentrale Lage nahe dem Teatro Signorelli, angenehmes Interieur, an den Wänden hängen Fotos berühmter Schauspieler – und nicht zuletzt gibt es hier gutes Essen. Kurz: Chef Emiliano Rossi und sein Team sind die beste Wahl in Cortona. Die Küche konzentriert sich auf lokale Spezialitäten: Das Antipasto dell'osteria bietet etwas für jeden Geschmack; anschließend probiert man Ravioli ai fiori di zucca (gefüllte Pasta mit Zucchiniblüten) oder Pappardelle alle lepre (Nudeln mit Hasenragout). Reservieren Sie rechtzeitig – das Lokal ist begehrt.
213 F1 Via Maffei 2
0575 63 05 56
www.osteria-del-teatro.com
Do–Di 12.30–14.30 & 19.30–22.30 Uhr

SAN GIMIGNANO

Cum Quibus €€€
Bereits im Jahr 2017 erhielt dieses Ristorante einen Michelin-Stern. Man speist a-la- carte oder wählt das Degustationsmenü (5 Gänge, 75 €, mit Weinbegleitung 125 €). Zwei Jahre später, 2019, öffneten Lorenzo di Paolantonio und Vincenzo Martella zudem das Linfa an der Piazza Sant'Agostino 19, das im Jahr 2023 ebenfalls einen Michelin-Stern erhielt (Tel. 0577 89 11 51, Mi–So 12.30–14, 19.30 bis 21.30 Uhr, Mo, Di geschl.).
212 C2 Via San Martino 17 0577 94 31 99 https://en.mktn.it/cum quibus Fr–Di 12.30–14, 19.30–21.30 Uhr, Mi, Do geschl.

Osteria delle Catene €/€€
Das hochtouristische San Gimignano kann sich glücklich schätzen, mit dem Carcere und dem Catene zwei Osterie zu haben, in denen man einfache, gute Küche zu fairen Preisen genießt. Das kleine Carcere liegt in der Nähe der Piazza della Cisterna an der Via del Castello.
212 C2 Via Mainardi 18 0577 94 19 66 www.osteriadellecatene.it Do–Di 12–14 & 19–21 Uhr, Mi sowie in der Nebensaison auch So abends geschl.

SIENA

Antica Osteria da Divo €€€
Man kann sich wohl kaum illustrere Speiseräume als die des Da Divo vorstellen, das etwas westlich vom Dom liegt. Die beeindruckenden Gewölbe, stimmungsvoll beleuchtet und mit edlen, dunklen Stoffen geschmückt, gehen auf das frühe Mittelalter zurück. Die feine toskanische Küche umfasst u. a. Hasenterrine mit frischem Pecorinokäse oder Safranrisotto mit Spargel.
213 D1 Via Franciosa 25/29 0577 28 43 81 www.osteriadadivo.com Mi–Mo 12–14.30, 19–22.30 Uhr, Di geschl.

Osteria Permalico €/€€
Tatar, Ribolitta, Tonno del Chianti, Kutteln auf Sieneser Art – Fleischliebhaber kommen in den Ziegelgewölben dieses Lokals voll auf ihre Kosten. Das Preis-Leistungs-Verhältnis stimmt ebenso wie der Service.
213 D1 Costa Larga 4 0577 4 11 05 www.permalico.it tägl. 12–15.15 & 18.45 bis 22.15 Uhr

Salefino Vino e Cucina €€/€€€
Junge, fantasievolle Küche mit immer wieder anderen Tagesmenüs in einem modernen, lässig-eleganten Ambiente etwa 15 Spazierminuten nördlich des Campo. Vielleicht steht ja gerade mal wieder Ravioli mit Fasan auf der Karte?
213 D1 Via Degli Umiliati 1/3 0577 28 72 24 https://salefino-siena.com/vino-e-cucina/
Mo–Fr 9–23.30, Sa, So 19.30–23.30 Uhr

VOLTERRA

Da Badò €
Die beliebte Trattoria wird von zwei Brüdern betrieben – in der Küche schwingt Mamma Zepter und Kochlöffel. Die Suppen (z. B. die Zuppa alla volterrana), die herzhaften Hauptgerichte z.B. mit »cinghiale« (Wildschwein) und die Steinpilzgerichte sind exzellent.
211 E1 Borgo San Lazzaro 9 0588 8 04 02 Do–Di 12.30–14.30 & 19.30–22 Uhr, Mi. geschl.

Wohin zum ... Einkaufen?

SIENA

Beliebte Mitbringsel sind **Lebensmittel**, natürlich vor allem Olivenöl und Panforte, ein mit Zimt und anderen Gewürzen zubereiteter Kuchen. Die **Antica Drogheria Manganelli 1879** (Via di Città 71–73, Tel. 0577 28 00 02, https://drogheriamanganelli.it) bietet auch online Lebensmittel, Weine und Spirituosen. Die Lieblingsbäckerei der Sienesen ist **Il Magnifico** (Via dei Pellegrini 27, Tel. 0577 28 11 06, www.ilmagnifico.siena.it Mo–Sa 8–19.30 Uhr). Dort gibt es Ricciarelli (Mandelkekse), delikaten Panpepato (Gewürzkuchen) und fruchtigen Panforte (Pfefferkuchen). Für ein Picknick kann man auch auf dem Markt **La Lizza** an der Fortezza Medicea einkaufen (jeden Mi 8–13 Uhr). Feine Weine und Gourmet-Lebensmittel bietet auch online der Laden des **Consorzio Agrario Siena** (Via Pianigiani 9, Tel. 0577 23 01, www.caüsi.it, tägl. 8–20.30 Uhr). Geschenke und Haushaltsartikel gibt es bei **Toscana Lovers** (Via delle Terme 33, Tel. 0577 66 21 08, www.toscanalovers.it) – der Laden ist ein Schaukasten für toskanisches Kunsthandwerk. **Rosalba Colussi** fertigt u.a. keramische Reproduktionen antiker Sienesischer Kunst (Via delle Terme 74, Tel. 0577 27 08 28, https://roscoart.com).

CHIANTI

Das Erzeugnis Nummer eins der Region ist der weltberühmte Rotwein. Etliche Weingüter verkaufen »den Chianti« direkt. Einen erlesenen Querschnitt an Chianti-Weinen mit dem Gütesiegel Gallo Nero gibt es in der **Enoteca Falorni** (Piazza delle Cantine 6, 50022, Greve in Chianti, Tel. 055 8 54 64 04; www.enotecafalorni.it). Weinkauf mit Verkostung ermöglicht auch die offizielle Weinhandlung des **Konsortiums Chianti Classico** in der Casa Chianti Classico in Radda in Chianti (Circonvallazione Santa Maria 18, Tel. 0577 73 81 87, www.casachianticlassico.it).

Wohin zum ... Ausgehen?

Im verschlafenen Siena und den Hügeln des Chianti tobt das Nachtleben nicht gerade in Nachtclubs oder Bars. Da geht es auf den Straßen und Plätzen schon lebendiger zu, z. B. rund um die Piazza del Campo oder in der Via Porrione. In Siena sind auch einige Musikvereine aktiv, die klassische Konzerte und im Sommer auch Jazz- und andere Festivals organisieren. Wenden Sie sich an die **Accademia Chigiana** (Tel. 0577 22 09 22, www.chigiana.org) oder die Touristeninformation, um Auskünfte über die jährlichen Veranstaltungen zu erhalten.

Zu den größeren Veranstaltungen gehören der **Esxtate Fiesolana**, der **Palio** in Siena (S. 24) sowie die **Giostra del Saracino** in Arezzo, ein Mittelalterturnier (https://giostradelsaracinoarezzo.it, jährlich am vorletzten Sa im Juni und 1. So im Sept), das man nun auch ganzjährig im neuen Museum »I colori della Giostra« bestaunen kann (Piazza della Libertà 1, Tel. 0575 37 76 78 https://museiarezzo.it, Sommer tägl., Winter Do–Mo 10.30 bis 13.30, 14.30–17.30 Uhr, Eintritt: 5 €).

In Arezzo findet am 1. So im Monat und am Sa davor ein beliebter **Antiquitätenmarkt** statt. Im Juli erklingt beim **Mengomusicfest** an sechs Tagen auf drei Open-Air-Bühnen zeitgenössische Musik diverser Stile (www.mengomusicfest.com). Vom Tango über Canzone Neapolitane bis zum Chorkonzert mit Harfe und Orgel spannt sich der musikalische Bogen des sommerlichen **Terre d'Arezzo Music Festivals** (Juli–Anfang Sept., https://terredarezzomusicfestival.it) in mehreren Orten der Region.

Cortona ist bekannt für die **Giostra Archidado**, ein Armbrustwettschießen im Juni (www.giostraarchidado.com).

In San Gimignano ist ein Höhepunkt des Jahres das Mittelalterspektakel **Ferie delle Messi** am 3. Juniwochenende mit kostümierten Reitern, Trommlern, Bänkelsängern.

Bei der Giostra del Saracino in Arezzo steht eine sich drehende Atrappe im Mittelpunkt, die einen Sarazenen verkörpert.

Im Val d'Orcia: Fernab von Florenz, Siena und Pisa zeigt sich die Toskana von ihrer ruhigen und ländlichen Seite.

Südliche Toskana

Nobler Wein, Thermalwasser sowie die Bilderbuchlandschaften und -dörfer der Crete Senesi: Der Süden der Toskana hat viele Facetten.

Seite 126–157

Erste Orientierung

Die idyllischen Landschaften südlich von Siena sind lieblicher und vielfältiger als das Chianti oder die bergigen Gebiete im Norden. Überall verstreut liegen hier alte Abteien, einladende historische Städtchen und winzige Dörfer.

Wer nur wenig Zeit hat, sollte die Gegend unmittelbar südlich von Siena besuchen: Hier findet man die typisch toskanische Landschaft mit Olivenhainen, steinernen Bauernhäusern, wogenden Weizen- und Sonnenblumenfeldern sowie beschaulichen Weinbergen oder von Zypressen gekrönten Hügeln. Zudem liegen hier einige der schönsten Kleinstädte und Dörfer der Region: das für seinen Rotwein berühmte Montalcino, das kleine Renaissancejuwel Pienza und Montepulciano, ein stolzes Dorf mit Festung und großartiger Aussicht. In allen drei Orten kann man gut übernachten. Erste Wahl könnte jedoch Montalcino sein, da es unweit zweier interessanter Abteien liegt: Sant'Antimo und Monte Oliveto Maggiore.

Erst wild und bergig, dann flach

Weiter südlich, unterhalb des Val d'Orcia, wird die Landschaft wilder und ursprünglicher. Besonders schön ist die Gegend rund um den Monte Amiata, dem höchsten Punkt der südlichen Toskana: Kleine Dörfer und Weiler schmiegen sich an den mit Buchen bewaldeten Berg.

Noch etwas weiter im Süden verändert die Toskana abermals ihr Erscheinungsbild, sie wird flacher und auch etwas eintöniger. Größere Küstenstädte wie Grosseto und Piombino wirken glanzlos – die Küste hat in diesem Bereich einiges weniger zu bieten als das reizvolle Landesinnere. Der kleine Ferienort Castiglione della Pescaia und die Marina di Alberese (beide nur etwa 23 km von Grosseto entfernt) eignen sich am besten für einen Nachmittagsausflug an den Strand.

Wenn die Zeit drängt, sollte man eher das kleine historische Dorf Sovana und das spektakulär gelegene Pitigliano besuchen: Weil beide Dörfer tief im Süden liegen, ist dafür allerdings ein längerer Anfahrtsweg einzukalkulieren.

TOP 10

❺ ★★ Pienza

❽ ★★ Montalcino & Sant'Antimo

Nicht verpassen!

㊲ Abbazia di Monte Oliveto Maggiore

㊳ Montepulciano

Nach Lust und Laune!

39 Crete Senesi

40 Buonconvento

41 San Quirico d'Orcia

42 Bagno Vignoni

43 Monte Amiata

44 Abbadia San Salvatore

45 Sovana

46 Pitigliano

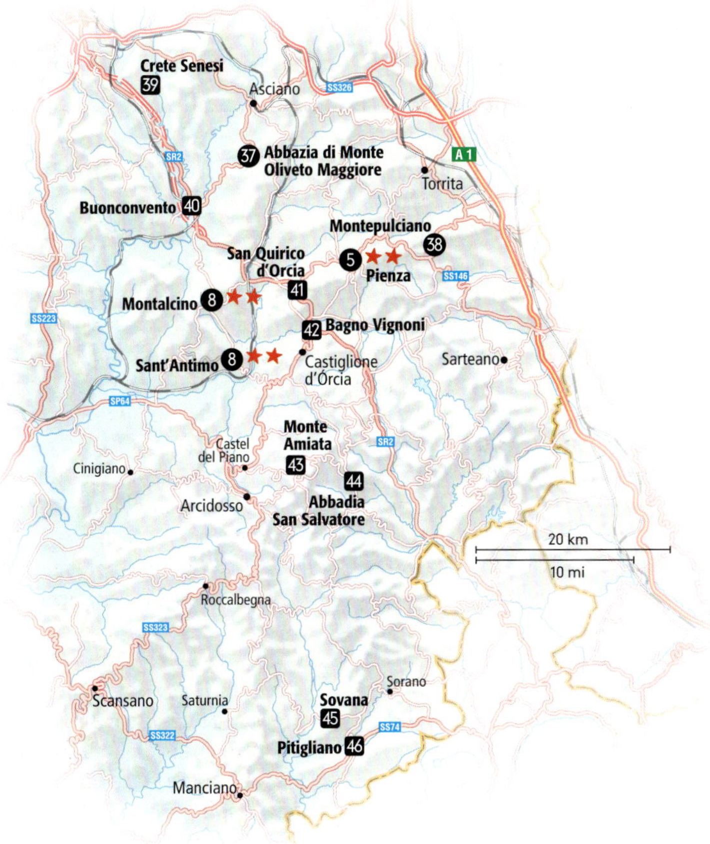

Mein Tag in der Natur

Ohne Fleiß kein Preis! Mit dem E-Bike oder, sportlich anspruchsvoller, mit einem einfachen Fahrrad geht es durch hügeliges Terrain. Lohn der Mühen: Die wundervolle Landschaft der Crete Senesi erleben Sie im gemächlichen Tempo vom Sattel aus besonders intensiv. Und unterwegs sollten Sie noch genügend Zeit haben, um Kunst und Kulinarik ausreichend zu würdigen.

9 Uhr: Weiße Hügel und farbenfrohe Freskenkunst

Startpunkt unserer Tour ist der nüchterne Steinbau der Basilika von Asciano, dem Hauptort der Crete Senesi. Folgen Sie von hier der Strada delle Fonti (SP 438) westwärts bis zur Strada del Castellare, die vom Ortsrand in einen kleinen Hain führt. Nach ein paar Pedaltritten öffnet sich der Baumtunnel, und das Sträßchen mündet bald in die SP 451 mit wenig Verkehr in die stille Hügellandschaft der Crete Senesi. Nur ein paar Agroturismo-Schilder verweisen auf bäuerliches Leben. Weiße, karge Lehmhügel – die für die Crete (und vor allem für die Accona-Wüste) typischen »biancane« – künden die Abzweigung zur zauberhaften 37 Abbazia di Monte Oliveto Maggiore an. Das trutzige Ziegelstein-Ensemble schmiegt sich zwischen Zypressen und Pinien, Eichen und Olivenbäumen in die Landschaft. Eine erste kleine Verschnaufpause haben Sie sich hier verdient, vielleicht mit

13 Uhr: Olivenöl und köstliche Schweinereien

15 Uhr: Nobler Wein

Landschaft bei San Giovanni d'Asso: Wenn im Mai der Mohn in voller Blüte steht, ist die beste Zeit für diese Radtour.

dem Cappuccino in der Bar La Torre (tägl. 8–22 Uhr, Di geschl.)? Oder besser etwas Kühles nach dem gemeisterten Anstieg? Eine angenehme Erfrischung für Geist und Seele sind die grandiosen Renaissancefresken im Kreuzgang der Benediktinerabtei.

11.30 Uhr: Der wiedergefundene Renaissancegarten

Nach solch einem Kunstgenuss rollt es sich über Chiusure und die SP 60 ganz beschwingt ins Trüffelörtchen San Giovanni d'Asso. An Sommertagen mag man oft nicht glauben, wie turbulent es hier im Winter zugehen kann. Dann nämlich wird in der trutzigen Burg der »tartufo bianco« gehandelt, dem auch das kleine Museo del Tartufo im Castello gewidmet ist.

Eine ganz andere Art von »Museum« erstreckt sich nördlich des Postamts am westlichen Saum der Provinzstraße 60. Der US-amerikanische Maler und Konzeptkünstler Sheppard Craige hat hier ein 9 ha großes, mit Steineichen bestandenes Areal in einen »Wald der Nachdenklichkeit« verwandelt. Holz- und Stahlskulpturen, Alleen und

Nicht nur für Kunstbegeisterte eines der Highlights einer Toskana-Reise: die wundervollen Fresken der Abbazia di Monte Oliveto Maggiore.

Wasserspiele fügen sich in diesem Bosco della Ragnaia – inoffiziell auch »der wiedergefundene Renaissancegarten« genannt – zu einem kontemplativen Miteinander von Natur, Kunst und Technik.

13 Uhr: Olivenöl und köstliche Schweinereien

Montisi ist ein kleines, mittelalterliches Juwel und – obwohl an einer der landschaftlich schönsten Straßen der Toskana gelegen – noch weitgehend unentdeckt. Ein Blick in die Pieve della Santissima Annunziata im Ortskern muss sein; Neroccio di Bartolomeo de' Landi schuf 1478–1480 das wunderbare Altarbild der thronenden Madonna mit Kind und vier Heiligen.

In der Slow-Food-Küche von Roberto Crocenzis Taverna spielt das lokale »olio extra vergine«, das alljährlich im November mit einem großen Fest gefeiert wird, eine ebenso wichtige Rolle wie das Fleisch der Edelrasse Cinta Senese, des Sieneser Gürtelschweins. Tanken Sie neue Energie mit einem Teller handgemachter Pici-Nudeln oder Dinkel-Tagliatelle mit Ragout vom toskanischen Chiaqnina-Rind.

Ein dörfliches Bilderbuchidyll erwartet Sie nach einem guten Drittel der Strecke in Montisi, wo sich dieser zauberhafte Blumenladen befindet.

Zum Dessert sollten Sie mal das traditionell doppelt gebackene Mandelgebäck der Region, die Cantucci alle Mandorle, probieren.

15 Uhr: Nobler Wein

Gestärkt und ausgeruht? Gut so! Noch warten knapp 20 Radkilometer auf Sie – mal rauf, mal runter, durch Olivenhaine wie jene von Castelmuzio oder Petroio und bald wieder vermehrt durch Wald- und Ackerland.

Aber dann: ㊳ Montepulciano!

Malerisch thront die Etruskergründung auf ihrem Bergrücken inmitten der weiten Landschaft des Val di Chiana. Autos dürfen nicht in den Ortskern hineinfahren – radeln Sie also entspannt durch das Stadttor auf der Hauptstraße zur Piazza Grande. Und gönnen Sie sich unbedingt ein Glas des aus gutem Grund so berühmten Rotweins Vino Nobile di Montepulciano.

17 Uhr: Endspurt mit Entspannung

Von der Porta al Prato fahren Sie nördlich auf die SP 17 in Richtung Caggiole. Sie schlängelt sich durch einen Feld- und Ackerteppich stetig hinab. Kurz hinter der Abzweigung nach Gracciano biegen sie von der SP 326 links ab auf die schmale Via di Nottola. Auf ihr rollen Sie dann schließlich bis ins Herz von Montepulciano Stazione.

Noch immer ist der Landstrich südlich von Siena bäuerlich geprägt. Rund um Montepulciano prägen vor allem Reben das Bild.

Der kräftige Vino Nobile ist in Montepulciano omnipräsent – zum Glück ist das Ziel der Tour nah!

Tourenprofil: ca. 58 km, 1250 Höhenmeter

BikeRiding Tuscany
213 E1 Via Roma, 4, Rapolano Terme (9 km nördlich von Asciano)
0577 1 39 65 28 www.bikeridingtuscany.com
Mo–Sa 11–16 30 Uhr E-Bike ab 45 €/Tag

Trenitalia
zwischen Siena, Asciano und Montepulciano Stazione verkehren regelmäßig Regionalzüge, in denen in der Regel auch Fahrräder erlaubt sind www.trenitalia.com Asciano–Montepulciano ab 5 €, zzgl. 5 €/Fahrrad

Museo del Tartufo
215 E5 Piazza Antonio Gramsci 1, San Giovanni d'Asso 0577 28 63 00 www.museisenesi.org/museo/museo-del-tartufo-e-centro-di-documentazione 11.6.–26.9. Fr–So 10.30–18.30 Uhr 5 €

Bosco delle Ragnaia
215 E5 www.laragnaia.com tägl. 9–19 Uhr

Taverna da Roberto
215 E5 Via Umberto I 3, Montisi
0577 84 51 59 www.tavernamontisi.com
tägl. 12–14 & 18–20.30 Uhr

5 ★★ Pienza

Was?	Kleines Städtchen mit großer Architektur und großartiger Aussicht
Warum?	Um zu erleben, wie auch ein Ort mit nicht mal 2000 Seelen urbanes Flair entwickeln kann.
Wann?	Am späten Nachmittag
Wie lange?	Einen halben Tag
Was noch?	Der hiesige Pecorino gehört zu den besten in ganz Italien.
Resümee	La Città ideale – die Musterstadt der Renaissance!

Obwohl Pienza zu den kleinsten Städten der Toskana zählt, ist es auf seine Art unvergleichlich und unvergesslich. Das Kleinod aus dem Mittelalter und der Renaissance liegt inmitten einer der schönsten Landstriche der Region. Bis zum Jahr 1459 hieß Pienza noch Corsignano. Dann beschloss Enea Silvio Piccolomini (1405–1464), besser bekannt als Papst (1458–1464) Pius II., seinen Geburtsort in eine Renaissance-Musterstadt umzuwandeln. Er starb, bevor er seinen ehrgeizigen Plan vollenden konnte. Bis dahin waren aber bereits eine Kathedrale voller Kunstwerke und einige Paläste errichtet sowie der große zentrale Platz, die Piazza Pio II, angelegt worden. Weitere Attraktionen sind ein interessantes Museum, die »Krypta« mit »Labyrinth« am Dom und der Ausblick.

Abendstimmung an der Piazza Pio II, an deren Stirnseite die weiße Fassade des Doms leuchtet.

Die Vision der Renaissance

Der Palazzo Comunale stammt bereits aus dem 14. Jh., der Turm kam erst im 17. Jh. hinzu.

Pienza (»Stadt des Pius«) besteht aus einem Gewirr schmaler Gassen und einer Hauptstraße, dem Corso il Rossellino. Dieser verdankt seinen Namen dem Architekten Bernardo Rossellino, den Papst Pius zusammen mit Leon Battista Alberti mit seinem Plan beauftragt hatte. Der Corso teilt das Dorf in einen westlichen und einen östlichen Teil und führt an der Piazza Pio II vorbei, wo sich der von zwei Säulen flankierte Pozzo dei Cani (1462) befindet, ein Renaissancebrunnen mit klassischem Fries. Die Bebauung am Platz wurde als harmonisches Gesamtensemble angelegt und vermittelt einen kleinen Eindruck davon, wie die Stadt ausgesehen hätte, hätte Pius seine Vision vollständig verwirklichen können. Außerdem kann man hier einen optischen Kniff bewundern: Rossellino und Alberti legten den Platz auf einem trapezförmigen Grundriss an und ließen den Dom etwas in dieses hineinragen: So erscheinen der Platz und die Bauten noch größer. Beinahe zierlich wirkt da gegenüber dem Dom der Palazzo Comunale mit kleiner Loggia und Uhrturm. Den Ratsaal schmückt ein Madonnenfresko (15. Jh.) der Sieneser Schule.

Das Wappen Papst Pius' II. prangt im Giebelfeld der Domfassade (1462). Im Inneren der Kirche hängen fünf prächtige Gemälde, die Pius bei fünf Meistern aus Siena in Auftrag gab. Am schönsten ist die »Himmelfahrt« von Lorenzo di Pietro, genannt Vecchietta, in der Kapelle links vom Chor, die Papst Pius I. zusammen mit den Heiligen Agatha, Callistus und Katharina von Siena zeigt.

Links vom Dom steht die »Krypta« genannte Kirche San Giovanni, in der man das »Labyrinth« – ein Drainagensystem (15. Jh.) – unter der Domapsis bestaunen kann.

Rechts vom Dom steht der Palazzo Piccolomini, die päpstliche Residenz von Pius, in der bis 1962 seine Nachfahren

Einen wunderbaren Ausblick bis hin zum Monte Amiata genießt man von der Stadtmauer Pienzas.

lebten. Bei einer Besichtigung sehen Sie u. a. die prächtigen Wohnräume, die Bibliothek, das päpstliche Schlafzimmer, die Sala d'Armi (Waffenkammer), die Loggia und den Garten. An der Ostseite der Piazza Pio II steht der Palazzo Borgia (auch Palazzo Vescovile, Bischofspalast, genannt). Dieser beherbergt das Museo Diocesano mit Schätzen aus dem Mittelalter und der Renaissance. Zu den Schmuckstücken zählt in Saal 4 ein reich bestickter englischer Pivale (Chormantel) von 1340, den Pius 1462 erhielt.

Abseits von Glanz und Gloria

Von der Piazza Pio II aus sollte man die engen Gässchen erkunden, die hinter dem Dom zur im Süden liegenden Stadtmauer verlaufen – der Blick auf das Umland und den Monte Amiata (S. 151) ist überwältigend schön.

KLEINE PAUSE

Typische – kalte - Kleinigkeiten zum Wein serviert Luciano in seiner **Osteria Sette di Vino** (S. 156).

215 E5

Touristeninformation
Corso il Rossellino 30 ☎0578 74 99 05
www.parcodellavaldorcia.com
15.3. bis 5.11. Mi–Mo 10.30–13.30, 14.30–18, sonst Sa, So 10–16 Uhr

Dom, Krypta/Labyrinth
Piazza Pio II ☎0577 28 63 00
www.pienzacittadiluce.it Dom tägl. 8–19, Krypta/Lab. 1.4.–5.11. tägl. 10 bis 18.30, sonst Mi–Mo 10–16.30 Uhr
Eintritt: 12 € (Pienza All inclusive Pass)

Palazzo Piccolomini
Piazza Pio II ☎ 0577 28 63 00
www.palazzopiccolominipienza.it
wie Krypta/Labyrinth, 8.1.–14.2. geschl., 125.2.–28.2. nur Sa, So 10–16.30 Uhr. 7 € oder All inclusive Pass 12 €

Museo Diocesano
Corso Rossellino 30
☎0578 28 63 00 http://palazzoborgia.it wie Palazzo Piccolomini 5 € oder All inclusive Pass 12 €

❽ ★★ Montalcino & Sant'Antimo

Was?	Eine stolze Festung, ein überraschend schmales Rathaus und eine der schönsten romanischen Abteien
Warum?	Mittelaltercharme und Spitzenweine – was will man mehr?
Wann?	Zum Markttag (Fr 7–13 Uhr) oder zum Jagdfest Mitte August
Wie lange?	Einen halben Tag – Weinfreunde bleiben auch länger!
Resümee	Gesellige Einkehr hier, stilles »In-sich-versinken« dort

Weinberge, historische Landsitze und schier endlose Zypressenalleen – die weite, idyllische Landschaft des Val d'Orcia bietet die Kulisse für das hoch auf seinem Hügel thronende mittelalterliche Festungsstädtchen Montalcino. Dieses geht auf eine etruskische Siedlung zurück und ist eine der ältesten toskanischen Städte. Berühmtheit erlangte Montalcino 1559, weil es sich als letzte Stadt der Republik Siena deren Rivalen Florenz ergab. Aus diesem Grund führen Fahnenträger aus Montalcino heute noch die dem Palio in Siena vorausgehende Parade an (S. 24).

Spaziergang durch Montalcino

Beherrscht wird das Stadtbild von der Rocca (oder »Fortezza«), einer mächtigen Burganlage aus dem 14. Jh., die sich am südlichen Stadtrand erhebt. Im Bergfried ist eine viel besuchte – wenn auch teure – »enoteca« (Weinlokal) untergebracht, in der man die eigentliche Berühmtheiten Montalcinos kosten und kaufen kann: den bei Weinkenner hoch geschätzten, rubinroten Brunello und den preiswerteren, aber ebenfalls charaktervollen Rosso di Montalcino. Großartig ist auch der Blick, der sich Ihnen von hier oben über die karge Landschaft der Crete Senesi und die Hänge des Val d'Orcia bietet.

Von der Burg führt Sie der Weg nordöstlich auf der Via Panfilo weiter, dann biegen Sie links in die Via dell'Oca ab. Nach einer kurzen Strecke erreichen Sie die Piazza Garibaldi und die alte Kirche Sant'Egidio. Gehen Sie von der Piazza aus in Richtung Norden, links vorbei an der ehemaligen

Das vielleicht schmalste Rathaus der Welt: der Palazzo Comunale von Montalcino

Touristeninformation und zur Piazza del Popolo, dem zentralen Platz der Stadt, der vom Palazzo Comunale (1292) dominiert wird. Lassen Sie den Platz am besten vom hübschen Caffè Fiaschetteria Italiana 1888 aus auf sich wirken.

Caffè Fiaschetteria Italiana 1888: Piazza del Popolo 6, Tel. 0577 84 90 43, Fr–Mi 8–22 Uhr

Zum Museo Civico e Diocesano biegen Sie nach der ehemaligen Touristeninformation in die erste Gasse rechts ab. Folgen Sie dort den Stufen hinauf und gehen Sie weiter zur Kirche Sant'Agostino (14. Jh.), die dank ihrer zahlreichen schönen Fresken aus dem Mittelalter einen Abstecher lohnt. Das Museum im ehemaligen Augustinerkloster bietet im Kreuzgang Entspannung und einen Buchladen, die Tourismusinformation, Fahrradverleih, eine Enoteca mit Bistro sowie den spektakulären musealen Rundgang »Tempio del Brunello« (Brunello-Tempel). Es zeigt zudem sakrale Kunst, etwa auf Goldgrund gemalte Altarbilder der Sieneser Schule. Attraktiv ist es auch, sich nach Lust und Laune in den Gassen Montalcinos zu verlieren. Wenn Sie z. B. der Via Spagni nordwärts folgen, vorbei am 1817–1834 umgestalteten Duomo, erreichen Sie die Chiesa della Madonna del Soccorso mit einer Fassade von 1609, die von einem Park flankiert wird. Von hier aus können Sie den nördlichen und östlichen Stadtrand erkunden: Folgen Sie der Via Mazzini von der Piazza Cavour am Ende der Viale Roma zurück zur Piazza del Popolo oder nehmen Sie eine der Gassen zu den Fonti Castellane, einer ehemaligen Waschstelle und Viehtränke, oder zur Ex-Kirche San Francesco am Ende der Via Ricci.

Kontemplation in idyllischer Landschaft

Unbedingt ansehen sollten Sie sich auch Sant'Antimo: Die Abtei liegt eingebettet in eine herrliche Landschaft etwa 10 km südlich der Stadt (von der Hauptstraße ausgeschildert). Schon allein ihre Lage inmitten verträumt wirkender Olivenhaine und bewaldeter Hügel lohnt den Besuch.

Der Ursprung der Abtei ist sagenumwoben: So soll Karl der Große sie im Jahr 781 gegründet haben. Als er, mit seinen Truppen aus Rom kommend, hier vorbeimarschierte, wurden seine Männer – so heißt es – von einer geheimnisvollen Krankheit befallen. Der Kaiser gelobte, dass er an dieser Stelle ein Kloster bauen wolle, wenn seine Männer gesunden würden. Als die Armee in der Nähe der heutigen Abtei ihre Zelte aufschlug, soll dem Kaiser Gott in einem Traum erschienen sein und ihm geraten haben, seinen Männern einen Trank aus Kräutern und Wein zu geben. Das Heilmittel wirkte – und die Abtei von Sant'Antimo wurde gegründet. Der Lebende nach beschenkte Papst Hadrian I. 781 Karl den Großen mit Reliquien des hl. Antimo – wohl jene, die heute in der Krypta der Abteikirche verehrt werden. Außerdem wird die Abtei in einer Urkunde aus dem Jahr 814 erwähnt, in der Karls Sohn Ludwig der Fromme der Abtei Ländereien zuspricht. Zwar existiert noch die Karolinger-Kapelle (9. Jh.), doch wurde die Kirche ab 1118 neu erbaut. Für

Romanisch nüchtern: der Chorumgang rund um den Hochaltar von Sant'Antimo

Eingebettet in eine idyllische Landschaft: Die Abbazia Sant'Antimo bietet beste Voraussetzungen für ein »In-sich-versinken«.

diesen Neubau nahm man sich die Mutterkirche der Benediktiner im französischen Cluny zum Vorbild.

Sant'Antimos basilikaler Grundriss – ein Chorumgang und davon abgehende Kapellen – ist ungewöhnlich in der Toskana. Das Innere der Abtei und die Fassade sind atemberaubend: Das schlichte romanische Gebäude ist mit schönen Verzierungen geschmückt. Ein interessanter Blickfang: das Kapitell der zweiten Säule rechts im Kirchenschiff. Es zeigt Daniel in der Höhle des Löwen.

Caffè la Fortezza: Viale della Libertà 6, Tel. 0577 84 72 00, Di–So 7–24 Uhr

KLEINE PAUSE

Nur ein Caffè con dolce? Oder eine Weinprobe mit Schinken, Käse und Salami? Im altmodischen **Caffè la Fortezza** (mit moderner Terrassenbestuhlung) ist beides möglich.

215 E5

Touristeninformation
Via Ricasoli 31
0577 84 60 14
https://visitvaldorcia.it
s. Museo Civico

Fortezza
Piazzale della Fortezza
0577 84 92 11
Sommer tägl. 9–20, Winter Di–So 10–13, 14–18 Uhr
Festung und Enoteca: frei; Burgmauer: 4 €

Museo Civico e Diocesano/ Tempio del Brunello
Via Ricasoli 31 0577 28 63 00
www.orodimontalcino.it 1.4.–5.11. und 26.12.–7.1. tägl. 10.30–19, 11.–24.12. und 8.1.–28.2. Sa, So 10.30–17.30, März Fr–So 10.30–17.30 Uhr 10 €

Sant'Antimo
nahe Castelnuovo dell'Abate
0577 28 63 00 www.antimo.it
April–Sept. tägl. 10–18.30, Okt. tägl. bis 18, Nov.–März tägl. 10.30–17 Uhr
Kirche frei, Rundgang »Via della Luce« 6 € (inkl. Videoguide)

㊲ Abbazia di Monte Oliveto Maggiore

Was?	Benediktinerabtei mit berühmtem Renaissance-Freskenzyklus
Warum?	Die zauberhafte Lage inmitten von Zypressen, Olivenbäumen und Wiesen, der herrliche Kreuzgang und ein reges Klosterleben ergeben ein stimmungsvolles Gesamtkunstwerk.
Wann?	An einem Spätnachmittag
Wie lange?	Eine gute halbe bis eine Stunde
Resümee	Leben in der Abgeschiedenheit

Die Abtei Monte Oliveto Maggiore verdankt ihre Entstehung dem 2009 vom damaligen Papst Benedikt XVI. heiliggesprochenen Bernardo Tolomei (1272–1348), Mitglied einer wohlhabenden Familie aus Siena, der sein weltliches Dasein aufgab, nachdem er erblindet und ihm die Jungfrau Maria erschienen war (die Familiengräber der Tolomei sind in der Kirche San Francesco in Siena zu besichtigen, S. 111). Bernardo zog sich mit zwei Gefährten in die Berge zurück und begann am heutigen Standort der Abtei mit dem Aufbau einer Benediktinerklause, die 1320 fertiggestellt wurde. 1344 erkannte Papst Clemens VI. die Anhängerschaft Tolomeis, Olivetaner oder Weiße Benediktiner genannt, als Ordensgemeinschaft an. Die in den Jahren 1393 bis 1526 erbaute Abtei erwarb im Lauf der Zeit großen Reichtum.

Sehenswürdigkeiten

Monte Oliveto dient bis heute als Abtei, große Teile der ausgedehnten Klosteranlagen sind daher für Besucher geschlossen. Die Hauptattraktion ist jedoch frei zugänglich: der Chiostro Grande (Großer Kreuzgang, 1426–43) mit seinem Freskenzyklus von Sodoma und Luca Signorelli, der das Leben des hl. Benedikt, des Begründers des Benediktinerordens, darstellt. Der Mailänder Künstler Sodoma schuf den größten Teil der Fresken zwischen 1505 und 1508 – insgesamt 27 Felder. Zuvor hatte 1497/98 Luca Signorelli aus Cortona (S. 112) acht Episoden angefertigt. Der Zyklus beginnt auf der Ost-

Die Abtei wird bis heute von Mönchen bewohnt. Szenen des klösterlichen Lebens begegnet man auch in den Fresken des Großen Kreuzgangs.

wand, rechts der Tür zur Abteikirche. Wer sich nicht sehr genau im Leben des hl. Benedikt auskennt, wird die auf den Fresken dargestellte Geschichte schwer nachvollziehen können – doch allein die vielen zeitgenössischen Details machen sie sehenswert. Die Kirche der Abtei ist bis auf die prächtigen Holzintarsien im Chor (1503–1505) weniger beeindruckend.

KLEINE PAUSE

Das Kloster bietet auch **Weinverkostungen** an (Eintritt frei). Kulinarisches bietet die Bar/Ristorante **La Torre** am Klosterzugang (Tel. 0577 70 70 22; Mi–Mo 8–22 Uhr).

215 E5 nahe Chiusure ☎ 342 0 53 80 90 www.monteolivetomaggiore.it 26.3.–29.10. 9.30 bis 12.40, 14.30–18, sonst bis 17 Uhr Fr bis So 7 €, sonst frei, Mo–Do Bibliothek 4 €

38 Montepulciano

Was?	In sich geschlossenes Tuffstein-Gassenlabyrinth mit viel historischer Bausubstanz und wunderschöner Kirche
Warum?	Weil das Städtchen wie vor Jahrhunderten innerhalb seiner trutzigen Stadtmauern ruht.
Wann?	Im Herbst, wenn die Reben in Rot- und Gelbtönen leuchten.
Wie lange?	Einen Tag, gerne mit Übernachtung
Was noch?	Eine Verkostung des rubinroten Vino Nobile di Montepulciano, einer der drei großen Sangiovese-Tropfen der Region
Resümee	Wein trifft Renaissance

Das fotogene Festungsstädtchen in den Hügeln des Valdichiana begeistert Augen, Ohren und Gaumen gleichermaßen: durch seine köstlichen Weine, die schon Papst Paul III. mundeten, eine hochkarätige, sommerliche Kultur-»Baustelle« und eine der schönsten Renaissancekirchen Italiens. Montepulciano lockt also mit vielen Sehenswürdigkeiten, ist aber nicht einfach zu erkunden: Die Stadt liegt auf einer steilen und schmalen Bergkuppe. Die Hauptstraße schlängelt sich von der Piazza Sant'Agnese zur Piazza Grande steil bergauf bis zur Festung, die sich auf 605 m Höhe befindet.

Am Corso entlang

Ein Spaziergang beginnt an der Piazza Sant'Agnese und führt zur Piazza Grande, dem Höhepunkt der Besichtigung. Am erstgenannten Platz wartet Sant'Agnese auf Sie, eine Kirche mit zahlreichen Gemälden aus dem 14. Jahrhundert. Gehen Sie weiter durch die Porta al Prato, wo der Corso seinen Anfang nimmt, der Sie zum höchsten Punkt der Stadt führt. Auf dem Platz gleich hinter dem Tor steht die Colonna del Marzocco, eine Säule, die der Marzocco (Löwe), das florentinische Wappentier, krönt. Montepulciano stand ab 1511 unter florentinischer Herrschaft. In dieser Zeit erhielt Antonio da Sangallo der Ältere den Auftrag, die Befestigungsanlagen der Stadt auszubessern sowie mehrere Palazzi zu restaurieren bzw. neu zu errichten. Seine Arbeit wurde von seinem Neffen Antonio da Sangallo dem Jüngeren und spä-

Im wörtlichen wie im übertragenen Sinn ein Höhepunkt Montepulcianos ist die Piazza Grande mit dem Palazzo Comunale, dem Brunnen Pozzo dei Grifi e dei Leoni und dem Dom. In diesem ist die »Himmelfahrt« von Taddeo di Bartolo zu bewundern.

ter von Jacopo Vignola, einem berühmten Architekten der frühen Barockzeit, fortgeführt.

Die Porta al Prato und der Palazzo Cocconi (Nr. 70 am Corso) werden Sangallo dem Älteren zugeschrieben. Vignola gestaltete wahrscheinlich den Palazzo Tarugi (Nr. 82) und den Palazzo Avignonesi (Nr. 91). Als schönster Palazzo am Corso gilt der Palazzo Bucelli (Nr. 73), der auf etruskischen Fundamenten steht. An der Piazza Michelozzo erhebt sich die Kirche Sant'Agostino aus dem 13. Jahrhundert. Die Fassade wurde 1438/39 von Michelozzo gestaltet, einem Lieblingsarchitekten der Medici. Gegenüber erhebt sich die Torre di Pulcinella, ein mitttelalterlicher Uhrturm: Pulcinella, eine clowneske Figur der Commedia dell'Arte, schlägt zur vollen Stunde die Glocke.

Nach 100 m erreicht man die Piazza dell'Erbe und die Loggia del Mercato aus der Renaissance. Biegen Sie hier rechts ab und danach links in die Via dei Poggiolo: Der Weg führt Sie vorbei an der Kirche San Francesco auf die Via Ricci zum Museo Civico e Pinacoteca, wo Kunstwerke des 15. bis

18. Jh.s und im 2. Stock etruskische Urnen ausgestellt sind. Dann öffnet sich die Via Ricci zur grandiosen Piazza Grande, die vom Duomo und mehreren Palazzi gesäumt wird. Dazu gehört u. a. der Palazzo Contucci: Hier (wie vielerorts in der Stadt) wird der Vino Nobile di Montepulciano (S. 29) verkauft.

Sie können auch den Turm des gotischen Palazzo Comunale aus dem 13. Jh. erklimmen, um den schönen weiten Ausblick zu genießen.

Hauptsehenswürdigkeit an der Piazza ist jedoch der Duomo. Hinter einer schlichten Fassade verbirgt sich eines der schönsten Altarbilder der Toskana: Taddeo di Bartolos »Himmelfahrt« (1401).

Meisterwerk der Spätrenaissance

Rund 2 km südwestlich von Montepulciano ragt eindrucksvoll am Ende einer Zypressenallee die Kirche San Biagio auf,

Magischer Moment

Musik unterm Sternenhimmel

Der sommerliche Sternenhimmel funkelt über der Piazza Grande von Montepulciano, Sie sitzen auf Ihrem Stuhl in der lauen Abendluft, von den Stufen der Kathedrale Santa Maria Assunta erklingt ein zarter Harfenton. Dann setzen Streicher einen fulminanten Kontrapunkt – immer neue Melodien erfüllen den Platz: Jedes Jahr im Juli finden schöne, stimmungsvolle Konzerte im Rahmen der Cantiere Internationale d'Arte in Montepulciano und an verschiedenen Orten der Terre di Siena statt. *www.fondazionecantiere.it*

Etwas außerhalb von Montepulciano ist San Biagio ein Meisterwerk der Spätrenaissance.

eines der signifikantesten Bauwerke der Spätrenaissance. Errichtet wurde sie 1518–1545 nach Plänen von Antonio da Sangallo dem Älteren. Sehenswert im Innern sind die Fresken im Presbyterium und der marmorne Altaraufsatz (1584).

Caffè Poliziano: Via Voltaia Nel Corso 27/ 29, Tel. 0578 75 86 15, www.caffepoliziano.it, tägl. 7.30 bis 22 Uhr

KLEINE PAUSE

Die Aussicht von der Terrasse des jugendstil-eleganten **Caffè Poliziano** ist grandios – gönnen Sie sich dazu eine heiße Schokolade, ein Eis oder einen salzigen Snack.

215 F5

Museo Civico e Pinacoteca
Via Ricci 10
0578 71 73 00
www.museocivicomontepulciano.it
1.5.–1.11. Mi–Mo 10–19, April und 20.12.–6.1. bis 18, sonst Sa, So 10 bis 18 Uhr
6 €

Palazzo Comunale
Piazza Grande 1.4.–1.11. und 26.12. bis 6.1. tägl. 10–18 Uhr Turm 5 €, Terrasse 2,50 €

San Biagio
Via di San Biagio 20 0577 28 63 00
www.tempiosanbiagio.it
April–Sept. Mo–Sa 10–13.30, 14–18.30, So 11.30–13.30, 14–18.30, März/Okt. bis 18, 26.12.–6.1. bis 17, sonst nur Sa, So bis 17 Uhr 3,50 €

Nach Lust und Laune!

39 Crete Senesi

»Land des Windes und der Wüste« nannte der toskanische Dichter Mario Luzi treffend die bizarre Hügellandschaft südlich von Siena, die sich bis nach Buonconvento und San Giovanni d'Asso erstreckt.

Crete bedeutet im Dialekt der Toskana »Ton« – tatsächlich ist es ein Tonsubstrat, das der Region ihre schönen Hügel wie die intensiven Umber- und Terrakottafarben verleiht. Die Crete sind eines der landwirtschaftlichen Zentren der Toskana. Hier wird seit Jahrhunderten Getreide angebaut – die soliden alten Getreidemühlen, die über die Hügel verstreut sind, gelten als »Kathedralen der Crete« Doch heute kennt man die Region vor allem für ihre seltenen weißen Trüffeln, für Pecorino und Olivenöl.

213 E1

40 Buonconvento

Buonconvento, 27 km südlich von Siena, hat ein hübsches mittelalterliches Zentrum. Die mauerbewehrte Festung war Teil der Befestigungen Sienas gen Süden. Allerdings wird der Stadtkern von hässlichen Vororten umringt.

Die Kleinstadt lässt sich rasch und bequem erkunden: Lassen Sie sich in Buonconvento durch die alten Straßen mit Patrizierhäusern treiben und besuchen Sie das Museo d'Arte Sacra mit seiner ausgezeichneten Sammlung religiöser Kunst. Unter den mittelalterlichen Gemälden aus Siena stechen die »Mariä Verkündigung« von Andrea di Bartolo oder die »Madonna del Latte« (»Madonna der Milch«) von Luca di Tommè hervor. Letztgenanntes Gemälde zeigt eine stillende Madonna – eine sonst in der italienischen Kunst ungewöhnliche, in der Toskana aber weniger seltene Darstellung. Denn hier beanspruchen auch zahlreiche Kirchen für sich, im Besitz einiger Tropfen Milch der Jungfrau Maria zu sein. Das Museo della Mezzadria präsentiert die Sozialgeschichte der Region.

215 E5

Touristeninformation
Piazzale Garibaldi 10 (im Museo della Mezzadria Senese) ☎ 0577 80 97 44
www.terredisiena.it/i-luoghi/buonconvento/ s. Museo d'Arte Sacra (nächste Seite)

Bauernhöfe und Zypressenalleen prägen optisch die Landschaft der Crete.

Museo d'Arte Sacra
✉ Via Soccini 18 ☎ 0577 80 97 44
🌐 www.artesacra.museibuonconvento.com ◷ Museum und Infopoint Mo–Fr 9–13, Sa, So 10–13, 16–19 Uhr 🎟 3 €, mit Museo della Mezzadria 5 €

Museo della Mezzadria
✉ Piazza Garibaldi 10 ☎ 0577 80 97 44
🌐 www.mezzadria.museibuonconvento.com ◷ wie oben 🎟 3 €, mit Museo d'Arte Sacra 5 €

41 San Quirico d'Orcia

Das Stadtbild von San Quirico ist ein eigentümlicher Mix aus nüchternen modernen Bauten und bezaubernder mittelalterlicher Bausubstanz. Das Städtchen entstand rund um eine der vielen Kirchen am Frankenweg (Via Francigena), der Pilger von Canterbury (England) nach Rom führte, zur Grabstätte der Apostel Petrus und Paulus.

Hauptattraktion der Stadt ist die an der Piazza Chigi gelegene romanische Kirche der Collegiata dei Santi Quirico e Giulitta (12. Jh.), die an der Stelle eines im 8. Jh. errichteten Vorgängerbaus steht. Die lombardisch geprägten Verzierungen rund um die Türen sind außergewöhnlich, ebenso die Holzintarsien im Renaissance-Chorgestühl, das aus einer Kapelle des Doms von Siena (S. 98) stammt. Links vom Hauptaltar befindet sich das Altarbild »Madonna mit Kind, Engeln und Heiligen« (1470) von Sano di Pietro.

Am Ortsrand, nahe der Porta Nuova, erstrecken sich die Horti Leonini, um 1580 von Diomede Leoni angelegte Renaissancegärten. Folgen Sie der Via Dante Alighieri, kommen Sie am Haus Nr. 38 vorbei, in dem einst die hl. Katharina von Siena genächtigt haben soll, und an der Kirche Santa Maria Assunta aus dem 11. Jh.

215 E5

Touristeninformation
✉ Via Dante Alighieri 33
53027 San Quirico d'Orcia
☎ 0577 89 97 28 🌐 www.visitsanquirico.it
◷ tägl. 10.30–13 & 15.30–18 Uhr

Horti Leonini
✉ Via Diomede Leoni 6 ◷ tägl. Sonnenauf- bis Sonnenuntergang 🎟 frei

42 Bagno Vignoni

Bagno Vignoni sollte man möglichst frühmorgens besuchen, um eine der ungewöhnlichsten Attraktionen der Toskana in ihrer ganzen Schönheit zu genießen: Die Piazza delle Sorgenti mitten im Dorf ist kein Platz, sondern ein Wasserbecken, das von einer Thermalquelle gespeist wird. Der in der kühlen Morgenluft aufsteigende Wasserdampf hüllt den »Platz« und die alten Gebäude ringsum in einen unheimlichen Dunst. Bekannt waren die Quellen schon zur Römerzeit. Papst Pius II. ließ im 15. Jh. ein Sommerhaus (heute ein Hotel) unweit der Quelle errichten. Auch Lorenzo de' Medici (S. 51) besuchte den Ort, nachdem die Medici die »piscina« (Becken) mit ihren Renaissance-Ar-

Wo andere Dörfer einen öffentlichen Platz haben, befindet sich in Bagno Vignoni ein Wasserbecken.

kaden angelegt hatten. Die Nutzung des Wasserbeckens ist heute untersagt; Sie können aber das Thermalfreibad des nahen Hotels Posta Marcucci besuchen (Vorbestellung: Tel. 0577 88 71 12, www.postamarcucci.it).

Ab Bagno Vignoni lohnen sich zahlreiche Ausflüge in das herrliche Umland.

215 E5

Touristeninformation
Via Dante 33, 53027 San Quirico d'Orcia ☎ 0577 89 97 28
www.visitsanquirico.it/bagnovignoni/
tägl. 10.30–15, 15.30–18 Uhr

43 Monte Amiata

Ob von den Stadtmauern von Pienza (S. 136) oder von anderen Aussichtspunkten in der südlichen Toskana – der einsame, 1738 m hohe Gipfel des Monte Amiata ist in der Regel nicht zu übersehen. Auffallend: die kegelähnliche Form dieses erloschenen Vulkans. Da er von Siena und Florenz zu weit entfernt liegt, wird er in der Regel von größeren Touristenströmen verschont.

Auf dem Weg nach Montepulciano oder Pienza lässt sich gut eine Stippvisite zum Monte Amiata einplanen, z. B. zum Parco Faunistico del Monte Amiata bei Arcidosso, wo die Pflanzen- und Tierwelt der südlichen Toskana spannende Momente beschert. An einem klaren Tag sollten Sie die herrlich weite Sicht vom Gipfel genießen. Schattige Wälder laden zum Spazieren oder Wandern ein – markierte Pfade wurden angelegt. Wer etwas mehr Zeit hat, sollte die charmanten, am Fuß des Berges gelegenen Dörfer Seggiano, Arcidosso, Santa Fiora oder Castel del Piano besuchen.

215 E4

44 Abbadia San Salvatore

Das Städtchen wurde nach der Abtei San Salvatore benannt, neben Monte Oliveto und Sant'Antimo die dritte bedeutende Abtei der Südtoskana. Im mittelalterlichen Viertel der Stadt steht an der Via del Monastero 50 die Abtei aus dem Jahr 743, die zu den ältesten in der Toskana zählt und angeblich vom Langobardenkönig Ratchis gegründet wurde. Der Großteil des Bauwerks (vor allem die Krypta mit 24 originalen Säulen) wurde bis 1035 aus dem braunen Trachytgestein des Monte Amiata errichtet, Umbauarbeiten erfolgten im 13. Jahrhundert. Großartig ist das neue Museo d'Arte Sacra im Ostflügel der Abtei. Es zeigt u. a. eine Kopie der grandiosen Bibelhandschrift des Codex Amiatinus (ca. 8. Jh.) und ein Kopfreliquiar (1381) des 34. Papstes Sankt Marcus (gest. 336).

✈ 215 E4

Touristeninformation
✉ Via XXIV maggio 4
☎ 0577 77 03 61
🌐 https://prolocoabbadia.it
🕘 Aug. und Dez. tägl. 9–12.30, 15–19, sonst Mo und Fr 10–13, Di–Do 10–13, 15–17, Sa/So (außer Nov. und 15.1.–31.1.) 9–12.30, 15.30–19 Uhr

Museo d'Arte Sacra
✉ Via del Monastero 50
☎ 0577 77 73 52
🌐 www.abbaziasansalvatore.it
🕘 Kirche tägl. 8–20, Winter bis 19, Museum Sa, So 10–12, 16–19, Juli/Aug. Di–So 10–12, 16–19 Uhr 🎟 Kirche frei, Museum 4 €

45 Sovana

Das winzige Sovana war in seiner Blütezeit eines der wichtigsten regionalen Zentren, diente als Machtbasis des Aldobrandeschi-Adels und war Geburtsort des Hildebrand (von Sovana), der 1073 als Gregor VII. Papst wurde. An der Piazza Pretorio zeigt das Museo San Mamiliano in der gleichnamigen Ex-Kirche einen unter dem Altar gefundenen Goldmünzenschatz aus dem 5. Jh.; die Kirche Santa Maria Maggiore (12. Jh.) nebenan zählt zu den schönsten Pfarrkirchen der Toskana. Der Innenraum wird von großartigen Fresken und einem frühchristlichen Altarbaldachin (Ziborium) aus dem 9. oder 10. Jh. beherrscht.

An die Herrschaft der Aldobrandeschi in Sovana erinnert die Concattedrale SS Pietro e Paolo, die in dem kleinen Ort fast riesig wirkt. Sie erreichen sie auf der Via del Duomo, die von der Piazza del Pretorio bergab führt. Das Bauwerk entstand in verschiedenen Epochen: Viele der Steinmetzarbeiten wurden im 8. Jh. ausgeführt, Apsis und Krypta gehen vor allem auf das 10. Jh. zurück, die Reliefszenen an den Kapitellen im Kirchenschiff entstanden um 1100 (tägl. 10–13, 14.30–19 Uhr, Eintritt: 2,50 €, mit Pal. Orsini in Pitigliano 6 €).

Vom Besucherzentrum an der Piazza del Pretorio geht es außerhalb der Stadt (ausgeschildert) zur Etruskernekropole von Sovana, der Città del tufo mit dem imposanten Grab der Tomba Ildebranda und dem Grab der geflügelten Dämonen, Tomba dei Demoni Altai (Tel. 0564 61 40 74, https://cittadeltufo.com, tägl. 10–19, Okt. bis 18, Nov., März nur Sa, So bis 17 Uhr, Eintritt: 5 € oder Kombiticket Museen Sovana 10 €)

215 E3

Museo San Mamiliano
Via del Pretorio 2 April–Okt. Do–Di 10–18, Aug. auch Mi 2 € oder Kombiticket Museen Sovana 10 €

46 Pitigliano

Pitiglianos majestätisch auf einem mächtigen Berg thronende Häuser scheinen aus dem Felsgestein emporzuwachsen. Der Ort wurde bereits im 6. Jh. v. Chr. von den Etruskern besiedelt. Seine Blüte erlebte er im 13. und 14. Jh. unter der Herrschaft der Familie Orsini, die drei Päpste hervorbrachte.

Bis zum Zweiten Weltkrieg lebte in Pitigliano eine jüdische Gemeinde. Das Piccola Gerusalemme (Klein-Jerusalem) genannte ehemalige Ghetto ist mit Museum, Bäckerei und Synagoge an der Via Zuccarelli auf dem Percorso Ebraico zu besichtigen. Hinter der Piazza Garibaldi erheben sich ein Aquädukt und die Burg, beide im 16. Jh. von Giuliano da Sangallo errichtet. In der Festung lohnt der Besuch des Palazzo Orsini. Zu den besonderen Sehenswürdigkeiten Pitiglianos gehören die tief in den Tuffstein gegrabenen Hohlwege (Vie Cave) in der Umgebung.

215 E3

Touristeninformation
Piazza G. Garibaldi 10–12
0564 61 71 11 www.comune.pitigliano.gr.it in der Regel Di–Sa 9–12.30 & 15.30–18.30, So 9–12.30 Uhr

Palazzo Orsini
Piazza Fortezza Orsini 25
338 9 13 49 79 www.palazzo-orsini-pitigliano.it Di–So 10–13 & 15–17, Hochsaison bis 18/19, Aug. tägl. bis 20, 12.–17. Aug. auch 21.30–24 Uhr 5 €, mit Dom in Sovana 6 €

Piccola Gerusalemme/ Percorso Ebraico
Vicolo Manin (Museum), 0564 61 42 30 www.museidimaremma.it
April–Okt. So–Fr 10–13, 14.30–18, sonst So–Fr 10–12.30, 14.30–16.30 Uhr
6 €

Bis unmittelbar an den Abgrund reichen die Häuser der Tuffstein-Stadt Pitigliano.

Wohin zum … Übernachten?

Preise für ein Doppelzimmer pro Nacht:
€ unter 130 €
€€ 130–200 €
€€€ 200 €

BAGNO VIGNONI

Adler Spa Resort Thermae €€€

Es gibt auch historische Thermalbäder in Bagno Vignoni, aber in diesem Hotel sind die Einrichtungen sehr modern. Es liegt auf einem riesigen Gelände und bietet einen tollen Außenpool, Thermalquellen und Salzwasserbecken sowie Spa, Wellness und Yoga. Im Sommer stehen verschiedene Restaurants zur Verfügung, darunter eine Osteria und ein Gourmet-Restaurant. Die gut ausgestatteten Zimmer und Familiensuiten sind in warmen Holztönen und beruhigenden Farben gehalten.
✈215 E5 ✉ Strada di Bagno Vignoni 1
☎0577 88 90 00 ⊕www.adler-resorts.com

Mondän: das Adler Spa Resort Thermae

MONTALCINO

Il Barlanzone €€

Sie wollten schon immer mal über einer Weinhandlung wohnen? Und eine gute Aussicht auf eine mittelalterliche Burg haben? Dann buchen Sie doch eines der vier hellen, charmanten Zimmer in dieser familiengeführten Unterkunft.
✈215 E5 ✉Via Ricasoli 33 ☎0577 84 61 20
⊕www.barlanzone.com

Le Scalette di Piazza €€

Im Obergeschoss eines historischen Stadthauses gegenüber dem Turm des Palazzo Comunale erwarten Sie fünf gemütliche Zimmer mit hellen Holzdecken. Aus den kleinen Fenstern haben Sie einen sehr schönen Ausblick (außer im Zimmer »Gli Orti«).
✈215 E5 ✉Scale di Via Bandi 6
☎329 9 37 66 41
⊕www.scalettedipiazza.it

MONTEPULCIANO

Agriturismo Pacifico €/€€

Inmitten von Olivenbäumen und Reben hat Graziella Zanelli ein uriges toskanisches Häuschen zu einem Domizil mit drei romantischen Gästezimmern ausgebaut. Alle haben direkten Gartenzugang und eigenes Außenmobiliar. In die Stadt sind es knapp 20 Gehminuten – perfekt, um das Auto stehen zu lassen und spazierend die Aromen und Panoramen der Landschaft zu genießen. Auf Wunsch mit Frühstück und/oder Abendessen.
✈215 F5 ✉Via delle Cetine 6
☎0578 71 70 64
⊕www.agriturismopacifico.com

Albergo Duomo €/€€

Das familiengeführte und mit eigenen Parkplätzen in unmittelbarer Nähe ausgestattete Drei-Sterne-Haus in einem historischen Palazzo punktet vor allem mit seiner Lage. Die 13 Zimmer sind zum Teil recht klein, mit Eisenbetten möbliert, aber sauber und gepflegt, teils recht farbenfroh.
✈215 F5 ✉Via di San Donato 14
☎0578 75 74 73
⊕https://albergoduomomontepulciano.it

PIENZA

Agriturismo Sant'Anna in Camprena €/€€

Diese Unterkunft rund 7 km nördlich von Pienza ist einer dieser Orte, an dem sich Himmel und Erde zu berühren scheinen. Gründe für diesen Eindruck gibt es genug: das ehemalige Kloster selbst, die wunderschöne Lage, der herrliche Blick aus den

mehr als 40 Zimmern, der zauberhafte Garten, die gesellige Atmosphäre, die herzliche Betreuung. Das fand auch Anthony Minghella und drehte hier einige Szenen seines oscarprämierten Films »Der Englische Patient«.
215 E5 Località Sant'Anna in Camprena, Pienza
0578 74 80 37
www.camprena.it

Relais Il Chiostro di Pienza €€/€€€
An der Stelle eines mittelalterlichen Klosters, dessen Kreuzgang bis heute erhalten ist, entstand ein kleines Hotel mit vier Zimmertypen und einer Suite. Das Ambiente ist romantisch; im großzügigen Garten mit Blick auf das Val d'Orcia können Sie sich während der warmen Monate des Jahres zum Dinner niederlassen oder auch nur für einen Aperitif.
215 E5 Corso Il Rossellino 26
0578 74 81 29
www.relaisilchiostrodipienza.com

SORANO

Hotel della Fortezza €€
Balkendecken, geschmackvolle antike Möbel und moderne Bäder – all das bietet dieses stimmungsvolle Hotel, das nach einer sorgfältigen Renovierung in den dicken Gemäuern der den Ort überragenden Orsini-Burg (um 1550) Platz gefunden hat. Sehr beeindruckend ist auch der schöne Blick aus den Fenstern dieses Hotels.
215 E3 Piazza Cairoli 5 (Parkplatz an der Via Ricasoli 9)
0564 63 35 49
www.hoteldellafortezza.com

CASTIGLIONE D'ORCIA

Il Vecchietta
Das beste Bed & Breakfast vor Ort verfügt über drei geschmackvoll eingerichtete Gästezimmer mit Bad und einen schönen Garten mit Panoramablick. Zum Frühstück werden lokale Spezialitäten gereicht.
215 E5 Via del Cassero 10
338 2 26 22 48
www.ilvecchietta.it

Wohin zum ... Essen und Trinken?

Preise für ein Drei-Gänge-Menü mit Wein:
€ unter 35 €
€€ 35–70 €
€€€ über 70 €

BAGNO VIGNONI

Osteria del Leone €€
Das Traditionsrestaurant im Herzen von Bagno Vignoni bietet gute regionale Küche – etwa Tatar vom Chianina-Rind mit Ricotta (Frischkäse), hausgemachte frische Pici (Nudeln), beispielsweise mit Zucchini zubereitet, sowie Provolone-Käse oder eine weitere Spezialität der Region, Taube mit Gemüse der Saison (28 €).
215 E5 Via dei Mulini 3
0577 88 73 00
https://osteriadelleone.it
Di–So 12–15, 19.30–22.30 Uhr

CRETE SENESI

La Locanda del Castello €€
Ein hübscher Ort für ein langes, gemütliches Essen bei einer Tour durch die Crete. Zum toskanisch-rustikal gestalteten Restaurant gehört auch ein Hotel. Auf der Speisekarte finden sich Gerichte, die hauptsächlich aus lokalen Zutaten schlicht, aber sorgfältig zubereitet werden. Die Weine stammen überwiegend von toskanischen Winzern. Hübsch sind die Tische auf dem Platz oder im hinteren Bereich der Terrasse.
213 E1 Piazza Vittorio Emanuele II 4, San Giovanni d'Asso 348 3 80 65 13
wwww.lalocandadelcastello.com
Mi–Mo 12–14.30, 19–22 Uhr

MONTALCINO

Locanda Demetra €€
Der eigene Olivenhain und Gemüsegarten sowie die Bauernhöfe der Umgebung liefern das Gros der (Bio-)Zutaten für dieses mit einer Kochschule gepaarte Restaurant südlich des Stadtkerns. Im Sommer wird unter einer

Pergola getafelt, abends nur ein Vier-Gänge-Menü serviert.
215 E5 Podere Buca 221
351 9 86 05 27 https://montalcinocookingschool.com Di–So 12–15 & Do–Sa 19.30–21 Uhr

MONTE AMIATA

Silene €€€
Das mit einem Michelin-Stern ausgezeichnete Restaurant liegt außerhalb von Pescina in einem der winzigen Dörfer rund um den Gipfel des Monte Amiata. Die Küche verwendet Zutaten der Region, u. a. Pilze, Spargel, Wild, Trüffeln und Schnecken. Geleitet wird sie vom Eigentümer Roberto Rossi, der aus den Oliven, die auf den umliegenden Hügeln reifen, auch exzellentes Öl herstellt.
215 E4 Strada Provinciale Altore 9, Pescina, 4 km östlich von Seggiano
0564 95 08 05 https://ilsilene.it
Di–Sa 12.30–14, 19.30–22, So 12.30–14 Uhr

MONTEPULCIANO

Le Logge del Vignola €€
In dem kleinen Lokal in der Altstadt von Montepulciano wird sehr gute toskanische Küche serviert. Im Angebot sind auch ein 3-Gänge-Degustationsmenü für 53 € und ein 4-Gänge-Degustationsmenü für 69 €. Es gibt ferner Koch-Kurse, in denen man z. B. erfährt, wie man drei verschiedene Pasta-Sorten zubereiten kann.
215 F5 Via delle Erbe 6 0578 71 72 90
www.leloggedelvignola.com Di ganz, Mi mittags geschl.

Osteria del Borgo €€
Rinderbacken-Ragout, Schweineleber mit Fenchel, Kaninchen auf etruskische Art – auch in dieser Osteria spielt Fleisch die Hauptrolle. Das Preis-Leistungs-Verhältnis ist gut, im Sommer tritt auf der Terrasse mitunter das Panorama in Konkurrenz zu dem Arrangement auf den Tellern. Es werden auch B&B-Gästezimmer vermietet.
215 F5 Via Ricci 5, 53045 Montepulciano
+39 0578 71 67 99 www.osteriadelborgo.it
Mi–Mo 12–14.30, 19–21.30, Fr, Sa bis 21.45 Uhr

PIENZA

La Porta €€/€€€
Inspiriert vom Slow-Food-Gedanken kommen in dieser Osteria rund 6 km südöstlich von Pienza z.B. handgerollte Pici-Nudeln mit Entenragout, warmer Rinderzungensalat mit grüner Sauce oder in Moscadello aromatisierte Perlhuhnschenkel auf den Tisch.
215 E5 Via del Piano 1, Monticchiello di Pienza 0578 75 51 63 www.osterialaporta.it Mi–Mo 9–15.30, 19–21.30, So abends geschl.

Osteria Sette di Vino €/€€
Pasta NO! Coca Cola NO! Aber zum Rosso di Montalcino oder dem lokalen Weißwein (und anderen regionalen Tropfen) dürfen Sie sich freuen auf Crostini misti, Zuppa di fagioli, Pecorino alla griglia und Salate.
215 E5 Piazza di Spagna 1 0578 74 90 92 Do–Di 12–14, 19.30–21 Uhr, Mi geschl.

SOVANA

Hosteria di Pantalla
La Mamma in der Küche, die Tochter im Service – da fühlt man sich tatsächlich fast wie zu Hause. Und so schmeckt es auch in diesem Gasthof: ehrlich und üppig!
215 E3 Borgo di Pantalla, an der Strada Provinciale Pitigliano - Farnese 25, 0564 61 61 17 Do–Mo 12.30–15, 19.30–21.30 Uhr, Di, Mi geschl.

Wohin zum ... Einkaufen?

MONTALCINO

Wenn Sie nicht nur Wein kaufen möchten, schauen Sie doch mal vorbei bei **Si!Si. Pelle** (Via Giacomo Matteotti 24/26, Tel. 345 5 95 51 71, Mo–Sa 10–19.30, So 14–19.30 Uhr); das Gros der Lederwaren hier wird in einem kleinen Atelier noch von Hand gefertigt. Eines der bekanntesten Weingüter dieser Region ist die **Fattoria dei Barbi** (Località

Podernovi 170, Strada Consorziale dei Barbi, Tel. 0577 84 11 11; www.fattoriadeibarbi.it). Kellerführung, Degustation, etwas Essen und auch Grappa und Olivenöl – all das wird hier geboten.

MONTEPULCIANO

Den berühmten Vino Nobile gibt es u. a. bei **Contucci** (Via del Teatro 1, Tel. 0578 75 70 06; www.contucci.it) und in der **Enoliteca del Consorzio del Vino Nobile** in der Festung (tägl. 11–19 Uhr, www.enolitecavinonobile.it).

PIENZA

Ein wenig außerhalb liegt das seit über 50 Jahren bestehende **Caseificio Cugusi** (Via della Boccia 8; https://caseificiocugusi.it; März–Okt. tägl. 8–19.30, sonst 8–13 & 15 bis 18.30 Uhr); eine Käserei, die den bekannten Pecorino (aus Schafsmilch) herstellt. Sie können ihn vor Ort verkosten – 5 unterschiedliche Pecorino-Arten – und sich zwischen April und Oktober auch einen Picknickkorb packen lassen, um die Köstlichkeit (plus Salami u. Ä.) unter freiem Himmel auf dem Areal zu probieren.

Silvana Cugusi von der gleichnamigen Käserei präsentiert einige ihrer würzigen Köstlichkeiten.

Wohin zum ... Ausgehen?

MONTALCINO

Der Beginn der Jagdsaison wird mit dem Mittelalterfest **Torneo dell'Apertura della Caccia** (2. So im Aug.) gefeiert. Eine ähnliche Veranstaltung ist die **Sagra del Tordo** (letztes Wochenende im Okt.).

MONTEPULCIANO

Beim historischen Stadtfest **Bravio delle Botti** (letzter So im Aug., www.braviodelle botti.com) gibt es einen Wettkampf im Fässerrollen zwischen den Teilnehmern der acht Stadtviertel. Bei den August-Feierlichkeiten um Mariä Himmelfahrt wird die Piazza Grande zur Arena für die Aufführungen des Bruscello Poliziano, eines seit 1939 hier stattfindenden volkstümlichen Theaterspektakels, das ursprünglich von fahrenden Ensembles auf den Bauernhöfen des Valdihiana-Gebiets dargeboten wurde.

PIENZA

Beim **Cacio al Fuso** (1. So im Sept.) wird der Pecorino, der bekannte Schafskäse der Region, in allen Varianten angeboten. Außerdem gibt es einen Wettkampf, bei dem ein wie ein Käse geformter »Puck« möglichst nahe an eine im Boden steckende Spindel (fuso) geworfen werden muss.

Beim **Internationalen Musikfestival** von Pienza konzertieren an acht Junitagen Klaviervirtousen und Organisten in den Kirchen und Klöstern der Stadt (jeweils ab 21 Uhr, Eintritt frei).

VAL D'ORCIA

Mit mittelalterlichen Kostümumzügen, Bogenschützen-Wettbewerben und weiteren bunten Programmpunkten gedenkt San Quirico d'Orcia bei seiner **Festa del Barbarossa** (3. Juniwochenende) der Begegnung Barbarossas mit den Emissären von Papst Hadrian IV. (www.festadelbarbarossa.it).

Was für ein Platz! Wo einst römische Gladiatoren kämpften, buhlen heute auf Luccas Piazza dell'Anfiteatro Restaurants um Kundschaft.

Nördliche Toskana

Strände, Marmor, ein schiefer Turm, das charmante Lucca, Thermen … Es gibt viel zu entdecken zwischen Carrara, Pisa und Pistoia.

Seite 158–187

Erste Orientierung

In der nördlichen Toskana gibt es weniger geschichtsträchtige kleine Ortschaften als im Süden. Auch die Landschaft präsentiert sich weniger idyllisch, bewaldete Berge und Marmorbrüche prägen die Szenerie. Aber mit Pisa und Lucca locken auch zwei urbane Zentren, die den Vergleich mit anderen Orten in Italien nicht zu scheuen brauchen.

Lucca ist eine Stadt, in die man sich schnell verlieben kann. Pisas Gesamterscheinungsbild ist vielleicht nicht ganz so attraktiv, aber dafür bietet die Stadt mit dem Schiefen Turm und den umliegenden Bauwerken eines der schönsten mittelalterlichen Gebäudeensembles der Welt. Die beiden Städte liegen nur wenige Kilometer voneinander entfernt, Lucca wie Pisa eignen sich gut zum Übernachten.

Pisa wurde im Zweiten Weltkrieg stark bombardiert, sodass das äußere Stadtbild oft von moderner Architektur geprägt ist. Luccas Zentrum blieb komplett erhalten. Die mit einem Ring von Schutzwällen umgebene Altstadt hat noch kopfsteingepflasterte Gassen aus römischer Zeit, zahlreiche romanische Kirchen, Museen, Kunstgalerien, Gärten … In den Worten des US-amerikanischen Schriftstellers Henry James steht Lucca für »alles Leichte, den Überfluss, die Schönheit, das Interesse und als leuchtendes Beispiel für andere«.

In Luccas Straßen kann man sich wunderbar treiben lassen oder die Stadt – wie es auch viele Einheimische tun – mit dem Fahrrad erkunden (es gibt mehrere Fahrradverleihe). Pisa ist dagegen eine größere Stadt, in der sich die Attraktionen an wenigen Stellen konzentrieren. Dazu gehört vor allem die Piazza dei Miracoli, der »Platz der Wunder«: der Dombezirk rund um eine grüne Wiese, wo sich Schiefer Turm, Dom, Baptisterium und der Monumentalfriedhof Camposanto befinden. Sehenswert sind zudem die Kunstmuseen und Kirchen.

Berühmtheiten der Region

Im Umland von Lucca liegen verschiedene Villen und Gärten, im

Norden locken die Region Garfagnana, die Alpi Apuane, die für die Carrara-Marmorbrüche bekannt sind, und die wilden Berghänge der Orecchiella. Wer einen Tag am Strand verbringen möchte, sollte das Seebad Viareggio besuchen. Pistoia bietet viel Kunst und Architektur. Der kleine Ort Vinci schließlich ist vor allem bekannt als Geburtsort von Leonardo da Vinci.

Top 10

6 ★★ Pisa
10 ★★ Lucca

Nach Lust und Laune!

47 Viareggio
48 Carrara
49 Garfagnana
50 Ville & Giardini
51 Pistoia
52 Vinci

Mein Tag an der Küste

Das ist der Stoff, aus dem Urlaubsträume gestrickt sind: Sonnenschein schon am frühen Morgen, kein Wölkchen trübt den Himmel. Mit Sand zwischen den Zehen blicken Sie aufs türkisfarbene Wasser, in dem Sie zwischendurch ein Bad nehmen. Doch huldigen Sie nicht nur dem Dolcefarniente – Abstecher in ein mondänes Seebad, ein Steinmetzstädtchen und zu Puccinis Refugium lassen keine Monotonie aufkommen.

9.30 Uhr: Schwimmender Fischmarkt

Jachthafen und Fischerboote lassen Sie gleich eintauchen in die besondere Atmosphäre des Jugendstil- und Art-Deco-Juwels 47 Viareggio: Historische Eleganz trifft auf Bodenständigkeit. Auf Klapptischchen am Kai des südlichen Canale stehen die Kisten mit dem frischen Tagesfang – Rochen, Mini-Seezungen und Weißfische für die Frittura. Die Restaurantköche waren schon vor zwei Stunden da, erzählen die Fischerfrauen. Und dass wir doch unbedingt vorgehen sollen bis zur Mole. An deren Beginn reckt sich seit 2017 »Ettore il Gatto«, die lebensgroße Katzenstatue der Fischer – natürlich mit einem Fisch (aus Stein) im Maul.

10.30 Uhr: Libertystyle und Künstlercafé

Einmal links abbiegen und Sie stehen auf einer der wohl schönsten Straßen an der toskanischen Küste: der Viale Margherita. Jugendstil- und Art-Deco-Bauten reihen sich

Fishing Lab
Forte dei Marmi
Pietrasanta
12.30 Uhr
12.30 Uhr: Marmor und Lunch
Marina di Pietrasanta
SR439
2 km
1 mi
SP1
Fossa dell'Abate
Lido di Camaiore
15 Uhr: Nichtstun im Sand
A 11
A 12
Grand Hotel Principe di Piemonte
Bagno Roma
Start
Caffè Così Com'e
15 Uhr
Spiaggia
SS1
Viareggio
Marina
47
A 12
10.30 Uhr
E 80
Spiaggia della Lecciona
Ende
Chalet del Lago
Lago di Massaciuccoli
Parco Migliarino-San Rossore
Torre del Lago Puccini
18 Uhr
18 Uhr: Puccinis Muse
10.30 Uhr: Libertystyle und Künstlercafé

Fische, Fische, Fische! Den Fang des Tages verkaufen die Fischerfrauen direkt am Kai des Canale nahe dem Hafen.

Zwei Welten, die doch so nah beieinanderliegen: Pietrasantas Marmorateliers und die »stabilimenti balneari« von Viareggio.

hier bis zur Fossa dell'Abate, dem zweiten Kanal des einst mondänen Seebads. Shops, Cafés, Restaurants. Mit üppigen Dachfirsten verziert sind die Eingänge zu den »Stabilimenti balneari« (kurz: Bagni genannt), den traditionellen Strandbadeanlagen. Aber machen Sie nach den ersten gut hundert Metern zunächst einen Schlenker landeinwärts, auf die Via Machiavelli. Denn hier liegt das 1903 eröffnete Caffé Così Com'è der Familie Berti, in dem viele Maler verkehrten (und ihre Bilder hinterließen) sowie Ferdinand Guillaume, der als Clown Polidor auftrat und in einigen Fellinifilmen mitspielte. Nach dem Cappuccino schauen Sie noch in die Lobby des Grand Hotel Principe di Piemonte an der Piazza Puccini 1.

12.30 Uhr: Marmor und Lunch

Tempo di Pranzo – Zeit zum Mittagessen! Und zwar im Hügelland oberhalb der Küste, in Pietrasanta. Das berühmte Steinmetzdorf am Saum des Apennin, in dem schon Michelangelo Werkverträge unterzeichnete, ist nur eine halbe Fahrstunde vom Zentrum Viareggios entfernt. Der lokale Marmor ist hier überall präsent: 75 Skulpturen zeitgenössischer Künstler bilden in und um das Städtchen den Parco internazionale della Scultura Contemporanea. Kulinarische Kunst bietet dagegen das Fishing Lab, wo fast ausschließlich Fische, Schalen- und Krustentiere auf die Teller kommen.

In Torre del Lago am Ufer des Lago di Massaciuccoli komponierte Giacomo Puccini Opernklassiker wie »La Bohème« und »Madame Butterfly«.

15 Uhr: Nichtstun im Sand

Mischen Sie sich unter die italienischen Familien, die vor allem im August die mehr als 20 km langen, feinsandigen Strände mit reichlich Leben erfüllen. In Viareggio selbst liegt der größere der beiden kostenpflichten »Spiagge« – mit dem beliebten Bagno Roma –, in Richtung Camaiore der kleinere südlich des Hafens; zu erkennen sind sie an den fein säuberlich aufgereihten Sonnenschirmen und -liegen. Wer es etwas legerer mag, sollte die frei zugängliche Spiaggia della Lecciona im südlichen Bezirk Torre del Lago Puccini ansteuern.

18 Uhr: Puccinis Muse

(Sonnen-)baden macht hungrig – also schnell den Sand abschütteln und den Abend einläuten! Etwa in Torre del Lago, wo einst Puccini von der Muse geküsst wurdee. Nach einem Bummel durch die wenigen Sträßchen ist es Zeit für einen »aperitivo«. Schwierige Entscheidung: mit Meerblick oder am romantischen See? Vielleicht bleiben Sie ja auch zum Dinner im Chalet del Lago (S. 186)? Wenn nicht gerade das Puccini-Festival stattfindet, sollte das auch spontan machbar sein.

Länge: ca. 40 km (die einzelnen Orte sind auch mit dem Zug erreichbar; www.trenitalia.com)

Caffé Così Com'è
210 B3 Via Machiavelli 97, Viareggio ☎ 0584 96 14 94, Di–Sa 7–19.30, So 8–13 Uhr, Mo geschl.

Fishing Lab
210 B3 Piazza della Repubblica 2, Pietrasanta ☎ 0584 154 00 07 www.fishinglab.it tägl. 12–14.30 & 19–23 Uhr

6 ★★ Pisa

Was?	Natürlich der »Platz der Wunder«, aber auch der elegante Borgo Stretto, Museen und das Studentenviertel
Warum?	Weil Galileis Geburtsstadt außer dem berühmten Torre Pendente auch einen pulsierenden Alltag zu bieten hat.
Wann?	Versuchen Sie Ihr Glück an Dom und Turm am besten gleich morgens, dann gehört der Rest des Tages den weiteren Schätzen der mittelalterlichen Seerepublik.
Wie lange?	Einen Tag
Resümee	Schief, studentisch, schön

Bei Pisa denkt man zunächst an die vielleicht berühmteste Baupanne der Geschichte – den Schiefen Turm. Dabei »übersieht« man leicht den prachtvollen Dom und das Baptisterium, ganz zu schweigen von einer eigenwilligen, kleinen Kirche, einer geschichtsträchtigen mittelalterlichen Piazza und drei Museen voller Kunstschätze.

Jahrhundertelang gehörte Pisa zu den wichtigsten Städten Italiens: Die etruskische, später römische Siedlung gewann im Mittelalter an Bedeutung und erreichte ihre Blütezeit im 11. und 12. Jh., als Pisa durch den Seehandel reich

Nächtlich illuminiert ist die Piazza dei Miracoli mit dem Dom und dem Schiefen Turm gleich nochmal so schön.

wurde und Bauwerke wie der Campanile entstanden. Doch mit dem Verlust der Vormachtstellung auf See und der Verlandung des Hafens setzte der Niedergang ein. Nachdem sich die Stadt seit dem Jahr 1406 unter florentinischer Herrschaft befand, veränderte sich Pisa zu seiner heute wieder großen Bedeutung als Universitäts- und Kulturstadt.

Ein Platz voller Wunder

Offiziell heißt er Piazza del Duomo, doch der Volksmund nennt den Domplatz mit dem berühmten Torre Pendente (Schiefer Turm), dem Baptisterium und dem monumentalen Friedhof Camposanto so, wie ihn Gabriele D'Annunzio schon 1910 in seinem letzten großen Roman beschrieb: Piazza dei Miracoli – »Platz der Wunder«. Wunderbarerweise ist das Areal auch eines der letzten Zeugen von Pisas einstiger Pracht, denn der historische Kern der Arno-Stadt wurde im Zweiten Weltkrieg durch Sprengungen und Bombardements heftig getroffen. Dank umfangreicher Sanierungsarbeiten in den 1990er-Jahren konnte man den Einsturz des Schiefen Turms verhindern. Der Bau, als Glockenturm für den Dom gebaut, gilt als Hauptattraktion, noch vor dem Dom und dem Baptisterium – dabei zählen beide zu den außergewöhnlichsten mittelalterlichen Bauten Italiens.

Schräglage: Ein Ausflug auf den Schiefen Turm macht Spaß. Und die Aussicht auf die restlichen Bauten des Wunderplatzes ist überwältigend.

Mit dem Bau des Doms Santa Maria Assunta wurde im Jahr 1063 begonnen, früher als in Florenz (1296) und Siena (1179) – ein Indiz für den Reichtum der Stadt. Die aufwendig verzierte, gestreifte Marmorfassade, vor allem deren feingliedrige Säulen und Bögen dienten später als Vorbild für ähnliche romanische Kirchenbauten in ganz Mittelitalien. Der pisanische Baustil verweist dabei auf starken orientalischen Einfluss.

Bevor Sie den Dom betreten, sollten Sie die Porta di San Ranieri (um 1180) bewundern; einst die Haupteingangstür zum Dom, heute als Kopie (Original im sehenswerten Dombaumuseum Museo dell'Opera del Duomo am Platz) am rechten (südlichen), dem Schiefen Turm zugewandten Querschiff. Deren 24 Bronzetafeln zeigen Motive aus dem Neuen Testament.

Das gotische Kirchlein Santa Maria della Spina steht direkt am Arnoufer und wurde einst für Flussschiffer und Reisende errichtet.

Shoppen und danach ein Caffè in der Pasticceria Salza – auf dem Borgo Stretto sind die Wege kurz.

Viele Kunstschätze im Inneren des Doms wurden 1595 durch einen Brand zerstört. Zwei Meisterwerke überstanden das Feuer: das Mosaik in der Apsis, »Die Herrlichkeit Christi« (1302) von Cimabue, und die einzigartige Kanzel (1305–10) von Giovanni Pisano, dessen Werk großen Einfluss auf die italienische Kunst ausübte.

Steinmetzarbeiten (1270–1297) von Nicola Pisano und Sohn Giovanni schmücken die Fassade des runden Baptisteriums (ab 1152). Nicola Pisano war es auch, der im Inneren der überwiegend schlichten Taufkapelle die großartige Kanzel (1260) schuf. In der Werkstatt von Guido Bigarelli da Como entstand das mit Intarsien verzierte Taufbecken (1246).

Die nach der Bombardierung des Camposanto am 27.7.1944 entstandenen Schäden an den Wandfresken wurden akribisch restauriert. Großartig sind das Buonamico Buffalmacco zugeschriebene Großfresko »Triumph des Todes« (nach 1348) oder Benozzo Gozzolis »Turmbau zu Babel« (1470). Auch die mit Rötelkreide auf die Wand aufgetragenen Skizzen für die Fresken konnten gerettet werden und sind heute im Museo delle Sinopie an der Südseite des Domplatzes ausgestellt.

Mitten im Alltag

Abseits vom Domplatz taucht man schnell in das weniger touristische Pisa ein. Mittendrin befinden sich die Piazza dei Cavalieri, Pisas gute Stube, und weiter südlich die Piazza delle Vettovaglie, wo täglich (außer sonntags) ein kleiner Markt abgehalten wird. Wenige Meter weiter findet man am Borgo Stretto die attraktivsten Geschäfte von Pisa. Und westwärts geht es zum Universitätsviertel, dem rund 45 000 Studenten ein lebhaftes, weltoffenes Flair verleihen.

Museen und ein Dorn aus der Krone Christi

Sehenswert ist auch das Museo Nazionale di San Matteo am Arno-Ufer (nahe der Ponte alla Fortezza). Großartig sind in Saal 25 die Reliquienbüste (1427) des Märtyrers San Lussorio (die Pisaner nennen ihn San Rossore) von Donatello sowie die Paulustafel (1426) von Masaccio und Werke von Fra Angelico und Gentile da Fabriano. Kunstlieberhaber schätzen auch das Museo Nazionale di Palazzo Reale. Es zeigt u. a. eine Altartafel, die Raffael im Alter von 17 Jahren erschuf.

Auf der anderen Flussseite, am Lungarno Gambacorti, steht die kleine Kirche Santa Maria della Spina aus dem 14. Jh., in der ab 1333 bis ins 19. Jh. eine Reliquie – ein Dorn (»spina«) aus der Krone Christi – aufbewahrt wurde (seither in der Hospitalkapelle Santa Chiara an Pisas Via Roma).

KLEINE PAUSE

Günstige Pasta am Mittag gibt's in der **Trattoria La Ghiotteria** (S. 186). Auch Tiramisu und Espresso – als Nachtisch – sind hier sehr schmackhaft.

✈ 210 C2

Dom, Baptisterium, Dombaumuseum, Camposanto, Sinopienmuseum
✉ Duomo 17 ☎ 050 83 50 11
🌐 www.opapisa.it
● alle Attraktionen: April–Sept. tägl. 9–20, Dom 10–20, März/Okt. tägl. 9–19, Dom 10–19, Nov.–Feb. 9–18, Dom 10–18 ✦ Komplettticket 27 €, ohne Turm 10 €, Turm 20 € (obligatorische Reservierung online oder über Touristeninformation bis 45 Tage im Voraus, nur feste Aufstiegszeiten), Kombiticket für zwei weitere Attraktionen 7 €

Museo Nazionale di San Matteo
✉ Piazza San Matteo ☎ 050 54 18 65
● Di–Sa 9–19, So 9–13.30 Uhr ✦ 6 € (Kombiticket mit Palazzo Reale 9 €)

Museo Nazionale di Palazzo Reale
✉ Piazza Carrara, Lungarno Pacinotti 46
☎ 050 92 65 73
● Mo, Mi–Sa sowie 1. So im Monat 9–13.30 Uhr
✦ 6 € (Kombiticket mit San Matteo 9 €)

⑩ ★★ Lucca

Was?	Ein imposanter Mauerring umfasst ein städtebauliches Gesamtkunstwerk aus Plätzen und Gassen, Kirchen und Türmen.
Warum?	Weil keine andere Stadt der Toskana so einen intimen Charme hat.
Wann?	Jederzeit
Wie lange?	Einen Tag
Resümee	Stolze Stadt, stolze Mauer

Lucca wurde von Etruskern gegründet und ab 180 v. Chr. von den Römern aufgebaut. Sichtbar wird dies auf der ovalen Piazza dell' Anfiteatro, dem pulsierenden Herz der leisen Schönheit mit ihrer Ziegelgotik und den Palladio-Fassaden. Wie kein anderes Bauwerk verkörpert die bis heute vollständig erhaltene Stadtmauer den Stolz der – mit kurzer Unterbrechung – stets freien Stadt. Sie steht zugleich für den Reichtum Luccas, den es sich mit Seide, Brokat und Blattgold erwirtschaftet hat.

Stadt der Kirchen

Lucca wird auch als »kleiner Vatikan der Toskana« bezeichnet, 107 Gotteshäuser soll es innerhalb der Stadtmauer gegeben haben. Die Lieblingskirche der Luccheser erhebt sich an der Piazza San Michele, am Standort des alten römischen Forums (»foro«): San Michele in Foro. 1070 begonnen, blieb die wunderschöne romanische Kirche unvollendet, nachdem den Bauherren das Geld ausgegangen war: Dies überrascht angesichts ihrer reich geschmückten Fassade mit Zwerggalerien, Blendarkaden und verzierten Säulen kaum. Im Innenraum lohnt vor allem das um 1483 entstandene Gemälde »Die Heiligen Hieronymus, Sebastian, Rochus und Helena« von Filippino Lippi am Ende des südlichen Kirchenschiffs.

Nur wenige Minuten entfernt von der Piazza San Michele liegt die Casa di Puccini, das Geburtshaus des Komponisten Giacomo Puccini (1858–1924), heute sein Museum mit Original-Partituren und Opernkostümen; der Museumsladen befindet sich an der Piazza Cittadella, auf der auch ein Bronzedenkmal Puccinis steht.

Von der Piazza San Michele geht es über die Via Vittorio Veneto oder Via Beccheria zur Piazza Napoleone mit dem Palazzo della Provincia, einst der Palazzo Ducale (Fürstenpalast; 1579–1728), heute Sitz der Präfektur der Provinz Lucca. Ein kurzer Spaziergang bringt Sie von der Piazza Napoleone zur Piazza San Martino mit dem spektakulären Duomo San Martino, der im Jahr 1070 von Anselmo da Baggio – dem damaligen Papst Alexander II. – feierlich geweiht wurde. Die asymmetrische Erscheinung der Fassade ergab sich daraus, dass die Kirche an den bereits bestehenden Glockenturm angebaut wurde. Besonders sehenswert sind die Reliefs aus dem 13. Jh., die die Vorhalle schmücken (S. 174).

Beachtenswert im Inneren des Doms ist der Tempietto (1484), eine achteckige Kapelle etwa auf halber Höhe des Hauptschiffs. Geschaffen hat sie der Bildhauer Matteo Civitali (1436–1502) aus Lucca für das »Volto Santo« (»Heiliges Antlitz«), ein hölzernes Kruzifix, das mittels Radiokarbonmethode auf einen Zeitraum vom

Die reich verzierte Fassade von San Michele in Foro gehört zu den schönsten ihrer Art in ganz Italien.

Duomo San Martino: Der untere Teil des Campanile diente ursprünglich als Wehrturm, der erst nachträglich aufgestockt wurde.

Das hat man nicht alle Tage – im Schatten einer alten Steineiche überblicken Sie von der Torre Guinigi Luccas Altstadt.

Ende des 8. Jahrhunderts bis zur Mitte des 9. Jahrhunderts datiert wurde. Es stellt den gekrönten, in eine gegürtete Tunika gekleideten Heiland dar und ist ein von den Gläubigen hoch verehrtes Gnadenbild.

Ein bewegendes Symbol ehelicher Treue ziert das Grabmal von Ilaria del Carretto (1406–1408) in der Sakristei, ein wunderschönes Werk des Bildhauers Jacopo della Quercia aus Siena: Zu Ilarias Füßen wacht ein Hund über die liegend dargestellte Tote.

Zum Monumentalkomplex des Doms gehören ferner das Museo della Cattedrale an der Piazza Antelminelli mit Gemälden, Skulpturen und religiösen Artefakten sowie die Kirche Santi Giovanni e Reparata. Ausgrabungen haben hier Mauerreste aus der Römerzeit zutage gefördert, außerdem Teile der ersten mittelalterlichen Kathedrale von Lucca und zweier Taufkappellen aus dem 5. und 8. Jahrhundert.

Die Stadtmauer und der Osten von Lucca

Von den Straßen rund um den Dom gelangen Sie bequem auf die baumbestandene Stadtmauer (1544–1645) von Lucca: Der 12 m hohe, 30 m breite Schutzwall umschließt die Stadt auf einer Länge von 4,2 km. Zum Schutz vor Florenz erbaut, ersetzte er ältere mittelalterliche Wälle. Im 19. Jh. wandelte man die Anlage in die heutige Promenade um. Erkunden Sie zumindest einen Teil der Mauerpromenade zu Fuß oder per Fahrrad – es lohnt sich!

Vom Dom aus erreichen Sie gut den östlichen Rand der Stadt. Hier erhebt sich u. a. die unvollendete Kirche Santa Maria Forisportam (Maria vor den Toren), die ihren Namenszusatz der Tatsache verdankt, dass sie einst »foris portam« – außerhalb des östlichen Stadttores – stand. Wegen des weißen Kalksteinmarmors, aus dem die erstmals im Jahr 768 urkundlich belegte, dann im 13. Jh. wieder aufgebaute Kirche erbaut ist, wird sie auch Santa Maria Bianca genannt. Sie steht an der Piazza Santa Maria Fuorisportam (bzw. Santa Maria Bianca) und ist über die Via della Rosa, die Via Santa Croce und den Vicolo Tommasi erreichbar.

Südöstlich der Kirche liegt der Orto Botanico, der Botanische Garten von Lucca. An oder nahe der Via Santa Croce und der Via Elisa befinden sich drei weitere kleine Kirchen: SS Trinità, San Ponziano, San Gervasio und San Michelotto. Letztere steht nahe der Villa Bottini (Via Elisa 9; auch als Villa Buonvisi bekannt), deren italienische Gärten einen Abstecher lohnen. Nördlich der Villa befindet sich das Museo Nazionale di Villa Guinigi, das in einem ab 1413 für die Familie Guinigi errichteten Palast untergebracht ist. Das Museum umfasst eine große Sammlung von Gemälden, Skulpturen, Stoffen, römischen und etruskischen Funden, zudem Silberarbeiten und wichtige Kunstwerke des Malers Fra Bartolomeo sowie des Bildhauers Matteo Civitali in Saal 17; Letzterer ist für seine Arbeiten im Dom bekannt. Achten Sie auch auf die Holzintarsien (15. Jh.) aus der Domsakristei in Saal 16.

Einige Schritte westlich vom Museumseingang liegt an der Via della Quarquonia die wegen ihrer Fresken beachtenswerte ehemalige Kirche San Francesco (13. Jh.). Spektakulärer ist die aus dem 12. Jh. stammende romanische Kirche San Pietro Somaldi. Gehen Sie von hier aus in Richtung Süden und folgen Sie der Via Guinigi. Knapp 200 m von San Pietro entfernt steht die Casa Guinigi, ein weiterer Palazzo der Familie Guinigi. Ein Blickfang ist vor allem die 44,25 m hohe mittelalterliche Torre Guinigi, unverwechselbar wegen der Steineichen auf der Spitze des Turmes. Der Aufstieg hier wie auf den nahen Uhrenturm (Torre delle Ore) wird mit einem Blick über den mittelalterlichen Stadtkern belohnt. In Lucca wuchsen einst 250 solcher Türme empor. *(Weiter: S. 176)*

Duomo San Martino

Im Dom von Lucca befinden sich einige herausragende Meisterwerke. Im Mittelpunkt der Anbetung aber steht das aus dem Holz einer Libanonzeder geschnitzte »heilige Antlitz« (Volto Santo), das sich im kleinen »Tempietto« im linken Seitenschiff befindet.

❶ Vorhalle: Besonders sehenswert sind die Reliefs aus dem 13. Jh. an den drei Haupttüren. Nicola Pisano aus Pisa schuf ca. 1260 »Mariä Verkündigung«, »Geburt Christi«, »Anbetung der Heiligen Drei Könige« und die »Kreuzabnahme« am und über dem linken Portal. Die Verzierungen zwischen den Portalen werden Guidetto da Como zugeschrieben. Sie zeigen Episoden aus dem Leben des hl. Martin und die Monate des Jahres mit typischen Arbeiten wie der Wildschweinjagd im Dezember.

❷ Der hl. Martin zu Pferd: Die um 1300 gefertigte Skulptur zeigt den Schutzheiligen der Franken, dem das Gotteshaus geweiht wurde, nachdem Karl der Große 774 das Langobardenreich eingenommen hatte.

❸ Innenraum: Innen erwarten die Besucher farbiger Marmor und einige hochrangige Kunstwerke: u. a. im rechten Schiff Alessandro Alloris »Darstellung Mariä im Tempel«.

❹ Sakristei: In der Sakristei am rechten Seitenschiff befinden sich der Sarkophag der Ilaria del Carretto dei Marchesi di Savona, der 1405 verstorbenen Gattin von Paolo Guinigi, sowie Domenico Ghirlandaios in lebhaften Farben gemaltes Altarbild »Sacra Conversazione«.

❺ Bedeutende Altarbilder: Auf Federico Zuccaris »Anbetung der Könige« (1595) und Tintorettos

»Letztes Abendmahl« (1592) trifft man über dem zweiten bzw. dritten Altar auf der rechten Seite.

6 Grabmal des Pietro da Noceto: Es gilt als erstes Werk Matteo Civitalis, das dieser Ende des 15. Jh.s nach dem Vorbild Florentiner Grabmäler von Santa Croce geschaffen hat.

Von der Piazza Anfiteatro nach San Frediano

Kehren Sie in Richtung Norden auf die Via Guinigi zurück und biegen Sie links in die Via Antonio Mordini ab, dann in die erste kleine Gasse rechts, die zur Piazza dell'Anfiteatro führt. Die ovale Form des wunderbaren, 1830–1839 umgebauten Platzes folgt exakt den Umrissen des römischen Amphitheaters, das einst hier stand. Nur Schritte sind es zur Flaniermeile von Lucca, der Via Fillungo, und zur Kirche San Frediano (1112–1147), deren Fassade das außergewöhnliche Mosaik »Christi Himmelfahrt« (13. Jh.) schmückt; im Kircheninneren ist besonders das reich verzierte Taufbecken (1150–1173), der Fonte Battesimale, sehenswert.

Wenig weiter geht es rechts ab zum Domus Romana Lucca, wo die Fundamente eines römischen Hauses (1. Jh.) freigelegt wurden. Hier werden Luccas Stadtgeschichte präsentiert sowie leckere Speisen und Getränke nach antiken Rezepten angeboten. Dann folgt der Palazzo Controni-Pfanner (1660), wo die Residenz und die Barockgärten aus dem 18. Jh. für Besucher zugänglich sind. Unweit daneben stehen die Kirche Sant'Agostino aus dem 14. Jh. und die Kapelle von San Salvatore in Muro, weiter westlich das Museo Nazionale

Ein Blick auf den Platz genügt, um zu wissen, woher die Piazza dell' Anfiteatro ihren Namen hat.

di Palazzo Mansi. Den Mangel an wahren Meisterwerken gleicht es mit seiner luxuriösen Einrichtung aus.

KLEINE PAUSE

Zwischen Dom und Porta San Pietro versteckt sich die schlichte **Risto-Bar Il Caffè** (Corso Giuseppe Garibaldi 56, Tel. 0583 95 33 44, Mo–Fr 7–19, Sa 7–15 & 19.30–22, So 8–15 Uhr) mit einem kleinen, aber frischen Speisen-Angebot.

---

210 C3

San Michele
Piazza San Michele ☎ 0583 5 35 76
tägl. 7.40–12 & 15–18 Uhr frei

Casa di Puccini
Corte San Lorenzo 9
☎ 0583 58 40 28 www.puccinimuseum.org Nov.–Jan. Mo, Mi, Do 10–14, Fr–So 10–17, 1.2.–31.3., Okt. Mi–Mo 10–17.30, April–Sept. tägl. 10 bis 19 Uhr 9 €

Duomo di San Martino
Piazza San Martino ☎ 0583 49 05 30
www.museocattedralelucca.it
Mo–Sa 9.30–18, So 12–18 Uhr Dom 3 €, Kombiticket mit Campanile, Museo, Battistero & Chiesa dei Santi Giovanni e Reparata 10 €

Campanile, Museum, Baptisterium und S. Giovanni e Reparata
tägl. 10–18 Uhr Campanile 3 €, Museum bzw. S. Giovanni 4 €

Orto Botanico
Via del Giardino Botanico 14 (Kasse in der Casermetta San Regolo)
☎ 0583 44 42 82 https://ortobotanicodilucca.it 21.3.–Mai Mo–Fr 10.30–18.30, Sa & So 10.30–19.30, Juni & Juli Mo–Fr 10.30 bis 19.30, Sa & So 10.30–20.30, Aug. Mo–Fr 10.30–19.30, Sa & So 10.30–20, Sept. tägl. 10.30 bis 19.30/18.30, Okt. tägl. 10.30–17.30 Uhr, 3.11.–20.3. geschl. 6 €, mit Torre Giunigi & Torre delle Ore 15 €

Museo Nazionale di Villa Guinigi
Via della Quarquonia 4 ☎ 0583 49 60 33 www.luccamuseinazionali.it
Di & Do 9–19.30, Mi, Fr, Sa 12–19.30, 1. & 3. So im Monat 9 bis 19.30 Uhr
4 €, mit Palazzo Mansi 6,50 €

Torre Guinigi
Via Sant'Andrea 45 ☎ 0583 4 80 90
Juni–Sept. tägl. 9.30–19.30, April & Mai 9.30–18.30, Okt.–März 9.30–16 Uhr
6 €, mit Orto Botanico & Torre delle Ore 15 €

Torre delle Ore
Via Arancio 1
☎ 0583 4 80 90
tägl. 21.3.–31.5. 21.9.–30.9. 10.30 bis 18.30, 1.6.–20.9. 10.30–19.30, 1.10.–2.11. 10.30–16 Uhr, 3.11.–20.3. geschl.
6 €, mit Torre Guinigi und Orto Botanico 15 €

San Frediano
Piazza San Frediano
☎ 349 844 02 90 90
www.sanfredianolucca.com
Mo–Fr 9.30–18, Sa bis 17, So 9.30 bis 18 Uhr 3 €, mit Campanile 6 €

Domus Romana Lucca
Via C. Battisti 15 ☎ 0583 05 00 60
www.domusromanalucca.it Mi bis Mo 10–18 Uhr 5 €, mit Essen 10–50 €

Palazzo Controni-Pfanner
Via degli Asili 33 ☎ 0583 95 21 55
www.palazzopfanner.it April–Nov. tägl. 10–18 Uhr Residenz oder Garten je 4,50 €, Kombiticket 6,50 €

Museo Nazionale di Palazzo Mansi
Via Galli Tassi 43 ☎ 0583 5 55 70
www.luccamuseinazionali.it
s. Villa Guinigi 4 €, mit Villa Guinigi 6,50 €

Mauerpicknick

Schon die Fassade ist eine Verheißung. Reihen Sie sich daher furchtlos ein in die Schlange vor dem Luccheser Lädchen, über dem in altmodischen Lettern der Name Amedeo Guisti prangt. Endlich drinnen, suchen Sie sich aus den vielen frischen Focaccia-Varianten dieser wunderbaren Bäckerei Ihren Favoriten aus. Alles gut verpacken lassen und dann rauf auf die Stadtmauer, um eine freie Bank zu finden! So ein Mauerpicknick zum Sonnenuntergang ist unvergesslich!
Forno a vapore Amedeo Giusti, Via Santa Lucia 20, Tel. 0583 49 62 85, Mo–Fr 8–19, Sa bis 13.30 Uhr

Nach Lust und Laune!

47 Viareggio

Jugendstil und Art déco, Karneval und Marmorkunst – vor allem aber die wohl schönsten Strände der Riviera di Versilia machen das einst mondäne Seebad vor der imposanten Kulisse der Apuanischen Alpen zum verlockenden Ziel. Kilometerlang zieht sich der Streifen feinen Sandes über den Ortskern hinaus, parallel zur Uferpromenade »La Passeggiata« mit ihren Fin-de-Siècle-Cafés, dem üppigen Fassadenschmuck mondäner Hotels und den historischen Strandbadeanlagen. Schon Giacomo Puccini wandelte hier während der Ausflüge aus seiner Villa im heutigen Stadtteil Torre del Lago Puccini am nahen Lago Massaciuccoli. Ganz sicher aber verbrachte Michelangelo viele Tage im nördlich gelegenen Bergstädtchen Pietrasanta: die Kunst der örtlichen Steinmetze ist weithin berühmt.

Eine Institution in Viareggio: das Gran Caffè Margherita

210 B3

Touristeninformation
Piazza Nieri e Paolini 1 ☎ 0584 96 22 33 www.visitversilia.net Mo–Fr 9–13, Mo & Mi auch 15–17 Uhr

48 Carrara

Carrara gilt seit Langem als Inbegriff für Marmor (S. 32). Das elfenbeinfarben und milchig-grau schimmernde Gestein aus Carrara wird schon seit Jahrtausenden in den nahe gelegenen Alpi Apuane abgebaut und hat Bildhauer von Michelangelo bis Henry Moore begeistert.

Der kurze Weg von der Stadt zu einigen der Marmorbrüche lohnt sich. Von Plattformen am Straßenrand aus kann man dabei zuschauen, wie das kostbare Gestein abgebaut wird. Marmorbrüche, die sehr gut einzusehen sind, befinden sich in Colonnata, 8 km östlich der Stadt, und bei Fantiscritti, 5 km nordöstlich einer kurvenreichen Straße nach Miseglia. Eine weitere kurvige Straße (Nr. 446d) führt in den Norden und bietet tolle Ausblicke, vor allem in Campo Cecina.

Carrara wartet mit drei tollen Marmormuseen auf: dem Museo Carrara e Michelangelo CARMI (Via Via Sorgnano 42, www.carmi.museocarraraemichelangelo.it; 5 €),

Es muss nicht immer Marmor sein: Kunst auf der Piazza Alberica in Carrara

dem Museo delle Arti Carrara mudaC (Via Canal del Rio 1, https://mudac.museodelleearticarrara.it, 5 €) und dem Museo Civico del Marmo (Viale XX Settembre 85, www.museomarmocarrara.it, 2023 geschl.). Der Dom aus dem 11.–14. Jh. an der Piazza del Duomo entstand im pisanisch-romanischen Stil.

210 B4

Touristeninformation
Viale C. Colombo 6, Marina di Carrara ☎ 335 7 12 26 09
www.visitacarrara.it Juni–Sept. tägl. 9.30–12.30, 18–21 Uhr

49 Garfagnana

Die Garfagnana, die Tallandschaft entlang dem Fluss Serchio nördlich von Lucca, trennt zwei Bergketten voneinander: Im Westen liegen die Alpi Apuane, ein wilder Gebirgszug mit reißenden Bächen und zerklüfteten Gipfeln (der höchste Berg, der Pania della Croce, ist 1858 m hoch). Östlich davon liegen die bewaldeten, sanfteren Hänge der Orecchiella, deren höchster Gipfel der Monte Prado (2054 m) ist. Beide Gebirgszüge sind Naturschutzgebiete (»parchi naturali«).

Um das Tal und die Berge der Garfagnana genauer zu erkunden, benötigen Sie einen fahrbaren Untersatz. Urlauber ohne Auto können von Lucca aus den Zug nach Aulla (Verbindung nach La Spezia) nahe der Grenze zwischen der Toskana und Ligurien und weiter nach Piazza al Serchio nehmen und die Landschaft vom Zug aus genießen.

Die ersten 20 km mit dem Auto ab Lucca durch das Tal sind landschaftlich weniger reizvoll, das ändert sich jedoch ab dem Dorf Borgo a Mozzano. Machen Sie einen kleinen Abstecher nach Bagni di Lucca, einem ruhigen kleinen Kurort, der 27 km von Lucca entfernt liegt und dessen Thermalquellen wohl schon die Römer kannten. Besonders lohnend ist der Umweg zum hübschen Bergort Barga, 5 km abseits der Talstraße, wo ein wunderschöner Dom aus dem 10. Jh. zu bewundern ist.

Castelnuovo di Garfagnana, 14 km weiter im Tal gelegen, ist der größte Ort der Gegend und dient als Ausgangspunkt für Fahrten in die östlich und westlich gelegenen Berge. Falls Sie genug Zeit haben, machen Sie eine kleine Tour durch die Orecchiella. So führt eine kleine Straße nach Norden zum Gebirgsort San Pellegrino in Alpe (1525 m). Hier steigt die SP 71 in Richtung Passo delle Radici (1527 m) am Passo del

Pradaccio auf 1600 m an, ehe die kurvenreiche Straße wieder über Castiglione di Garfagnana zurück nach Castelnuovo führt (die Rundfahrt ist rund 50 km lang). Für ein herrliches Panorama auf die Alpi Apuane nehmen Sie die Straße nach Massa oder Seravezza.

Die Alpi Apuane wie auch die Orecchiella werden von zahlreichen markierten Wanderwegen erschlossen. Die besseren Pfade haben ihren Ausgangspunkt in Dörfern wie Levigliani an der Westseite des Gebirges. Es gibt für diese Region sehr detaillierte Wanderkarten, die im Besucherzentrum in Castelnuovo erhältlich sind. Weitere Auskünfte erteilen die Touristeninformation in Lucca, eines der Besucherzentren der Alpi Apuane (u.a. in Massa, Via Simon Musico 8, Tel. 0585 7 99 41) und der Parco dell'Orecchiella (Località Laghetti 6, San Romano in Garfagnana, Tel. 0583 61 90 98, www.orecchiella.com, 16.4.–30.4. Sa, So 10 bis 16, Mai Sa, So 10–17, Juni–Aug. tägl. 10–18, Sept. tägl. 10–17, Okt. So 10.30–15.30 Uhr, Eintritt: 2 €).

210 B4

Besucherzentrum Turismo Garfagnana
Piazza delle Erbe 1, Castelnuovo di Garfagnana ☎ 0583 6 51 69 www.turismo.garfagnana.eu, www.apuaneturismo.it, www.puccinilands.it

50 Ville & Giardini

In der Umgebung von Lucca findet man mehrere öffentlich zugängliche Villen und Gärten, die zum Teil bis ins 16. Jh. zurückgehen, seit Mitte des 19. Jh.s aber umgebaut wurden. Zu den prächtigsten Villen zählt die Villa Reale aus dem 14. Jh., die 8 km nordöstlich von Lucca in der Nähe des Dorfes Marlia liegt und zu der die Palazzina dell'Orologio und die Gärten gehören. Die Gärten wurden größtenteils im 17. Jh. angelegt und ab 1806 von Elisa Baciocchi, der Schwester Napoleon Bonapartes, umgestaltet. Nur 7 km von Lucca befindet sich die kleinere Villa Gra-

Idyllisches Ausflugsziel im Naturpark der Alpi Apuane: der von Bergen eingerahmte Stausee Lago di Vagli mit dem kleinen Örtchen Vagli di Sotto

bau – die Gärten und der 1. Stock stehen der Öffentlichkeit offen. Beeindruckender ist die aus dem 16. Jh. stammende Villa Torrigiani (bzw. Villa Camigliano), etwa 12,5 km östlich von Lucca, die von später angelegten Barock- und Rokokogärten umgeben ist. Erbaut wurde sie für den damaligen Besitzer, den Botschafter Luccas in Frankreich, der sich von Le Notre inspirieren ließ, dem Gartenarchitekten von Versailles. Nur 2 km entfernt bzw. 11 km

Pistoias Piazza del Duomo mit Baptisterium

nordöstlich von Lucca liegt die Villa Mansi aus dem 16. Jahrhundert. Ein schöner Blickfang ist ihre mit Statuen verzierte Fassade, die von der Familie Mansi gestaltet wurde, nachdem sie das Anwesen im Jahr 1675 gekauft hatte. Die Außenanlagen sind eine Mischung aus Parklandschaft im englischen Stil und italienischen Gärten.

> ✈ 210 C3, 211 D3
>
> **Villa Reale**
> ✉ Via Fraga Alta 2, Marlia (Bus 59 Mo–Sa ab Lucca, Piazzale Verdi) ☎ 0583 3 01 08 🌐 https://villarealedimarlia.it 🕐 Feb. Sa, So 10–16, 6.11–17.12. Sa, So 10–17, April–5.11. tägl. 10–18, Villa 10.30–17.30 Uhr 🎟 18 €, nur Park 12 €
>
> **Villa Grabau**
> ✈ 210 C3 ✉ Via di Matraia 269, San Pancrazio ☎ 0583 40 60 98 🌐 www.villagrabau.it 🕐 Ostern–31.5. und Okt. Sa, So, Juni–Sept. Fr–So, Nov.–Ostern nur So 11–13, 14.30–17.30 Uhr 🎟 7 €, nur Park 5 €
>
> **Villa Torrigiani**
> ✈ 211 D3 ✉ Via del Gomberaio 3, Camigliano (an der SS 435) ☎ 349 6 20 68 47 🌐 www.villeepalazzilucchesi.it 🕐 1. So im März–Mai, Okt.–1. So im Nov. tägl. 10–13, 15–17, Juni–Sept. tägl. 10 bis 13, 15–18.30 Uhr 🎟 15 €, nur Park 8 €
>
> **Villa Mansi**
> ✈ 211 D3 ✉ Via delle Selvette 242, Segromigno in Monte ☎ 0583 92 02 34 🌐 www.villeepalazzilucchesi.it 🕐 30.3.–30.10. Mo–Fr 9–16.30, Sa, So 10–13, 14–18, sonst Mo–Fr 11.30 bis 15.30 Uhr 🎟 7 €

51 Pistoia

Italiens Kulturhauptstadt des Jahres 2017 lohnt trotz der vielen Konkurrenz unbedingt einen Abstecher. Wer die Vororte erst einmal hinter sich gelassen hat, entdeckt einen historischen Stadtkern aus dem Mittelalter und der Renaissance. An der Piazza del Duomo stehen der stolze Campanile (Glockenturm), das Baptisterium aus dem 14. Jh. mit charakteristischem achteckigen Grundriss und der prächtige

211 E3

Touristeninformation
Piazza Duomo 4 ☎ 0573 2 16 22 www.visitpistoia.eu tägl. April bis Sept. 9–13, 15–18, sonst 9–13, 14–17 Uhr

Domkomplex San Zeno
Piazza del Duomo ☎ 334 1 68 94 19 Baptisterium Mo–Fr 10–13, 15–18, Sa, So 10–18, Dom/Campanile Mi–Mo 9 bis 13, 15–18 Uhr Baptisterium frei, Dom 5 €, Campanile 10 €, Kombiticket 12 €

Museo del Ricamo
Via Ripa del Sale 3 ☎ 0573 2 87 40 Di–Do 10–13, Fr 10–13, 15–18 Uhr frei

Pistoia Sotterranea
Piazza Giovanni XXIII 15 ☎ 0573 36 80 23 www.irsapt.it/it/pistoia-sotterranea Führungen (nur mit Voranmeldung) Do–Di 10.30, 11.30, 14, 15, 16.30 Uhr 12 €, Hospitalmuseum 3,50 €

Duomo San Zeno mit seinem Silberaltar des hl. Jakobus. Aber auch abseits der großen Attraktionen weiß »das kleine Florenz« zu bezaubern. Entdecken Sie z. B. den Treff der Pistoiesi, die Piazza della Sala, inmitten der Gassen des alten Handwerksviertels. Und Paläste wie den Palazzo Rospigliosi, der das der Stickereikunst gewidmete Museo del Ricamo birgt. Wagen Sie sich auch hinab in die städtische Unterwelt Pistoia Sotterranea. Der Eingang liegt am mittelalterlichen Ospedale del Ceppo, den glasierten Terrakottafries (1526) über dem Portikus schuf Santi Buglioni aus der Werkstatt der florentinischen Bildhauerfamilie della Robbia.

52 Vinci

Das kleine, unscheinbare Dorf wäre sicherlich immer tiefste Provinz geblieben, hätte nicht 1452 hier einer der größten Künstler der Geschichte das Licht der Welt erblickt. Dieses Universalgenie der Renaissance war Leonardo da Vinci. Er verließ das Dorf im Alter von 14 Jahren, um eine Lehre in Florenz zu beginnen. Das einfache Steinbauernhaus, in dem er seine Kindheit verbrachte, steht in Anchiano, einem kleinen Dorf, 3 km von Vinci entfernt. In der Burg von Vinci befindet sich das Museo Leonardiano di Vinci mit anschaulichen Großmodellen der zahlreichen faszinierenden Maschinen, die Leonardo entworfen hat – darunter ein Helikopter, Flügel für Menschen, mechanische Uhren und ein Gerät zum Atmen unter Wasser.

211 E3

Touristeninformation
Via Montalbano 1 ☎ 0571 93 32 85 www.vinciturismo.com tägl. 10 bis 18, Nov.–März 10–15 Uhr

Casa Natale di Leonardo da Vinci
Via di Anchiano (Bus Vinci - Anchiano 2 €) ☎ 0571 93 32 48 wie Museo Leonardiano 6 € (Kombiticket mit Museo Leonardiano 12 €)

Museo Leonardiano di Vinci
Tickets Piazza Leonardo da Vinci 26, Museum in der Palazzina Uzielli und im Castello dei Conti Guidi ☎ 0571 93 32 51 www.museoleonardiano.it tägl. 10–19, Nov.–März Mi–Fr, Mo 10 bis 16.30, Sa, So 10–18 Uhr 9 € (Kombiticket mit Casa Natale 12 €)

Wohin zum ... Übernachten?

Preise für ein Doppelzimmer pro Nacht:
€ unter 130 €
€€ 130–200 €
€€€ über 200 €

GARFAGNANA

Antica Locanda San Leonardo €/€€

Die ehemalige Pilgerherberge nahe der Via Francigena birgt heute vier großzügige, im eleganten Landhausstil möblierte Räume – eine gepflegte Alternative zu den vielen Agroturismi der Region.
210 C5 Via Nazionale 193, Ghivizzano 338 174 64 14 www.anticalocandasanleonardo1554.it

LUCCA

L'Antica Bifore €€/€€€

Als Teil der Torre del Travaglio, einem der drei mittelalterlichen Türme Luccas, bezaubert das kleine Hotel im Herzen der Stadt mit vielen original erhaltenen Details: Stein- und Ziegelwände, Mosaikböden, Balkendecken – und die namengebenden farbigen Bleiglasfenster.
210 C3 Via Fillungo 5 0583 08 09 54 www.anticabifore.it

Cento Passi Dalle Mura €/€€

Fast wie ein Familiendomizil wirkt dieses ruhige Bed & Breakfast im zweiten Stock eines modernen Wohnhauses ganz in der Nähe der Renaissance-Stadtmauer. Die vier Zimmer (für bis zu 3 Pers.) sind hell und schlicht in Pastelltönen gehalten.
210 C3 Viale A. Diaz 91 328 6 21 63 12 www.centopassidallemura.it

PISA

B&B Ester Pisa €€

Fischgrätparkett, Deckengemälde, Bodenfliesen mit Ornament: Dieses stilvolle Bed & Breakfast macht nicht nur optisch einiges her, sondern liegt auch zentral und bietet eigene (kostenpflichtige) Parkplätze. Achtung: Nicht jedes Zimmer hat ein eigenes, innen liegendes Bad!
210 C2 Via Santa Caterina 2 346 5 83 64 54 https://bbester.hotels-pisa.com

Hotel Pisa Tower €€

Näher am Schiefen Turm geht kaum: nur 350 m Fußmarsch. Und mitten in der Fußgängerzone gelegen! Die Zimmer sind hell und freundlich möbliert.
210 C2 Piazza Manin 9 050 55 01 46 www.hotelpisatower.com

PISTOIA

Battistero Residenza d'Epoca €€

Ein gutes Dutzend farbenfroher, schnörkelloser Zimmer unweit des Doms, die erst vor Kurzem eingerichtet wurden. Fast alle haben ein gewisses Etwas, sei es Marmorboden oder Kleiderstange statt Schrank. Das Restaurant verwendet viele Produkte des Marktes direkt vor der Tür.
211 E3 Vicolo di San Giovanni in Corte 4 0573 07 92 20 www.residenzabattistero.it

VIAREGGIO

Casa Simonetti €/€€

In vier romantisch-altmodischen Zimmern in Rosa, Grün, Meer- und Himmelblau von Puccinis Opern träumen, frühstücken in einem zauberhaften Garten und danach zum Seeufer spazieren – was will die Seele mehr! Ach ja – die Villa des Komponisten liegt nur einen Steinwurf entfernt.
210 B3 Viale Giacomo Puccini 238, Torre del Lago Puccini 0584 34 05 97 www.casasimonetti.com

Hotel Marchionni €/€€

Im Liberty-Stil erbautes Drei-Sterne-Haus mit 40 Zimmern. Die mit Meerblick sind natürlich besonders schön. Alle wurden in heller, aber dezenter Farbigkeit gestaltet; die Bäder sind aber sehr klein.
210 B3 Piazza Giacomo Puccini 2 0584 5 02 12 www.facebook.com/hotelmarchionni1923

Wohin zum …
Essen und Trinken?

Preise für ein Drei-Gänge-Menü mit Wein:

€	unter 35 €
€€	35–70 €
€€€	über 70 €

CARRARA

Lard Rock Cafe & Lardarium

In Colonnata am Rand der Marmorsteinbrüche steht alles im Zeichen der hiesigen Spezialität: Der Lardo di Colonnata ist ein zarter, schneeweißer Speck, der mit Meersalz, Kräutern und Gewürzen aromatisiert und in Marmortruhen in kühlen Kellern über Monate gelagert wird. Hier sollte man ihn testen.
210 B4 Via Fossacava 9, Collonata
0585 76 80 71 tägl. 12–18 Uhr

GARFAGNANA

La Bottega del Fattore €€

Ein familiäres Lokal im besten Sinne, mit einer kleinen, meist täglich neu geschriebenen Speisekarte und beachtlicher Weinauswahl. Die Speisen sind einfach, aber überaus schmackhaft, die Portionen erstaunlich groß und die Zutaten meist aus der Umgebung.
210 C5 Via Francesco Azzi 1, Castelnuovo di Garfagnana 0583 6 21 79 Di–Sa 9.30–13, 15–17, So 9–13 Uhr, Mo geschl.

Vecchio Mulino €/€€

Weinbar mit Käse- und Schinkenspezialitäten eines Käseaffineurs, der sich dem Slow-Food-Gedanken verpflichtet hat und köstliche Dinkelgerichte kocht. Unser Tipp: farro gratinato mit Meeresfrüchten.
210 C5 Via Vittorio Emanuele 12, Castelnuovo di Garfagnana 0583 6 21 92 www.facebook.com/vecchiomulino1985/ Di–So 11–21 Uhr, Mo geschl.

LUCCA

Gigi Trattoria €€

Sie sind experimentierfreudig und neugierig auf echte toskanische und Luccheser Spezialitäten? Dann probieren Sie doch bei Gigi die Zuppa di moscardini (Moschuskraken in Brühe), den Budino di zucchine (Zucchinipudding mit geschmolzenem Pecorino) oder das traditionelle Restegericht Roveline: Kalbfleischschnitzelchen mit Tomaten und Kapern.
210 C3 Piazza del Carmine 7 0583 46 72 66 www.facebook.com/gigitrattorialucca Do–Di 12–15, 19–23 Uhr, Mi geschl.

L'Imbuto €€€

Abenteuerlich nicht nur im kulinarischen Sinne speisen Sie bei Cristiano Tomei. Der Sternekoch, der sich sein Können als Autodidakt erwarb, wirkt in den alten Stallungen des Palasts und Museums Pfanner aus dem 17. Jahrhundert. Es gibt dort aber weder einen festen Restaurantbereich noch eine Speisekarte. Sie können wählen zwischen drei Menüs à fünf, sieben oder neun Gängen und vertrauen sich dann blind dem Koch an.
210 C3 Piazza del Collegio 8 331 9 30 89 31 www.limbuto.it Mi–So 12.30 bis 14, 19.30–21 Uhr, Mo, Di geschl.

Stolz werden im Lard Rock Cafè von Colonnata die Spezialitäten der Region präsentiert.

Osteria da Rosolo €€/€€€
In einem ruhigen Innenhof können Sie in diesem Familienbetrieb den berühmten Lardo di Colonnata ebenso probieren wie Brennnessel-Tagliatielle, Spinattorte mit Pinienkernen oder Luccheser Kutteln. Das Preis-Leistungs-Verhältnis stimmt, der Service nicht immer.
210 C3 Corte Campana 3 0583 31 20 37 Do–Di 12–21 Uhr, Mi geschl.

PISA

Osteria in Domo €€
Traditioneller Geschmack in zeitgenössischem Gewand – so könnte man den Küchenstil dieses Restaurants umschreiben. Es ist bunt und schlicht, aber professionell geführt. Auf der Karte stehen u.a. Pici al ragù bianco und eine köstliche Vin-Santo-Mousse.
210 C2 Via Santa Maria 129 050 55 55 24 24 www.osteriaindomo.it
tägl. 11.30–22.30 Uhr

Trattoria La Ghiotteria €
In dem schlichten, kleinen Lokal unweit des Arno und kaum zehn Gehminuten vom Schiefen Turm werden große (Pasta)-Portionen zu recht kleinen Preisen aufgetischt: z. B. Ravioli mit Gorgonzola, Radicchio und Salsiccia oder Papardelle mit Wildschwein. Etwas Zeit müssen Sie aber mitbringen ...
210 C2 Vicolo delle Donzelle 9-11 348 4 06 47 25 tägl. 12–15.45, 19–23.45 Uhr

PISTOIA

La BotteGaia €€/€€€
Alessandro & Carlo betreiben ihr Restaurant und ihren Laden im Herzen der Stadt – das hat seinen Preis. Aber die Grundprodukte sind von guter Qualität und die traditionellen Spezialitäten werden oft sehr modern interpretiert. Zur Vorspeise kommt schon mal getrüffelter Steinpilz auf den Teller, die Wurst vom Milchferkel zum Hauptgericht begleiten Bohnen und karamellisierte Zwiebeln. Telefonisch reservieren!
211 E3 Via del Lastrone 17
0573 36 56 02 www.labottegaia.it
Di–So 12–15, 19–23 Uhr, Mo geschl.

VIAREGGIO

Chalet del Lago €€
Schon Puccini speiste angeblich in dieser romantischen Fin-de-Siècle-Lokalität mit spektakulärem Terrassenblick bis zu den Apuanischen Alpen. Auf dem Menü der »Hütte« direkt am Lago di Massaciuccoli steht fast ausschließlich Fisch. Das Preis-Leistungs-Verhältnis ist sehr fair.
210 B3 Piazza Belvedere Puccini, Torre del Lago Puccini 0584 35 98 30 www.chaletdellago.it Juni–Sept. Do–Di abends, sonst Fr, Sa abends, So mittags

Wohin zum ... Einkaufen?

LUCCA

Seit Jahrhunderten ist die Via Fillungo die Einkaufsstraße der Stadt. Das älteste Geschäft, der Juwelier Carli, eröffnete bereits 1655. Im Buccellato Taddeucci (Piazza San Michele 34) können Sie einen wunderbaren Buccellato (eine Art Rosinenbrot) kaufen und gleich noch die Mangoldtorte (Torta di verdura) probieren. Oder Sie gönnen sich die Kekse von Amedeo Giusti (Via Santa Lucia 18/20). Ebenfalls eine Institution für kulinarische Souvenirs ist die Antica Bottega di Prospero dal 1790 (Via Santa Lucia 13). Ob Öle, Weine, handgemachte Pasta oder Kastanienmehl – hier werden Sie fündig.

Vor einigen Jahren ließen ein paar Frauen um die einstige Harfenistin und Komponistin Genni Tommasi die antike Handwebtradition Luccas wieder aufleben. Bei Tommasi Loomworks (Via Sant'Andrea 28, https://tommasiloomworks.com) finden Sie schöne Schals, Stolen, Kleider und Oberteile u. a. aus naturgefärbter Seide, aus Leinen, Hanf, Baumwolle oder Alpaca.

PISA

Shopping in Pisa – da fallen sofort die Namen der drei zentralen Fußgängerzonen Corso Italia, Borgo Stretto und Borgo Largo.

Interessante Läden finden Sie auch auf der Via Mercanti und der Via dei Rigattieri. Für Antiquitätenliebhaber lohnt unbedingt die Fiera dell'Antiquariato e Artigianato Artistico (Markt für Antiquitäten und Kunsthandwerk) rund um Piazza Felice Cavallotti, Piazza dei Cavalieri und Via Ulisse Dini (Sept.–Juni jeden 2. Sa & So im Monat).
Auf eine mehr als 100-jährige Tradition zurück blickt der kleine Mercato delle Vettovaglie (Mo–Sa 8–17.30 Uhr) an der gleichnamigen, abends zum Feiern beliebten Piazza. Mo–Sa um 7 Uhr (und bis 20 Uhr) öffnet der Lebensmittelmarkt Mercato di Via Cavalca e Piazza Sant'Omobono.

Wohin zum ... Ausgehen?

BARGA

Jazz von Mitte Juli bis Mitte August bietet Barga seit mehr als drei Jahrzehnten. Die Musiker treten im Chiostro di S. Elisabetta, im Teatro dei Differenti, vor allem aber auf den Plätzen der Stadt auf (http://bargajazz.it).

LUCCA

Eines der ergreifendsten religiösen Feste der Toskana ist sicher die Luminara di Santa Croce in Lucca (13. Sept.). In einer Fackelprozession wird die in Brokat gehüllte Volto-Santo-Relique von Bewohnern in historischen Gewändern durch die Gassen der Altstadt getragen.
Freunde der Rockmusik kommen beim Lucca Summer Festival (www.summer-festival.com) in den Genuss oft großer Namen.

PISA

Das wichtigste Festival in Pisa ist La Luminara di San Ranieri (16./17. Juni) mit Lichterprozessionen und historischer Ruderregatta in mittelalterlichen Kostümen zu Ehren des Schutzheiligen von Pisa. Am letzten Sonntag im Juni folgt der Gioco del Ponte, bei dem sich 12 Teams á 20 Kämpfern in mittelalterlichen Kostümen auf der Ponte di Mezzo miteinander messen.

PISTOIA

Die Konzerte des Pistoia Bluesfestivals (Juli) erklingen hauptsächlich auf der Piazza del Duomo (https://pistoiablues.com).

VIAREGGIO/TORRE DEL LAGO

Opernfreunde freuen sich auf das Puccini Festival mit Werken des Komponisten auf der Seebühne am Lago di Massciuccoli (Juli/Aug., www.puccinifestival.it).

Die Piazza delle Vettovaglie ist abends vor allem bei Pisas Studenten ein beliebter Treffpunkt.

Die Sträßchen südlich von Siena eignen sich perfekt, um auch einmal andere Verkehrsmittel zu testen.

Spaziergänge & Touren

Schlendern Sie durch Sienas Straßen und Gassen und erleben Sie die traumhafte Landschaft im Süden der Toskana.

Seite 188–197

Siena

Was?	Spaziergang durch das Herz des alten Siena
Wann?	Vor- oder nachmittags
Länge	2 km
Dauer	2–3 Stunden
Start	Piazza San Domenico
Ziel	Piazza del Duomo

Sienas kompakte Altstadt kann problemlos zu Fuß erkundet werden. Bei diesem Spaziergang beginnen Sie im Norden der Stadt und kommen auf Ihrem Weg zum Campo, einem der schönsten Plätze Italiens, an mittelalterlichen Kirchen und Stadtpalästen vorbei. Weiter geht es durch die südlichen, seltener besuchten Viertel, bevor die beeindruckende Piazza mit dem Dom und dem Ex-Ospedale di Santa Maria della Scala einen würdigen Abschluss bildet.

1–2

Starten Sie an der Piazza San Domenico mit der gleichnamigen Kirche, die Sie wegen der Fresken von Sodoma (S. 111) besuchen sollten. Der Kirche den Rücken zugewandt, gehen Sie auf der Via della Sapienza in Richtung Osten (werfen Sie noch einen Blick auf den Dom zur Rechten). Nach etwa 100 m gelangen Sie auf der rechten Straßenseite zur Biblioteca Comunale degli Intronati, eine auf eine Schenkung im Jahr 1758 zurückgehende, 1812 gegründete Bibliothek in einem früheren Hospital aus dem 13. Jahrhundert. Heute lagern hier mehr als 500 000 Bücher und Dokumente, darunter die kostbaren Briefe der hl. Katharina von Siena. An der kleinen Kreuzung in der Nähe steht die Kirche San Pellegrino alla Sapienza.

2–3

Gehen Sie an der Kirche weiter geradeaus; Sie gelangen zur Banchi di Sopra, die dem Verlauf der Via Francigena folgt, einem alten Pilgerweg, der von Nordeuropa nach Rom verlief. Vor Ihnen liegt die Piazza Salimbeni mit drei schönen Palästen: links der Palazzo Tantucci (1548), weiter hinten der Pa-

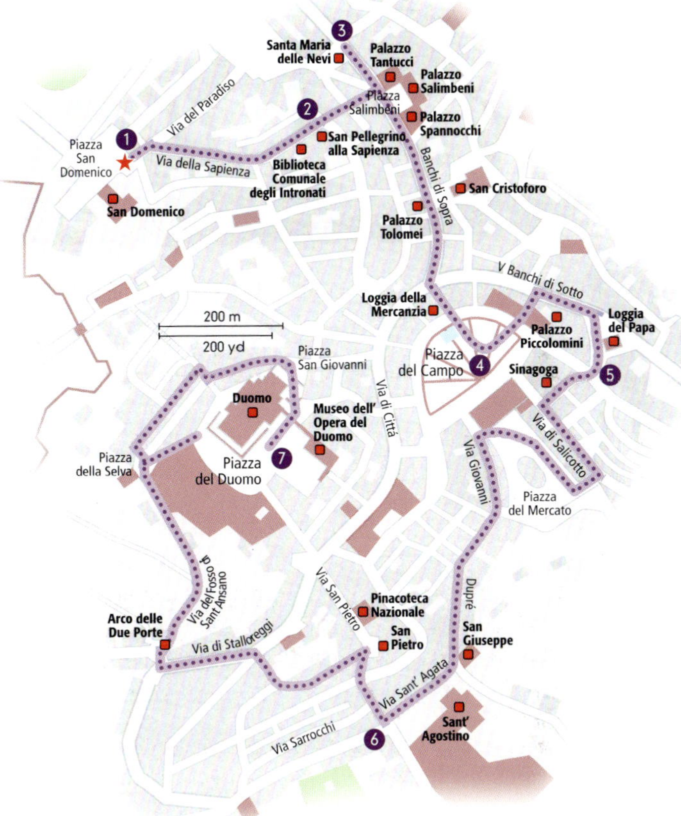

lazzo Salimbeni aus dem 13./14. Jh. und rechts der Palazzo Spannocchi (1473). Die Familie Salimbeni spielte eine wichtige Rolle im Bankenwesen sowie im Handel mit Seide und Getreide; Ambrogio Spannocchi war Schatzmeister des Papstes Pius II. Ein 75 m langer Abstecher führt links auf der Banchi di Sopra zur Kirche Santa Maria delle Nevi (unregelmäßige Öffnungszeiten), die das wunderschöne Altarbild »Madonna della Neve« (1477) von Matteo di Giovanni (genannt Matteo da Siena) beherbergt.

In der Via Camporegio an der Rückseite der Kirche San Domenico bietet sich ein eindrucksvoller Blick auf Sienas Häusermeer, in das Sie sich wenig später begeben.

3–4

Gehen Sie auf der Banchi di Sopra zurück, bis Sie an der Piazza Tolomei links die Kirche San Cristoforo erblicken. Das romanische Gotteshaus wurde 1798–1802 nach einem Erdbeben wieder aufgebaut. Gegenüber liegt der Palazzo Tolomei, Teil des ursprünglichen, befestigten Hauses der Tolomei, einer der mächtigsten Kaufmannsfamilien im mittelalterlichen Siena. Der 1205 erbaute Palazzo ist das älteste Wohnhaus der Stadt. Gehen Sie weiter südwärts zur Kreuzung von Banchi di Sotto und Via di Città mit der gotischen, dreibögigen Loggia della Mercanzia (1417–1444). Schmale Gassen zu beiden Seiten führen zur Piazza del Campo (S. 92).

4–5

Bewundern Sie den Campo – vielleicht in einem der Cafés – und verlassen Sie den Platz dann an der Ostseite über den Vicolo dei Pollaiuoli oder die Via Rinaldini, die beide zur Via Banchi di Sotto führen; hier biegen Sie rechts ab. Rechts steht der majestätische Palazzo Piccolomini (1469). Im oberen Stockwerk öffnet das Staatsarchiv (Archivio di Stato; Di, Do, Fr 8.30–13.30, Mi bis 17 Uhr) ebenso wie das Museo delle Biccherne, das 106 herrlich bemalte Tafeln (1258–1682) mit religiösen und Alltagsszenen zeigt, die einst dem Schutz von Kontoauszügen der Finanzverwaltung dienten (nur Sa 10 bis 11.30 Uhr). Einen Steinwurf entfernt steht die Loggia del

Papa (Papstloggia), die 1462 im Auftrag von Papst Pius II. (Enea Silvio Piccolomini) gebaut wurde. Folgen Sie der Abzweigung rechts an der Kreuzung zur Via del Porrione, die nach dem lateinischen Wort für »Handelsplatz« (»emporium«) benannt ist – in römischer Zeit fand hier der Markt der antiken Stadt Saena Iulia statt.

5–6

Überqueren Sie die Via del Porrione und gehen Sie durch den Torbogen den Vicolo delle Scotte hinab. Dabei passieren Sie die Sinagoga (Synagoge) von Siena, das Herz des jüdischen Viertels der Stadt, das 1571 auf Anordnung von Cosimo I. de' Medici entstand. Biegen Sie links in die Via di Salicotto ab und gehen Sie dann die erste Straße rechts zur Piazza del Mercato. Überqueren Sie den Platz und halten Sie sich rechts. In der Via del Mercato biegen Sie gleich wieder links in die Via Giovanni Dupré. An der Kirche San Giuseppe nehmen Sie die Via Sant'Agata und erreichen die Kirche Sant'Agostino mit Gemälden von Sodoma und Ambrogio Lorenzetti.

6–7

Gehen Sie durch den Bogen in die Via San Pietro zur Kirche San Pietro alle Scale und dem roten Backsteinbau der Pinacoteca Nazionale dahinter (S. 109). Gleich vor der Kirche biegen Sie links in die leicht zu übersehende Via di Castelvecchio ab und halten sich rechts in Richtung Via di Stalloreggi. Biegen Sie links zum Arco delle Due Porte ab, einem Torbogen, der Teil der Stadtmauern des 11. Jh.s war. Im Haus Nr. 91–93 malte Duccio 1308–1311 die berühmte »Maestà« (S. 103). Nach dem Torbogen folgen Sie rechts der Via del Fosso di Sant'Ansano bis zur Piazzetta della Selva, wo die Via Franciosa oder die Via del Fusari zur Piazza del Duomo (bzw. Piazza San Giovanni) mit den künstlerischen Höhepunkte Sienas führen: Dom, Baptisterium und das Museo dell'Opera del Duomo (S. 103).

KLEINE PAUSE

Das **Caffè Fiorella** empfiehlt sich für eine Pause. Die über die Via Pier Andrea Mattioli erreichbaren **Orti dei Tolomei** hinter der Kirche Sant'Agostino sind ein ideales Plätzchen für ein Picknick mit Blick auf die Stadtsilhouette.

Caffè Fiorella: Via di Città 13, Tel. 370 3 16 54 97, www.caffefiorella.it, Mo bis Sa 7–19 Uhr

Südliche Toskana

Was?	Der Weg ist das Ziel: Rundfahrt durch den weniger bereisten, aber landschaftlich umso reizvolleren Süden der Toskana.
Wann?	Jederzeit … besonders schön ist die Tour allerdings im Frühjahr oder Herbst.
Länge	ca. 125 km
Dauer	1 oder 2 Tage
Start	Buonconvento ✛215 E5
Ziel	Buonconvento ✛215 E5 bzw. Montepulciano ✛215 E5

Eilen Sie mit Weile – die Landschaft der südlichen Toskana hat es verdient!

Auf dieser Tour entdecken Sie die historischen Kleinstädte und Dörfer südlich von Siena und einige der schönsten Landschaften der Toskana. Wer ein Idealbild der Toskana von zu Hause mitbringt, wird es hier übertroffen sehen.

1–2

Das zu den schönsten Dörfern Italiens zählende Buonconvento (S. 149) ist von Siena aus in rund 45 Minuten über die Via Cassia (SR2) zu erreichen. Schlendern Sie durch das hübsche mittelalterliche Zentrum, bevor es südwärts weiter-

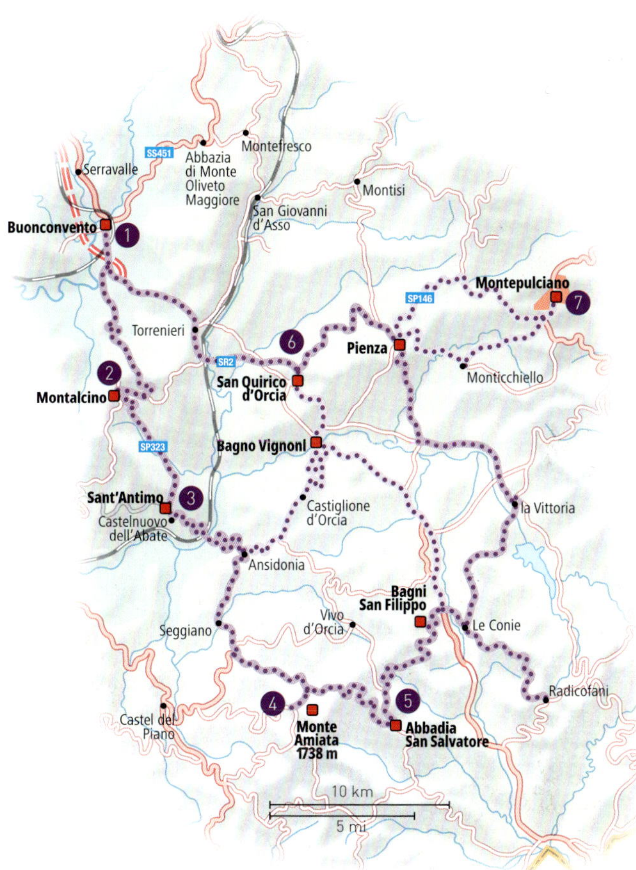

geht. Nach 2 km folgen Sie an einer Gabelung rechts der Ausschilderung in das für seinen rubinroten Brunello berühmte Städtchen Montalcino (14 km; S. 139).

2–3

An der Kreuzung am südlichen Stadtrand unterhalb der Festungsmauer folgen Sie auf der mittleren Straße den Schildern nach Castelnuovo dell'Abate und zur Abtei von Sant'Antimo (S. 141), die schon wegen der atemberaubenden Landschaft, in der sie liegt, einen Besuch lohnt.

Baden in der Natur: Bei Bagni San Filippo ist's möglich.

3–6

Fahren Sie hinter Castelnuovo weiter Richtung Südosten, bis Sie nach 9 km die Kreuzung bei Ansidonia erreichen. Wenn Sie nur wenig Zeit haben, biegen Sie nach links ab und besuchen nacheinander die Dörfer Castiglione d'Orcia, Bagno Vignoni (S. 150) und San Quirico d'Orcia (S. 150). Vom letztgenannten Ort aus kann man auf der SR 2 nach Buonconvento zurückkehren (21 km).

6–7

Oder aber Sie fahren auf der SP 146 weiter nach Pienza (S. 136). Von hier aus sind es noch einmal 13,5 km bis nach Montepulciano – alternativ können Sie auch die hübschere Straße östlich von Pienza nach Montepulciano nehmen, die Sie durch das winzige Festungsdorf Monticchiello führt. Ende Juli und Anfang August werden dessen Straßen zur Theaterbühne: Beim populären Laientheater des »Teatro povero« engagiert sich das halbe Dorf.

3–4

Für die längere Route nehmen Sie bei Ansidonia die Abzweigung nach rechts auf die SP 323 nach Seggiano (6 km). 500 m hinter dem Ortsende von Seggiano sollten Sie links nach Pescina abbiegen. Nach weiteren 5 km durch den schönen Birkenwald an den Hängen des Monte Amiata erreichen Sie eine Kreuzung. Dort biegen Sie links ab. Nach etwa 2 km folgt eine weitere Kreuzung, an der Sie rechts abbiegen – nach 5 km können Sie in Gipfelnähe des Monte Amiata (1738 m, S. 151) einen Zwischenstopp einlegen. An klaren Tagen hat man von diesem höchsten Punkt der Südtoskana eine tolle Weitsicht.

4–5

Fahren Sie den Berg wieder hinab und wenden Sie sich unten rechts Richtung Abbadia San Salvatore (S. 152). Schauen Sie sich die Abtei und das Museo Arte Sacra an und folgen Sie dann der Straße aus dem Ort heraus gen Norden.

5–6

Hinter dem Dorf halten Sie sich an einer Weggablung rechts und fahren in den winzigen Kurort Bagni San Filippo, wo Sie im Naturbecken des Fosso Bianco ein erfrischendes Bad nehmen können.

Wer noch Zeit hat, kann außerdem einen Abstecher in das 11 km entfernte Festungsdorf Radicofani unternehmen; fahren Sie hierzu rechts auf die SR 2 und sofort wieder links. Im mittelalterlichen Dorfzentrum können Sie die Kirchen San Pietro und Sant'Agata besichtigen. Über all dem thronen spektakulär auf einem Hügel der Turm und die Gemäuer einer Burg.

Kehren Sie zur SR 2 zurück und fahren Sie auf dieser nach San Quirico d'Orcia (s. oben). Als Alternative bieten sich kleine Panoramastrecken ab Le Conie an, die nach Norden durch Contignano und La Vittoria bis Pienza verlaufen (s. oben), ehe es wieder nach San Quirico d'Orcia und schließlich nach Buonconvento geht.

KLEINE PAUSE

Die familiär geführte **Osteria Bassomondo** in Castelnuovo dell'Abate serviert hervorragende toskanische Küche und sehr gute hausgemachte Pasta – ideal nach dem Besuch der Abtei Sant'Antimo.

Osteria Bassomondo: Via Bassomondo 7, Tel. 0577 83 56 19, www.agriturismofraschetta.it/ristorante.html, Di–So 9–20 Uhr

Trendige Bars und Restaurants öffnen abends im Viertel Oltrarno in Florenz ihre Türen.

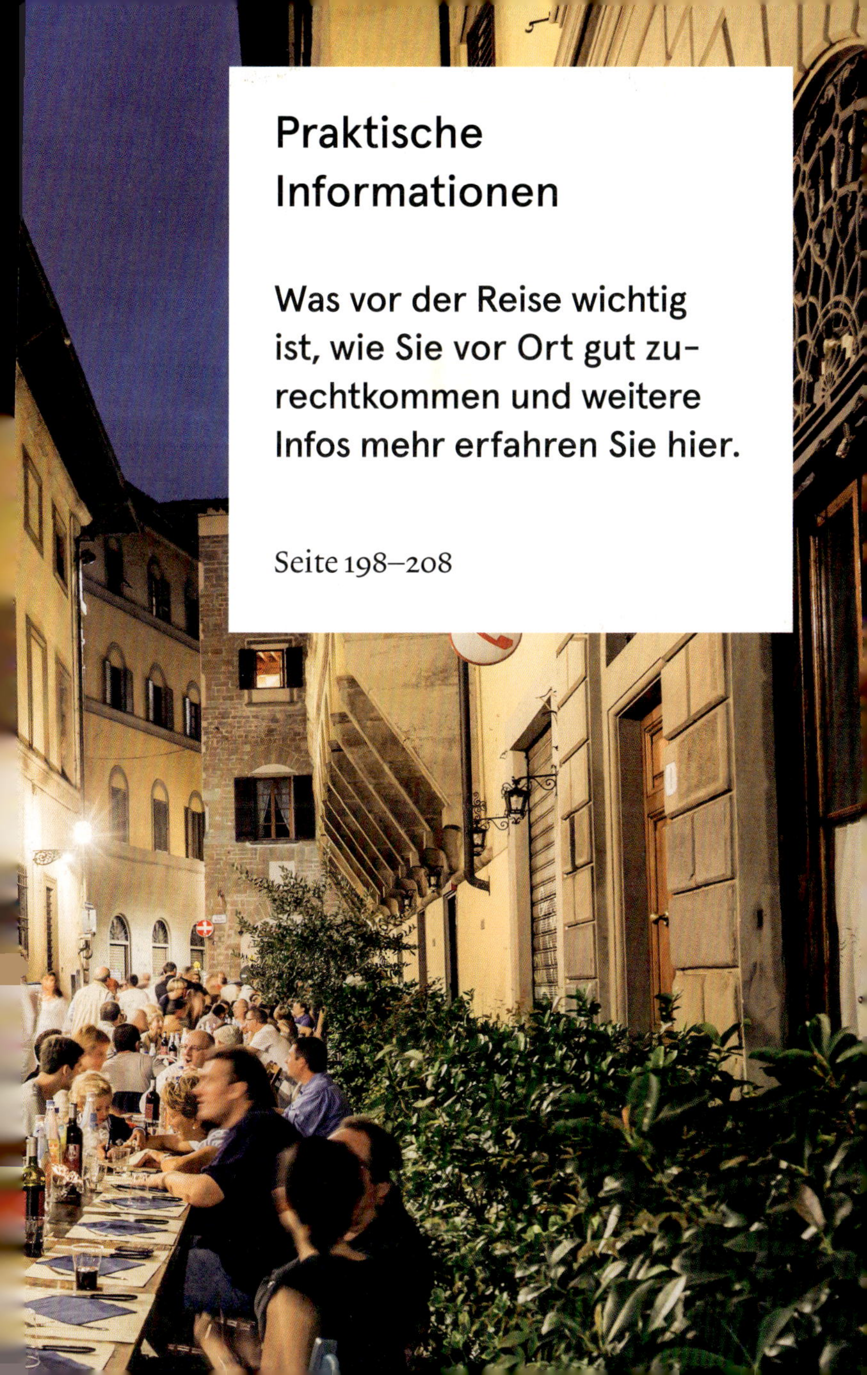

Praktische Informationen

Was vor der Reise wichtig ist, wie Sie vor Ort gut zurechtkommen und weitere Infos mehr erfahren Sie hier.

Seite 198–208

VOR DER REISE

Auskunft
ENIT (Italienische Zentrale für Tourismus) in Frankfurt: ✉Schaumannkai 87, 60596 Frankfurt/M. ☎069 68 60 47 65 ⊕frank furt@enit.it, www.enit.it/en/frankfurt-am-main
ENIT in Wien: ✉Mariahilfer Straße 1b/XVI, 1060 Wien ☎01 5 05 16 30 12 ⊕vienna@enit.it, www.enit.it/en/wien
ENIT in Zürich: c/o Italienisches Generalkonsulat ✉Tödistrasse 65, 8002 Zürich ☎044 5 44 07 97 ⊕zurigo@enit.it www.enit.it/en/zurich

Infos im Web: Die offizielle Website Italiens, erreichbar unter **www.italia.it/en/tuscany**, enthält Städteporträts, Freizeittipps und kulinarische Informationen.
Detaillierter wird es auf **www.visittuscany.com/de**, dem offiziellen Internetauftritt der Region mit Gebiets- und Städteinfos sowie konkret buchbaren Freizeitvorschlägen.
Die private, durch Sponsoren und Werbeeinnahmen finanzierte Seite **www.toskanatour.de** speisen Toskana-Liebhaber aus ihren persönlichen Erfahrungen heraus und ihren individuellen Quellen.

Botschaften/Konsulate
Botschaft der Italienischen Republik: ✉Hiroshimastraße 1, 10785 Berlin ☎030 25 44 00 ⊕amb.berlino.consolare@cert.esteri.it
Italienisches Generalkonsulat: ✉Tödistrasse 65, 8002 Zürich ☎0442 86 61 11 ⊕consolato.zurigo@esteri.it
Deutsches Honorarkonsulat: ✉Corso dei Tintori 3, 50122 Florenz ☎055 2 34 35 43 ⊕florenz@hk-diplo.de
Österreichisches Honorarkonsulat: ✉Lungarno A. Vespucci 58, 50123 Florenz ☎055 2 65 42 22 ⊕cons.austria@alpiworld.com
Schweizerisches Konsulat: ✉Piazzale Galileo 5, 50125 Florenz i ☎055 22 24 34 ⊕firenze@honrep.ch

Elektrizität
Die Netzspannung beträgt wie in Deutschland 220/230 V Wechselstrom.

Euroflachstecker z. B. für Handyladekabel oder einfache Elektrogeräte passen in der Regel in italienische Steckdosen; für die runden Stecker Typ F (»Schuko-Stecker«) wird ein Adapter benötigt.

Ermäßigungen
Jugendliche unter 18 Jahren haben in staatlichen Museen freien Eintritt. Junge Erwachsene (18–25 Jahre) zahlen mit Ausweis reduzierten Eintritt (2 €). Zudem ist jeweils am ersten Sonntag eines Monats der Eintritt in staatliche Museen frei.

Mit der **Firenzecard** (85 €), die 72 Std. gültig ist, hat man vorrangig freien Eintritt in zahlreiche Museen und Sehenswürdigkeiten. Mit der Firenzecard Restart kann sie um 48 Std. verlängert werden (28 €; www.firenzecaard.it).

Mit der **Carta Argento** (30 €) erhalten Senioren ab 60 Jahren bei Trenitalia ein Jahr 15 % Ermäßigung auf Bahntickets. Für Menschen ab 75 Jahren ist die Karte kostenlos.

Feiertage

1. Jan.	Capodanno (Neujahr)
6. Jan.	Epifania (Heilige Drei Könige)
Ostermontag	(Lunedì dell'Angelo oder Pasquetta)
25. April	Tag der Befreiung vom Nazifaschismus (Liberazione del Nazifascismo)
1. Mai	Tag der Arbeit (Festa del Lavoro)
2. Juni	Tag der Republik (Festa della Repubblica)
15. Aug.	Mariä Himmelfahrt (Assunzione di Maria Vergine oder Ferragosto)
1. Nov.	Allerheiligen (Ognissanti)
8. Nov.	Mariä Empfängnis (Immacolata Concezione)
25. Dez.	1. Weihnachtsfeiertag (Natale)
26. Dez.	2. Weihnachtsfeiertag (Santo Stefano)

Geld
Italien gehört zur Eurozone. Für die Schweiz gilt: 1 CHF = 1,05 €, 1 € = 0,95 CHF.

Kreditkarten: Banken, Hotels, Restaurants und viele Geschäfte akzeptieren die gängigen Kreditkarten (»carta di credito«). In kleineren Läden und Einrichtungen kann aber oft nur mit Bargeld bezahlt werden.

Quittungen: Um Steuerbetrug zu erschweren, sind Käufer verpflichtet, Kassenbelege (»ricevuta fiscale« bzw. »scontrino«) zu verlangen, aufzuheben und ggf. den Beamten der Finanzpolizei (Guardia di Finanza) vorzulegen. Auch beim Kauf von Markenwaren sollte Sie die Quittung gut aufbewahren, da der Ankauf von Imitaten mit hohen Geldstrafen geahndet wird.

Sperrnummern: Unter Tel. 0049 116 116 kann man in Deutschland Bank- und Kreditkarten, Online-Banking-Zugänge, Handykarten und die elektronische Identitätsfunktion des neuen Personalausweises bei Verlust sperren lassen.

Für Österreich gilt die Telefonnummer: 0043 1 204 8800.

Die Schweiz hat keine einheitliche Notfallnummer. Die wichtigsten sind: 0041 44 659 69 00 (Swisscard); 0041 44 828 35 01 (UBS Card Center); 0041 58 9 58 83 83 (VISECA); 0041 44 8 28 32 81 (PostFinance).

Gesundheit

Krankenversicherung: EU-Bürger und Schweizer mit einer europäischen Krankenversicherungskarte (EHIC) haben in Italien Krankenversicherungsschutz. Dies garantiert aber keine kostenlose Behandlung. Da viele italienische Ärzte nur privat behandeln, kann es sein, dass allgemein- und zahnmedizinische Leistungen zumindest anteilig bezahlt werden müssen. Die Auslagen werden jedoch nach den Sätzen des jeweiligen Heimatlandes erstattet. Der Abschluss einer privaten Reisekrankenversicherung, die z. B. auch die Kosten für einen Rücktransport übernimmt, ist auf alle Fälle sehr empfehlenswert.

In Kontakt bleiben

Post: Briefmarken (francobolli) gibt es in den »tabacchi« (Zigaretten- und Zeitschschriftenlädchen) sowie auf dem Postamt (»ufficio postale«). Die Briefkästen sind rot. In vielen Tourismusorten gibt es auch blaue Postkästen für die internationale »Posta prioritaria«, von der man allerdings keine Wunder erwarten sollten. Ein Standardbrief kostet derzeit 1,30 €, die angeblich raschere Posta-1-Variante 2,90 € und Priority-Internazionale 3,60 €. Briefmarken für Ansichtskarten kosten 1,30 €. Noch teurer sind Tarife des privaten Anbieter GPS (schwarze Briefkästen).

Übrigens: Am Monatsanfang bilden sich in den Postfilialen oft lange Warteschlangen, da sich dann viele Pensionäre ihre Rente noch in bar auszahlen lassen.

Telefonieren: Bei inneritalienischen Gesprächen ist die jeweilige Ortvorwahl inklusive der Null zu wählen.

Das »telefonino« (Handy) hat auch in Italien Telefonzellen weitgehend überflüssig gemacht.

Roaming-Gebühren fallen innerhalb der EU – bei mobilem Internet bis zu einer bestimmten Obergrenze – nicht mehr an.

Internet: Zahlreiche Hotels, Cafés, Bars und Restaurants, aber auch so manche Stadt in der Toskana stellt einen kostenfrei WLAN-Zugang zur Verfügung.

Über »Firenze WiFi« ist eine Datenmenge von bis zu 500 MB täglich kostenfrei nutzbar (Information: https://servizi.comune.fi.it/servizi/scheda-servizio/firenze-wifi); Anmeldung für kostenfreies Firenze Wifi: www.ansa.it, www.italia.it (»Naviga libero/Free Internet« anklicken). Pisa stellt ebenfalls ein städtisches WLAN-Netz nach Registrierung zur Verfügung (Tel. 800 80 89 19, www.comune.pisa.it/it/progetto/pisa-wifi-it). Auch Siena bietet tägl. 2 Std. freies Internet nach Registrierung (www.comune.siena.it/node/1999; Registrierung: http://smss.terrecablate.it/portal/portal.php).

Notrufe

Carabinieri (Bundespolizei): ☎ 112
Polizia di Stato: ☎ 113
Feuerwehr (Vigili del Fuoco): ☎ 115
Erste Hilfe (Pronto Soccorso): ☎ 118
Pannenhilfe (Italienischer Automobilclub ACI): ☎ 80 31 16

Reisedokumente
Für Deutsche und Österreicher gibt es keine Passkontrollen, **Personalausweis** oder **Reisepass** sind aber stets mitzuführen. Schweizer benötigen für die Einreise eine gültige Identitätskarte oder einen Pass.

Reisezeit
Aufgrund ihrer Lage verfügt die Toskana über diverse Mikroklimata. Für einen Badeurlaub bietet sich die Zeit zwischen Ende Mai und Anfang September an (Wassertemperatur ca. 22 °C). Die ideale Saison zum Wandern in Höhen zwischen 1500 und 2000 m (Monte Amiata, toskanisch-emilianischer Apennin) beginnt mit der Hochgebirgsblütezeit Ende Mai (bis Juli). Im Sommer können bis zu 40 °C erreicht werden, der meiste Regen fällt im Frühjahr und Herbst. Der Winter bringt Durchschnittstemperaturen von 7 °C, mitunter jedoch auch strengen Frost.

Sicherheit
Die Toskana ist eine sichere Urlaubsregion; man sollte jedoch überall dort, wo viel Menschen zusammenkommen (Märkte, Busse, große Einkaufshäuser etc.), wie auch nachts an abgelegenen Orten die üblichen Vorsichtsmaßnahmen treffen.

Zollbestimmungen
Im privaten EU-Reiseverkehr ist die Einfuhr von Waren zum eigenen Verbrauch weitgehend unbegrenzt zulässig. Es gelten aber Richtmengen (z. B. für Reisende über 17 Jahren 800 Zigaretten, 10 l Spirituosen, 60 l Wein). Zollfrei bei der Wiedereinreise in die Schweiz sind für Personen ab 17 Jahren z. B. 250 Zigaretten, 5 l Getränke bis 18 % Reinalkohol oder 1 l Getränke über 18 % Reinalkohol im Gesamtwert von bis zu 300 CHF (Information: www.bazg.admin.ch).

ANREISE

Mit dem Flugzeug
Der größte Flughafen der Toskana ist der **Aeroporto Galileo Galilei** in Pisa (www.pisa-airport.com) mit täglichen Linien- und Lowcoast-Verbindungen u. a. von und nach Frankfurt/M., Berlin und Wien. Zudem gibt es noch den **Aeroporto Amerigo Vespucci** in Florenz (www.aeroporto.firenze.it) mit Flügen nach Frankfurt/M., Hamburg, München, Wien und Zürich.

Direkt am Flughafen von Pisa befindet sich der Bahnhof Pisa Aeroporto mit guten Verbindungen ins Stadtzentrum und weiter nach Lucca und Viareggio sowie direkt nach Florenz. Von beiden toskanischen Flughäfen aus fahren Shuttle-Busse der Gesellschaft Caronna Tour (www.caronnatour.com). Vom Flughafen Pisa zum Hauptbahnhof von Pisa (zu Fuß 1,5 km) mit Stopps an den Park & Ride-Parkplätzen Via Aurelia und Via di Goletta verkehrt der Shuttle-Service Pisamover (https://pisa-mover.com).

Mit der Bahn
Zwischen München und Florenz verkehrt regelmäßig ein direkter Nachtzug (ca. 10 Std, ab 88 €); gleiches gilt zwischen Wien und Florenz (ca. 11 Std.; ab 100 €). Von Basel geht es mit Umstieg in Mailand in ca. 6 Std. in die toskanische Metropole.

Mit dem Bus
Fernbusse verkehren z. B. ab München direkt nach Florenz (https://shop.flixbus.de).

Mit dem Auto
Die beste Route ab Deutschland führt über Innsbruck und den Brenner-Pass bis nach Modena; von dort führen die E45 und zwei kleinere Überlandstraßen nach Florenz. Wer nach Pisa und an die toskanische Küste möchte, biegt schon vor Parma ab auf die E33. Vom Westen Deutschlands geht es alternativ über die A5 bis Basel und durch die Schweiz nach Lugano; von dort führt die A1 über Bologna nach Florenz. In Österreich und in der Schweiz herrscht Vignettenpflicht, in Italien fallen Mautgebühren an.

UNTERWEGS IN DER TOSKANA

Öffentlicher Nahverkehr
Bahnfahren ist günstig in ganz Italien; es verkehren regelmäßig **Züge** zwischen Pisa und Florenz (mit Halt u. a. in Lucca und Empoli).

Von Pisa gibt es zudem Verbindungen u. a. nach Livorno, Grosseto, Massa und Orbetello. Von Florenz verkehren Direktzüge nach Siena und Arezzo (www.trenitalia.com).

Das öffentliche Busnetz in Florenz und die lokalen Buslinien in der Toskana betreibt **Autolinee Toscana** (AT; Info-Tel. 800 14 24 24; tägl. 6–24 Uhr; www.at-bus.it).

Die Tramlinien in Florenz betreibt GEST (www.Gestramvia.it).

Sightseeing

In Florenz starten **»Hop on, Hop off«-Busse** zu Stadtrundfahrt (www.hop-on-hop-off-bus.de/florenz/). Die Tour kann an jeder der Haltestellen begonnen werden.

Mit dem Auto/Mietwagen

Mietwagenstationen gibt es in Pisa und Florenz (Flughafen und City).
Geschwindigkeitsbegrenzungen für Pkws, Motorräder und Wohnmobile bis 3,5 t gelten in Ortschaften 50 km/h, außerhalb von Ortschaften 90 km/h, auf den Schnellstraßen 110 km/h und auf Autobahnen 130 km/h (bei Regen maximal 110 km/h). Pkw müssen tagsüber auf Autobahnen und außerhalb von Ortschaften mit Abblendlicht fahren, Motorräder auf allen Straßen.
Die **Promillegrenze** liegt bei 0,5. **Telefonieren am Steuer** ist nur mit einer Freisprecheinrichtung gestattet. In Italien besteht **Warnwestenpflicht**. Verstöße werden mit drastischen Bußgeldern geahndet, die auch in Deutschland vollstreckt werden.
Achtung: Viele toskanische Stadtzentren und vor allem Florenz sind für Privatfahrzeuge ganz oder teilweise gesperrt (ZTL; »Zona di traffico limitato), die Einhaltung wird videoüberwacht und bei Verstoß streng geahndet. Es lohnt daher, auf Park-and-Ride-Parkplätze auszuweichen (z.B. Florenz-Süd, Parkplatz Europa) und öffentliche Verkehrsmittel zu nehmen.

Taxi

In größeren Städten gibt es festgelegte Tarife: In Florenz liegt der Grundpreis bei 3,30 € (Mo–Sa tags, nachts 6,60 €, So 5,30 €), in Pisa bei 3,80 €, So und nachts plus 3,05 €). Die Fahrt vom Flughafen Florenz in die City kostet ca. 25 €, die Fahrt vom Flughafen Pisa zum Domplatz 14,20 €.

Fahrrad

In Florenz gibt es inzwischen eine ganze Reihe von **Bikesharing**-Anbietern (z. B. **www.florencebybike.it**, hier werden auch geführte Touren angeboten). Pisa bietet Bikes über das **Ciclopi**-System (www.ciclopi.eu). Auch in Siena, im Val di Chania und an vielen anderen Orten der Region können Räder geliehen werden.

ÜBERNACHTEN

Bauernhöfe und Camping-Plätze, Bed & Breakfast und einfache Stadthotels, Privatzimmer mit Familienanschluss und historische Paläste mit luxuriösem Ambiente – die Palette der Unterkünfte ist breit gefächert in der Toskana. Für Hotels ist in Italien eine **Klassifizierung** vorgeschrieben: Die Skala reicht von einem bis fünf Sterne.

Beim Urlaub auf dem Bauernhof (**Agriturismo**) gibt es keine offiziellen Bewertungssiegel; die Palette reicht hier vom Weingut mit Pool über elegante Zimmer in historischen Landvillen bis hin zum Bio-Gut. Entsprechend werden die Gäste oft mit selbstproduzierten Spezialitäten bewirtet. Im Gegenzug wird mitunter ein Mindestaufenthalt von zwei oder drei Nächten verlangt. Unter www.agriturismo.it/de/bauernhof/toskana finden Sie eine große Auswahl von ländlichen Unterkünften; sie heißen auf Italienisch u. a. »fattoria«, »podere«, »tenuta« oder »azienda agricola«.

Die Website www.bbitalia.it/de/bed-breakfast-toscana.html bietet über 300 **B & Bs** vor allem in den toskanischen Städten sowie im Chianti.

Das Gros der mehr als 150 toskanischen **Campingplätze** liegt an der Küste; Informationen über www.camping.it/de oder www.campingitalia.it.

ESSEN UND TRINKEN

Ursprünglich war die Toskana eine arme Region; daher ist auch ihre traditionelle Küche schlicht. Was es immer gab, waren Kräuter,

Olivenöl und Mehl, um **Brot** zu backen. Dieses ist nach wie vor ein Grundpfeiler der toskanischen Küche – nicht nur im Körbchen, sondern oft auch als Basis oder Zutat für Gerichte: als Crostinineri (mit Leberpastete), im Bauernsalat Panzanella, in der Ribolitta (wörtl. die Wiedergekochte) auf Gemüsebasis oder in der sämigen Tomatenbrotsuppe Pappa al pomodoro. Dutzende verschiedener Brotsorten und -formen finden sich zwischen Livorno und der Maremma; das Blechbrot (Schiacca/Schiacciata) wird mal mit Öl, mal mit Schmalz gebacken und mitunter angereichert durch Trauben oder Oliven. Bekannt ist auch der **Lardo di Colonnata**, ein aromatisierter, marmorweißer Speck, und das zarte Fleisch der Chianina-Rinder, aus dem das klassische T-Bone-Steak der **Bistecca Fiorentina** gemacht wird. In den einfachen Trattorien besteht der zweite Gang oft noch aus einer **Scottiglia**, ein Schmortopf aus gemischtem Fleisch, oder **Cinghiale in umido**, Wildschweinragout mit Rotwein und Kräutern. Auch der Safran aus den Florentinischen Hügeln sowie die Trüffeln aus den Crete Senesi und vor allem aus San Miniato gehören zum kulinarischen Repertoire der Toskana. Und nicht zu vergessen die berühmten **Cantucci(ni)**. Verbrieft sind diese Biscotti di Prato, wie sie auch genannt werden, schon seit dem 17. Jh. – allerdings buk man sie damals noch ohne Mandeln. Traditionell werden sie zu Kaffee, Tee oder Süßwein (Vin santo) gereicht.

Apropos Kaffee: Zum Frühstückt geht man in Italien normalerweise in eine Bar. An der Kasse ordert man dort seinen Caffè, Cappuccino oder andere Kaffeevarianten und eventuell ein Cornetto (Hörnchen) und bezahlt. Den Kassenzettel (»scontrino«) übergibt man am Tresen dem Barista, der das Gewünschte zubereitet. Wer an einem Tisch Platz nehmen möchte, zahlt für diese Annehmlichkeit einen Aufpreis.

Zum **Mittagessen (»pranzo«)** öffnen Restaurants, Trattorien, Osterien und Pizzerien in der Regel zwischen 12.30 und 14 Uhr. Manche Cafés und Bars, inzwischen auch Bäckereien, bieten zu Mittag ebenfalls Snacks an: Panini (belegte Brötchen), Tramezzini (Toastbrot-Ecken mit Belag), Pizza al taglio (ein Stück Pizza). Auch hier gilt die Regel: Am Tresen isst man günstiger als am Tisch. Es gilt übrigens als unhöflich, in einem Restaurant den erstbesten freien Tisch anzusteuern. Stattdessen sollte man den Kellner fragen.

Das **Abendessen (»cena«)** startet gegen 20 Uhr, in touristischen Zentren oft schon etwas früher. Man isst in der Regel ein mindestens drei Gänge (»primo«, »secondo«, »dolce«) umfassendes Menü. Vorneweg werden oft Antipasti serviert. Im ersten Gang kommen Suppe, Pasta oder Reis auf den Tisch, im zweiten Fisch oder Fleisch. Anstelle eines Desserts wird oft Obst (»frutta«) oder Käse (»formaggio«) angeboten. Für Brot und Butter/Öl, das fast immer gleich gebracht wird, berechnet der Wirt ein Gedeck (»pane e coperto« oder nur »coperto«). Restaurants sind gesetzlich verpflichtet, alle Posten auf der Rechnung auszuweisen und eine Quittung (»ricevuta fiscale«) auszustellen. Bezahlt wird in der Regel für den gesamten Tisch, Einzelrechnungen sind weniger gern gesehen!

Trinkgeld ist in Italien unüblich. Falls Sie doch etwas geben möchten (max. 10 %), runden Sie die Endsumme auf oder lassen Sie sich das Rückgeld komplett auszahlen, um dann dem Service die Summe Ihrer Wahl auszuhändigen oder auf dem Tisch liegen zu lassen.

EINKAUFEN

Überall in der Toskana findet man eine breite Palette an Geschäften mit regionalen Spezialitäten, Wein oder Kunsthandwerk. In Florenz und Pisa sind auch Luxusläden vertreten, die Designermode, Schuhe und Lederwaren, Schmuck, Stoffe, Keramik und Gemälde, Drucke und Antiquitäten verkaufen.

Florenz

Wer gern shoppen geht, der ist in Florenz genau richtig. Verkauft werden in dieser Stadt vor allem Lederwaren, Schuhe und Kleidung von hoher Qualität. Das bieten zwar auch andere toskanische Städte, besonders Lucca und Pisa, aber in Florenz ist die Auswahl am größten.

Die wichtigsten **Designerläden** liegen im Westen der Stadt an der Via de' Tornabuoni und den umliegenden Straßen wie der Via della Vigna Nuova. **Lederwaren** gibt es in der ganzen Stadt, die besten sind jedoch im Stadtteil Santa Croce zu finden. **Schmuckgeschäfte** sind seit dem 16. Jh. auf dem Ponte Vecchio angesiedelt. Aber auch in anderen großen Straßen finden sich Juweliere. **Kunsthandwerk** – von Möbeln bis zu marmoriertem Papier – findet man in der ganzen Stadt. Die Via Maggio in Oltrarno und die umliegenden Straßen beherbergen zahlreiche **Antiquitätenläden** und **Kunstgalerien**; weitere sind in der ganzen Stadt verteilt. In der Innenstadt findet man viele Buchläden sowie Geschäfte mit Küchen- und Haushaltswaren im herausragenden italienischen Design. Von den dort ansässigen **Kaufhäusern** ist das COIN das beste (S. 77).

Toskana

Lebensmittel und Wein gibt es in der ganzen Region zu kaufen. **Spezialitäten der Region** sind die Weine aus dem Chianti, Montalcino und Montepulciano, Olivenöl aus Lucca, Schafskäse aus Pienza (Pecorino), Kastanienmehl aus der Garfagnana oder der Gewürzkuchen panforte aus Siena.

Im vielfältigen Kunsthandwerk verdienen besondere Beachtung: die **Alabastergefäße** aus Volterra, **Glaswaren** aus Colle di Val d'Elsa oder **Marmorgegenstände** aus Carrara.

Märkte

In den Läden und Supermärkten (»alimentari«) der Region sind gute Lebensmittel erhältlich. Die beste Auswahl an Feinkost und eine ordentliche Portion Lokalkolorit bieten aber die Märkte der jeweiligen Stadt.

Der schönste Markt in **Florenz** ist der Mercato Centrale (S. 64) nahe San Lorenzo. Der Straßenmarkt von San Lorenzo bietet außerdem preiswerte Kleidung, Taschen, Souvenirs u. v. m. Zu den weniger bekannten Märkten gehören Sant'Ambrogio nordöstlich von Santa Croce sowie der kleine Flohmarkt (Mercato delle Pulci) an der Piazza Annigoni. In den kleineren Städten gibt es meist Wochenmärkte, die Lebensmittel und viele andere Artikel anbieten. Der größte Wochenmarkt in Florenz findet jeden Dienstag (7–14 Uhr) am Parco della Cascine nahe dem Arno westlich der Innenstadt statt. Nur wenige Touristen verirren sich hierher, deshalb sind die Preise günstig.

Öffnungszeiten

Meistens haben Geschäfte in kleineren Städten dienstags bis samstags 8/9–13 und 15.30/16–20 Uhr geöffnet. Montagmorgens oder einen anderen halben Tag in der Woche sind viele Läden geschlossen.

Immer mehr Geschäfte in Florenz haben **ganztägig geöffnet** (»orario continuato«), also von Montag oder Dienstag bis Samstag von 9/10–19.30/20 Uhr. Manche Läden, vor allem Kaufhäuser, öffnen auch sonntags.

AUSGEHEN

Historienspektakel, gastronomische Feste, Musikevents – dicht bestückt ist der toskanische Termin-Kalender und überaus variantenreich: Im Februar lockt der traditionsreiche **Carnevale di Viareggio** (https://viareggio.ilcarnevale.com), im Mai richtet Florenz den **Maggio Musicale** (www.maggiofiorentino.com) und im Juni Pisa den Ruderwettbewerb **Regata di San Ranieri** auf dem Arno aus. Florenz lockt im Juni mit dem **Calcio in Costume**, einem Fußballcup in historischen Kostümen (https://cultura.comune.fi.it/calcio-storico-fiorentino). Auch das **Lucca Summer Festival** (www.summer-festival.com) und der **Estate Fiesolana** (www.bitconcerti.it) in den Hügeln von Florenz beginnen bereits im Juni (und gehen bis in den September bzw. Juli). Im Juli stehen u. a. der berühmte **Palio** von Siena auf dem Programm (www.ilpalio.org/paliotedesco.htm; S. 24), das **Puccini-Festival** am Lago di Massaciuccoli (www.puccinifestival.it) und das **Blues Festival** in Pistoia (www.pistoiablues.com). Im August widmet sich das Städtchen Barga ganz dem Thema Jazz (http://bargajazz.it) und Cortona bei der **Sagra della Bistecca** dem florentinischen Steak. Beim **Bravio delle Botti** in Montepulciano müssen schwere Weinfässer die steilen Gassen zur Piazza Grande hinaufgerollt werden. Zum Wein passt Käse, daher ehrt Pienza im September bei der **Fiera del**

Cacio den heimischen Pecorino. Und bei der **Eroica** geht es im Oktober auf modernen und historischen Fahrrädern über die romantischsten Schotterstraßen des Chianti (https://eroica.cc/en/gaiole).

SPRACHE

Immer zu gebrauchen

Ja/nein	**Sì/no**
Bitte	**Per favore**
Danke	**Grazie**
Bitte, gerne	**Di niente/prego**
Entschuldigung	**Mi dispiace**
Auf Wiedersehen	**Arrivederci**
Guten Morgen	**Buongiorno**
Guten Abend	**Buona sera**
Wie geht's?	**Come sta?**
Wie viel?	**Quanto costa?**
Ich möchte gerne ...	**Vorrei ...**
Geöffnet	**Aperto**
Geschlossen	**Chiuso**
Heute	**Oggi**
Morgen	**Domani**
Montag	**Lunedì**
Dienstag	**Martedì**
Mittwoch	**Mercoledì**
Donnerstag	**Giovedì**
Freitag	**Venerdì**
Samstag	**Sabato**
Sonntag	**Domenica**

Nach dem Weg fragen

Ich habe mich verlaufen	**Mi sono perso/a**
Wo ist ...?	**Dove si trova ...?**
... der Bahnhof	**... la stazione**
... das Telefon	**... il telefono**
... die Bank	**... la banca**
... die Toilette	**... il gabinetto**
Biegen Sie nach links	**Gira a sinistra**
Biegen Sie nach rechts	**Gira a destra**
Gehen Sie geradeaus	**Cammina dritto**
An der Ecke	**all'angolo**
Die Straße	**la strada**
Das Gebäude	**il palazzo**
Die Ampel	**il semaforo**
Die Kreuzung	**l'incrocio**
Wegweiser nach ...	**la indicazione per ...**

Im Notfall

Hilfe!	**Aiuto!**
Können Sie mir bitte helfen?	**Mi potrebbe aiutare?**
Sprechen Sie Deutsch?	**Parla tedesco?**
Ich verstehe nicht	**Non capisco**
Könnten Sie bitte schnell einen Arzt rufen?	**Mi chiami presto un medico, per favore**

Im Restaurant

Ich möchte einen Tisch reservieren	**Vorrei prenotare un tavolo**
Einen Tisch für zwei Personen, bitte	**Un tavolo per due, per favore**
Könnten wir die Speisekarte haben?	**Ci porta la lista, per favore?**
Was ist das?	**Cosa è questo?**
Eine Flasche/ ein Glas ...	**Una bottiglia di/un bicchiere di ...**
Die Rechnung, bitte	**Ci porta il conto**

Übernachtung

Haben Sie ein Einzel-/ Doppelzimmer?	**Ha una camera singola/doppia?**
... mit/ohne Bad/ Toilette/Dusche	**...con/senza bagno/ gabinetto/doccia**
Ist das Frühstück inbegriffen?	**E'inclusa la prima colazione?**
Ist das Abendessen inbegriffen?	**E'inclusa la cena?**
Haben Sie Zimmer-service?	**C'è il servizio in camera?**
Kann ich das Zimmer sehen?	**E' possibile vedere la camera?**
Ich nehme dieses Zimmer	**Prendo questa**
Vielen Dank für Ihre Gastfreundschaft	**Grazie per l'ospitalità**

Zahlen

0	**zero**
1	**uno**
2	**due**
3	**tre**
4	**quattro**
5	**cinque**
6	**sei**
7	**sette**

8	**otto**
9	**nove**
10	**dieci**
11	**undici**
12	**dodici**
13	**tredici**
14	**quattordici**
15	**quindici**
16	**sedici**
17	**diciassette**
18	**diciotto**
19	**diciannove**
20	**venti**
21	**ventuno**
22	**ventidue**
30	**trenta**
40	**quaranta**
50	**cinquanta**
60	**sessanta**
70	**settanta**
80	**ottanta**
90	**novanta**
100	**cento**
101	**cento uno**
110	**centodieci**
120	**centoventi**
200	**duecento**
300	**trecento**
400	**quattrocento**
500	**cinquecento**
600	**seicento**
700	**settecento**
800	**ottocento**
900	**novecento**
1000	**mille**
2000	**duemila**
10 000	**diecimila**

Speisekarte

acciuga	Sardelle
acqua	Wasser
affettato	geschnittene Salami, Schinken etc.
affumicato	geräuchert
aglio	Knoblauch
agnello	Lamm
anatra	Ente
antipasti	Vorspeisen
arista	Schweinebraten
arrosto	gebraten
asparagi	Spargel
birra	Bier
bistecca	Steak
bollito	gekocht
braciola	Kotelett, Schnitzel
brasato	geschmort
brodo	Brühe
bruschetta	getoastetes Brot mit Knoblauch und Olivenöl
budino	Pudding
burro	Butter
cacciagione	Wild
cacciatore, alla	nach Jägerart, herzhaft
caffè corretto/ macchiato	Kaffee mit Likör oder Grappa/mit wenig Milch
caffè freddo	Eiskaffee
caffellatte	Milchkaffee
caffè lungo	schwacher Kaffee
caffè ristretto	starker Kaffee
calamaro	Tintenfisch
cappero	Kaper
carciofo	Artischocke
carne	Fleisch
carota	Karotte
carpa	Karpfen
casalingo	hausgemacht
cassata	sizilianische Schichttorte (auch Eisbombe)
cavolfiore	Blumenkohl
cavolo	Kohl
ceci	Kichererbsen
cervello	Hirn
cervo	Hirsch
cetriolino	Gewürzgurke
cetriolo	Gurke
cicoria	Chicorée
cinghiale	Wildschwein
cioccolata	Schokolade
cipolla	Zwiebel
coda di bue	Ochsenschwanz
coniglio	Kaninchen
coperto	Gedeckgebühr
coscia	Keule
cotoletta	Kotelett
cozze	Miesmuscheln
crema	Eiercreme

crostini	Kanapees, u. a. mit Tomaten, Knoblauch und Olivenöl
crudo	roh
digestivo	Digestif, Absacker
dolci	Kuchen oder Desserts
erbe aromatiche	Kräuter
fagioli	Bohnen
fagiolini	grüne Bohnen
faraona	Perlhuhn
farcito	gefüllt mit
fegato	Leber
finocchio	Fenchel
formaggio	Käse
forno, al	aus dem Ofen
frittata	Omelette
fritto	gebraten, frittiert
frizzante	mit Kohlensäure
frulatto	verquirlt (Smoothie)
frutti di mare	Meeresfrüchte
funghi	Pilze
gamberetto	Garnele
gelato	Eiscreme
ghiaccio	Eis
gnocchi	kleine Kartoffelklöße
granchio	Krebs
gran(o)turco	Mais
griglia, alla	gegrillt
imbottito	gefüllt, belegt
insalata	Salat
IVA	Mehrwertsteuer
latte	Milch
lepre	Hase
lumache	Schnecken
manzo	Rind
merluzzo	Kabeljau
miele	Honig
minestra	Suppe
molluschi	Schalentiere
olio	Öl
oliva	Olive
ostrica	Auster
pancetta	Speck
pane	Brot
panna	Sahne
parmigiano	Parmesankäse
passata	passiert oder mit Sahne aufgeschlagen
pastasciutta	getrocknete Pasta mit Sauce
pasta sfoglia	Blätterteig
patate fritte	Pommes frites
pecorino	Schafskäse
peperoncino	Peperoni
peperone	rote/ grüne Paprika
pesce	Fisch
petto	Brust
piccione	Taube
piselli	Erbsen
pollame	Geflügel
pollo	Huhn
polpetta	Fleischbällchen
porto	Portwein
prezzemolo	Petersilie
primo piatto	erster Gang
prosciutto	Schinken
ragù	Fleischsauce
ripieno	gefüllt
riso	Reis
salsa	Sauce
salsiccia	(Brat-)Wurst
saltimbocca	Kalbsschnitzel mit Schinken und Salbei
secco	trocken
secondo piatto	Hauptgang
senape	Senf
servizio compreso	Service inklusive
spuntini	Snacks
succo di frutta	Fruchtsaft
sugo	Sauce
tonno	Thunfisch
uova strapazzate	Rührei
uovo affrogato	pochiertes Ei
uovo alla coque	weich gekochtes Ei
uovo alla sodo	hart gekochtes Ei
uovo al tegamo/ fritto	Spiegelei
vino bianco	Weißwein
vino rosato	Roséwein
vino rosso	Rotwein
verdure	Gemüse
vitello	Kalb
zucchero	Zucker
zuppa	Suppe

Reiseatlas

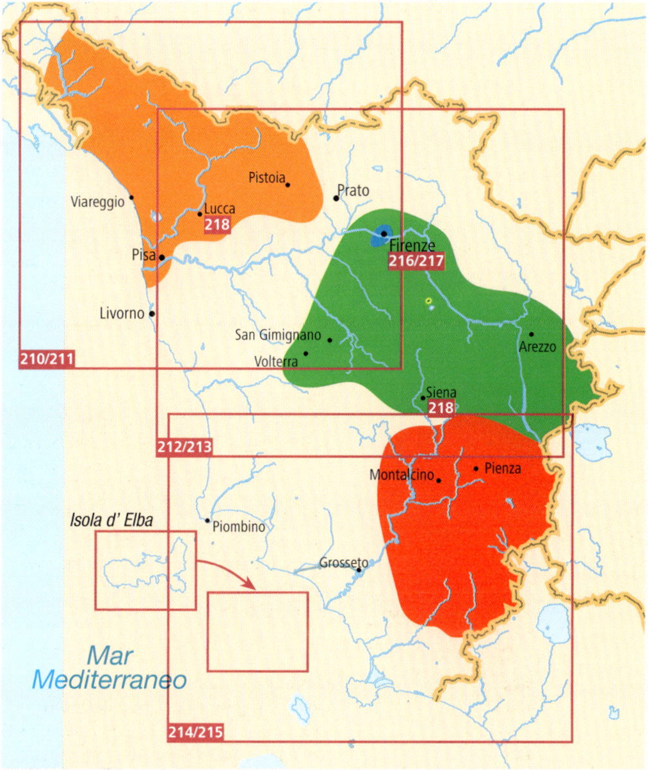

Viareggio
Lucca
218
Pistoia
Prato
Pisa
Firenze
216/217
Livorno
San Gimignano
Volterra
Arezzo
Siena
218
210/211
212/213
Montalcino
Pienza
Isola d' Elba
Piombino
Grosseto
Mar Mediterraneo
214/215

Legende

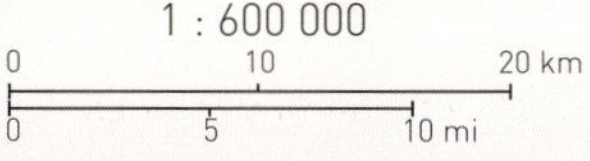

Pontrémoli
Filattiera
Arzelato
Mulazzo
Gróppoli
Bagnone
Montereggio
Parana
Villafranca
Casoni
Tresana
Cálice al Cornoviglio
Licciana
Fivizzano
Cavanella Vara
Novegígola
Podenzana
Aulla
Brunella
Bolano
Riccò del Golfo di Spézia
M. Cárbolo 657 m
Foce il Cuccu 514 m
Fosdinovo
Stagnoni
Baccano
Romito
Sarzana
Castelnuovo Magra
LA SPÉZIA
Marola
Lérici
Tellaro
Terrizzo
Portovénere
Ísola Palmária
Montemarcello
Parco Regionale di Montemarcello-Magra
Marina di Carrara
Ortonovo
Carrara
Colonnata
Duomo
Bedizzano
Canevara
Forno
Massa
Montignoso
Marina di Massa
Marina dei Ronchi
Strettoia
Seravezza
Vallécchia
Forte dei Marmi
Marina di Pietrasanta
Versilia
Pietrasanta
Valdicastello
Camaiore
Riviera della Versilia
Lido di Camaiore
Viaréggio-Camaiore
Massarosa
Viaréggio
Marina di Vecchiano
Macchia di Migliarino
Migliarino
Pisa-Nord
Nodica
Vecchiano
Lago di Massaciuccoli
Parco Regionale di Migliarino, San Rossore, Massaciuccoli
Cascine Vecchie
Gombo
Tenuta di San Rossore
PISA
La Torre pendente
Pisa Centro
Arno
San Piero a Grado
Marina di Pisa
Tenuta di Tombolo
Tirrénia
Calambrone
Livorno
Torre della Melória
LIVORNO
Salviano
Parco delle Colline Livornesi
Montenero
Gabbro
Nibbiáia
Quercianella
Castelnuovo di Misericórdia
Castiglioncello
Rosignano Solvay
Rosignano Marittimo
Lucca
Capannori
Teatro Romano
San Giuliano
Asciano
Certosa di Pisa
Cáscina
Ospedaletto
Vicarello
Collesalvetti
Guasticce
Faúglia
Créspina
Lorenzana
Luciana
Orciano Pisano
Pieve Vécchia
Pieve di Santa Luce
Parco Naturale Alpi Apuane
Grotta del Vento
Castelnuovo di Garfagnana
Barga
Castelvécchio Páscoli
Bagni di Lucca
Borgo a Mozzano
Ponte della Maddalena
Villa Torrigiani
Villa Reale
San Pellegrino in Alpe
Sillano
Parco dell'Orecchiella
Piazza al Sérchio
Minucciano
Camporgiano
Castiglione di Garfagnana
Tosco-Emiliano
dell'Appennino
M. Cusna 2120 m
M. Prato 2053 m
Passo di Pradarena 1579 m
Passo del Cerreto 1261 m
M. Pisanino 1945 m
M. Umbriano 1229 m
Pania d. Croce 1858 m
Auf den folgenden Straßenkarten tragen viele Ortsnamen – im Gegensatz zur italienischen Schreibweise – einen Akzent. Der Akzent soll als Betonungshilfe dienen.
A
B
C
1
2
3
4
5

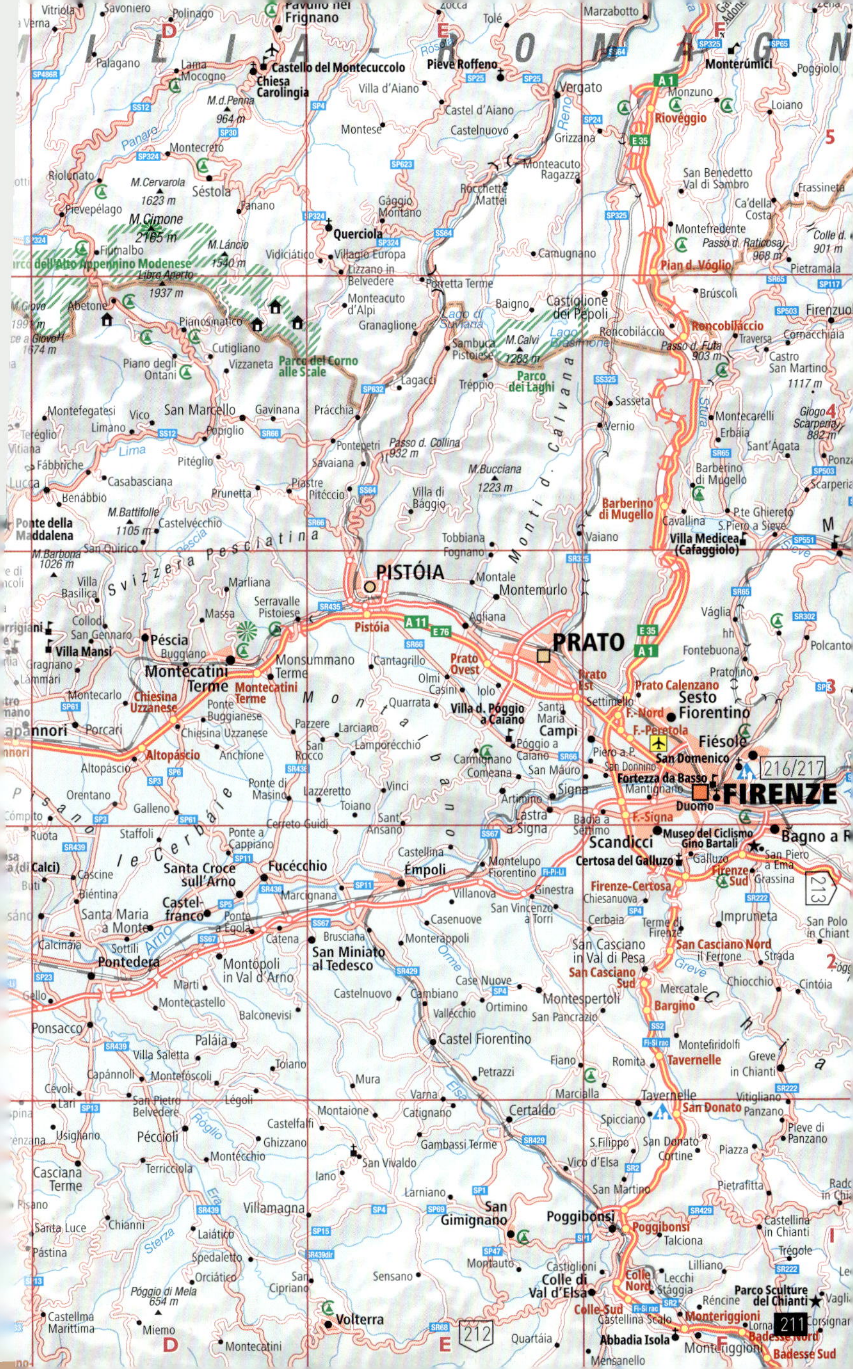
EMILIA-ROMAGNA
D
E
F
Vitriola
Savoniero
Polinago
Pavullo nel Frignano
Zocca
Tolé
Marzabotto
Palagano
Lama Mocogno
Castello del Montecuccolo
Chiesa Carolingia
Pieve Roffeno
Monterúmici
Poggiolo
Villa d'Aiano
Vergato
Monzuno
Loiano
M.d.Penna 964 m
Castel d'Aiano
Rioveggio
Montese
Castelnuovo
Grizzana
Panaro
Montecreto
Reno
Monteacuto Ragazza
San Benedetto Val di Sambro
Riolunato
M.Cervarola 1623 m
Séstola
Rocchette Mattei
Frassineta
Fanano
Gàggio Montano
Ca'della Costa
Pievepélago
M.Cimone 2165 m
Querciola
Montefredente
Passo d. Raticosa 968 m
Colle d. 901 m
Fiumalbo
M.Láncio 1540 m
Vidiciático
Villagio Europa
Camugnano
Pian d. Vóglio
Parco dell'Alto Appennino Modenese
Libro Aperto 1937 m
Lizzano in Belvedere
Porretta Terme
Pietramala
Brúscoli
M.Giovo 1991 m
Abetone
Monteacuto d'Alpi
Baigno
Castiglione dei Pepoli
Firenzuola
Lago di Suviana
Granaglione
Roncobilàccio
Cornacchiaia
Pianosinatico
Lago Brasimone
Traversa
Cutigliano
Sambuca Pistoiese
M.Calvi 1283 m
Passo d. Futa 903 m
Castro San Martino 1117 m
Piano degli Ontani
Vizzaneta
Parco del Corno alle Scale
Lagacci
Tréppio
Parco dei Laghi
Sasseta
Stura
Montefegatesi
Vico
San Marcello
Gavinana
Pràcchia
Vernio
Montecarelli
Giogo di Scarperia 882 m
Limano
Popíglio
Erbaia
Lima
Pontepetri
Passo d. Collina 932 m
Sant'Ágata
Fàbbriche
Pitéglio
Savaiana
M.Bucciana 1223 m
Barberino di Mugello
Casabasciana
Piastre
Pitéccio
Villa di Bággio
Scarperia
Lucca
Benábbio
Prunetta
Monti d. Calvana
Barberino di Mugello
Ponte della Maddalena
M.Battifolle 1105 m
Castelvécchio
Cavallina
S.Piero a Sieve
P.te Ghiereto
M.Barbona 1026 m
San Quirico
Svizzera Pesciatina
Tobbiana
Fognano
Vaiano
Villa Medicea (Cafaggiolo)
Sieve
PISTÓIA
Montale
Villa Basilica
Marliana
Montemurlo
Vaglia
Collodi
Massa
Serravalle Pistoiese
Pistóia
Agliana
San Gennaro
Péscia
PRATO
Villa Mansi
Buggiano
Monsummano Terme
Cantagrillo
Prato Ovest
Fontebuona
Polcanto
Gragnano
Montecatini Terme
Montecatini Terme
Olmi
Prato Est
Pratolino
Lámmari
Chiesina Uzzanese
Casini
Iolo
Settimello
Prato Calenzano
Montecarlo
Ponte Buggianese
Quarrata
Villa d. Póggio a Caiano
Sesto Fiorentino
Capannori
Porcari
Chiesina Uzzanese
Pazzere
Larciano
Santa Maria
Campi
F.-Nord
F.-Peretola
Fiésole
Montalbano
Anchione
Lamporécchio
Póggio a Caiano
Altopáscio
Altopáscio
San Rocco
Carmignano
San Mauro
Piero a P.
San Donnino
San Domenico
Comeana
Signa
Fortezza da Basso
Mantignano
FIRENZE
216/217
Duomo
Orentano
Ponte di Masino
Lazzeretto
Vinci
Artimino
Toiano
Galleno
Lastra a Signa
Badia a Settimo
F.-Signa
Museo del Ciclismo Gino Bartali
Bagno a Ripoli
Cerreto Guidi
Sant' Ansano
Scandicci
Ruota
Staffoli
Ponte a Cappiano
Le Cerbáie
Castellina
Certosa del Galluzzo
Galluzzo
San Piero a Ema
Calci
Santa Croce sull'Arno
Fucécchio
Émpoli
Montelupo Fiorentino
Firenze Sud
Grassina
Cascine
Ginestra
Firenze-Certosa
Chiesanuova
Bientina
Castelfranco
Marcignana
Villanova
213
Santa Maria a Monte
Ponte a Egola
Casenuove
San Vincenzo a Torri
Cerbaia
Impruneta
San Polo in Chianti
Calcinaia
Sottili
Catena
Brusciana
Monterappoli
Terme di Firenze
Arno
Pontedera
San Miniato al Tedesco
San Casciano in Val di Pesa
San Casciano Nord
Il Ferrone
Strada
Montópoli in Val d'Arno
San Casciano Sud
Greve
Marti
Castelnuovo
Cambiano
Case Nuove
Chiocchio
Cintóia
Orme
Mercatale
Gello
Montecastello
Vallécchio
Ortimino
Montespertoli
Bargino
Balconevisi
San Pancrazio
Chianti
Ponsacco
Paláia
Castel Fiorentino
Montefiridolfi
Villa Saletta
Romita
Tavernelle
Greve in Chianti
Toiano
Fiano
Capánnoli
Montefóscoli
Petrazzi
Mura
Cévoli
Elsa
Marcialla
Tavernelle
Vitigliano
Lari
San Pietro Belvedere
Légoli
Varna
Montaione
Catignano
Certaldo
Spicciano
San Donato
Panzano
Castelfalfi
Pieve di Panzano
Róglio
Usigliano
Péccioli
Ghizzano
Gambassi Terme
S.Filippo
San Donato
Cortine
Piazza
Montécchio
San Vivaldo
Vico d'Elsa
Casciana Terme
Terricciola
Iano
Pietrafitta
San Martino
Radda in Chianti
Pisano
Era
Villamagna
Larniano
San Gimignano
Poggibonsi
Poggibonsi
Castellina in Chianti
Santa Luce
Chianni
Laiático
Talciona
Pástina
Sterza
Spedaletto
Montauto
Trégole
Orciático
San Cipriano
Castiglioni
Lilliano
Sensano
Colle di Val d'Elsa
Colle Nord
Lecchi
Stággia
Póggio di Mela 654 m
Réncine
Parco Sculture del Chianti
Castellma Marittima
Colle Sud
Castellina Scalo
Monteriggioni
Miemo
Volterra
Lornano
Quartáia
Abbadia Isola
Monteriggioni
Badesse Nord
Montecatini
Mensanello
Badesse Sud
212
A1
E35
A11
E76
5
4
3
2
1

A
B
C
211
M.Giovo
1991 m
Abetone
Foce a Giovo
1674 m
Sillico
Lupinàia
Pianosinatico
Cutigliano
Vizzaneta
Parco del Corno alle Scale
Granaglione
Lago di Suviana
Baigno
Castiglione dei Pepoli
Roncobilàccio
Lago Brasimone
M.Calvi
1283 m
Sambuca Pistoiese
Sommocolonia
Castelvècchio Pàscoli
Barga
Piano degli Ontani
Lagacci
Tréppio
Parco dei Laghi
Sasseta
Vernio
Montefegatesi
Limano
Vico
San Marcello
Gavinana
Prácchia
Popiglio
Piano di Coréglia
Teréglio
Vitiana
Ghivizzano
Fábbriche
Lima
Pitéglio
Pontepetri
Passo d. Collina
932 m
Savaiana
M.Bucciana
1223 m
Vállico
Bagni di Lucca
Casabasciana
Motrone
Benábbio
Prunetta
Piastre
Pitéccio
Villa di Bággio
Barberino di Mugello
Fabbriche di Vállico
Borgo a Mozzano
Ponte della Maddalena
M.Battifolle
1105 m
Castelvècchio
Gello
Diécimo
M.Barbona
1026 m
San Quirico
Tobbiana
Fognano
Vaiano
Serchio
Pescia
Svizzera Pesciatina
Monti d. Calvana
Valdottavo
Pieve di Bráncoli
Villa Basilica
Marliana
PISTÓIA
Montale
Montemurlo
San Donato
Aquilea
Massa
Serravalle Pistoiese
Pistóia
Agliana
A 11
E 76
Villa Torrigiani
Villa Reale
Collodi
San Gennaro
Villa Mansi
Péscia
Buggiano
PRATO
E 35
A 1
Piazzano
Márlia
Gragnano
Montecatini Terme
Monsummano Terme
Cantagrillo
Prato Ovest
San Macario in Piano
Lámmari
Olmi
Casini
Iolo
Prato Est
Prato Calenzano
Lucca
San Donato
Lucca Teatro Romano
Montecarlo
Chiesina Uzzanese
Montecatini Terme
Ponte Buggianese
Monte Albano
Quarrata
Villa d. Póggio a Caiano
Santa Maria
Campi
Settimello
F.-Nord
F.-Peretola
Capannori
Porcari
Chiesina Uzzanese
Pazzere
Larciano
Póggio a Caiano
Lucca
Capannori
Altopáscio
Anchione
San Rocco
Lamporécchio
Carmignano
Comeana
Piero a P.
San Donnino
San Máuro
Fortezza da Basso
Mantignano
210
Altopáscio
Ponte di Masino
Lazzeretto
Vinci
Artimino
Signa
Monte Pisano
Orentano
Lastra a Signa
Badia a Séttimo
F.-Signa
Colle di Cómpito
Galleno
Toiano
Sant'Ansano
San Giuliano
Ruota
Staffoli
Le Cerbáie
Cerreto Guidi
Ponte a Cappiano
Scandicci
Asciano
Certosa di Pisa (di Calci)
Castellina
Montelupo Fiorentino
Certosa del Galluzzo
PISA
Mezzana
Calci
Buti
Cascine
Santa Croce sull'Arno
Fucécchio
Émpoli
Ginestra
Firenze-Certosa
Torre pendente
Campo
Biéntina
Castelfranco
Marcignana
Villanova
Chiesanuova
Riglione
Vicopisano
Santa Maria a Monte
Ponte a Égola
San Vincenzo a Torri
Casenuove
Cerbaia
Cáscina
Calcinaia
Sottili
Arno
Cátena
Brusciana
Monterappoli
San Casciano in Val di Pesa
Ospedaletto
San Lorenzo a Pagnático
Pontedera
Montópoli in Val d'Arno
San Miniato al Tedesco
Orme
San Casciano Sud
Gello
Marti
Case Nuove
Castelnuovo
Cambiano
Montespertoli
Montecastello
Ortimino
Vallécchio
San Pancrazio
Bargino
Ponsacco
Balconevisi
Vicarello
Paláia
Castel Fiorentino
Collesalvetti
Villa Saletta
Guasticce
Capánnoli
Montefóscoli
Toiano
Fiano
Romita
Mura
Petrazzi
Cévoli
Lari
Elsa
Faúglia
San Pietro Belvedere
Légoli
Varna
Marcialla
Torretta
Créspina
Montaione
Catignano
Certaldo
Tavernelle
Castelfalfi
Luciana
Lorenzana
Usigliano
Péccioli
Ghizzano
Gambassi Terme
Spicciano
S.Filippo
San Donato
Crocino
Casciana Terme
Terricciola
Montécchio
San Vivaldo
Vico d'Elsa
Pieve Vécchia
Iano
San Martino
Orciano Pisano
Larniano
Gabbro
Villamagna
San Gimignano
Poggibonsi
Pieve di Santa Luce
Santa Luce
Chianni
Poggibonsi
A 12
Laiático
Pástina
Sterza
Spedaletto
Montauto
Castiglioni
Orciático
Sensano
Colle di Val d'Elsa
Colle Nord
Rosignano Marittimo
Póggio di Mela
654 m
San Cipriano
Castellma Marittima
Volterra
Colle-Sud
Castellina Scalo
E 80
Miemo
Quartáia
Abbadia Isola
Montecatini
Rosignano-Marittimo
Mensanello
Riparbella
Saline di Volterra
Collalto
Scorgiano
Póggio Metato
554 m
Cásole d'Elsa
Vada
Collemezzano
Gello
Montescudáio
Ponteginori
Cécina
Pievescola
Guardistallo
Pomarance
Monteguidi
Mensano
Ancaiano
Marina di Cécina
Casale Marittima
Querceto
Lanciáia
M.Pozzácchera
382 m
Micciano
Sovicille
Libbiano
San Dalmázio
Radicóndoli
la California
Bibbona
Montecastelli
Maremma
Sassa
Montecérboli
Marina di Bibbona
Colline Metallifere
Belforte
Bólgheri
Larderello
Castelnuovo in Val di Cécina
Póggio Áuzzo
754 m
Marina di Castagneto-Donorático
Aia d.Diávoli
875 m
Pentolina
214
Lagoni del Sasso
Monteverdi Marittima
Póggio Mutti
Chiusdino

FIRENZE
Sesto Fiorentino
Fiésole
Bagno a Ripoli
Borgo San Lorenzo
Pontassieve
Rúfina
Dicomano
Vicchio
Stia
Poppi
Bibbiena
AREZZO
Montevarchi
San Giovanni Valdarno
Figline Valdarno
Incisa
Siena
Monteriggioni
Castelnuovo
Sinalunga
Cortona
Asciano
Galeata
Santa Sofia
Bagno di Romagna
Marradi
Firenzuola
Greve in Chianti
Impruneta
Terranuova Bracciolini
Monte San Savino
Lucignano
Foiano della Chiana
Castiglion Fiorentino
Parco Nazionale Foreste Casentinesi Monte Falterona-Campigna
Alpe di Catenáia
Pratomagno
Chianti
Mugello
216/217
218
215
213

Marina di Castagneto-Donorático
Donorático
Castagneto Carducci
Monteverdi Marittima
Lagoni del Sasso
Aia.d.Diávoli 875 m
Póggio Mutti 808 m
Pentolina
Chiusdino
San Galg
Monterotondo Maríttimo
Póggio di Montieri 1051 m
Montieri
Póggio Fogari 726 m
Fontalcinaldo
Boccheggiano
Prata
Sassetta
San Carlo
San Vincenzo
M.Calvi 646 m
Suvereto
Colline Metallifere
M.Arsenti 561 m
Campíglia Maríttima
Massa Maríttima
Rimigliano
Cafággio
Venturina
Casalappi
Parco di Montioni
Tatti
Roccatederighi
Sassofortino
Golfo di Baratti
Populónia
Tombe etrusche
Puplona (Città etrusca)
Montioni
Póggio al Chiecco 308 m
Valpiana
Montemassi
Riotorto
Vignale
Lago d. Accesa
Ribolla
Monte Lattáia
Piombino
Prato Ranieri
Rondelli
Follónica
Gavorrano
Póggio d.Quercione 229 m
Sticciano Scalo
Sticciano
Canale di Piombino
Scarlino
Ravi
M.d'Alma 559 m
Caldana
Montorsáio
Montepescali
Batignano
Golfo di Follónica
C.Vita
Cavo
I.d.Topi
I.Palmaiola
I.Cérboli
M.Serra 422 m
Elba
Rio Marina
Vetulónia
Tirli
Buriano
Póggio Ballone 630 m
Roselle
Póggio di Moscona 317 m
Punta Hidalgo
Punta Ala
Pineta del Tómbolo
Canale Diversivo
Grosseto
Punta delle Cannelle
Porto Azzurro
Póggio di Petríccio
Castiglione della Pescáia
Póggia Cavallo
Grancia
Punta dei Ripalti
Marina di Grosseto
Principina a Mare
Rispéscia
Spergoláia
Alberese
Marina di Alberese
Torre di Collelungo
San Rabano
Monti dell'Uccellina
M.Cornuto 246 m
Parco Naturale della Maremma
Talamone
Tómbolo di Giannella
Porto Santo Stéfano
P.Cala Grande
Orbetello
Santa Liberata
Ísola del Gíglio
P. d. Fenáio
Giglio Castello
Arenella
Giglio Campese
Giglio Porto
Póggio della Pagana 496 m
P.d. Capel Rosso
Monte Argentario
C. d'Uomo
Il Telégrafo 635 m
I. Rossa
P. di Torre Ciana
Parco Nazionale dell'Arcipelago Toscano
P.Secca
Villa romana
Grottoni
I. di Giannutri
A
B
C
5
4
3
2
1
212

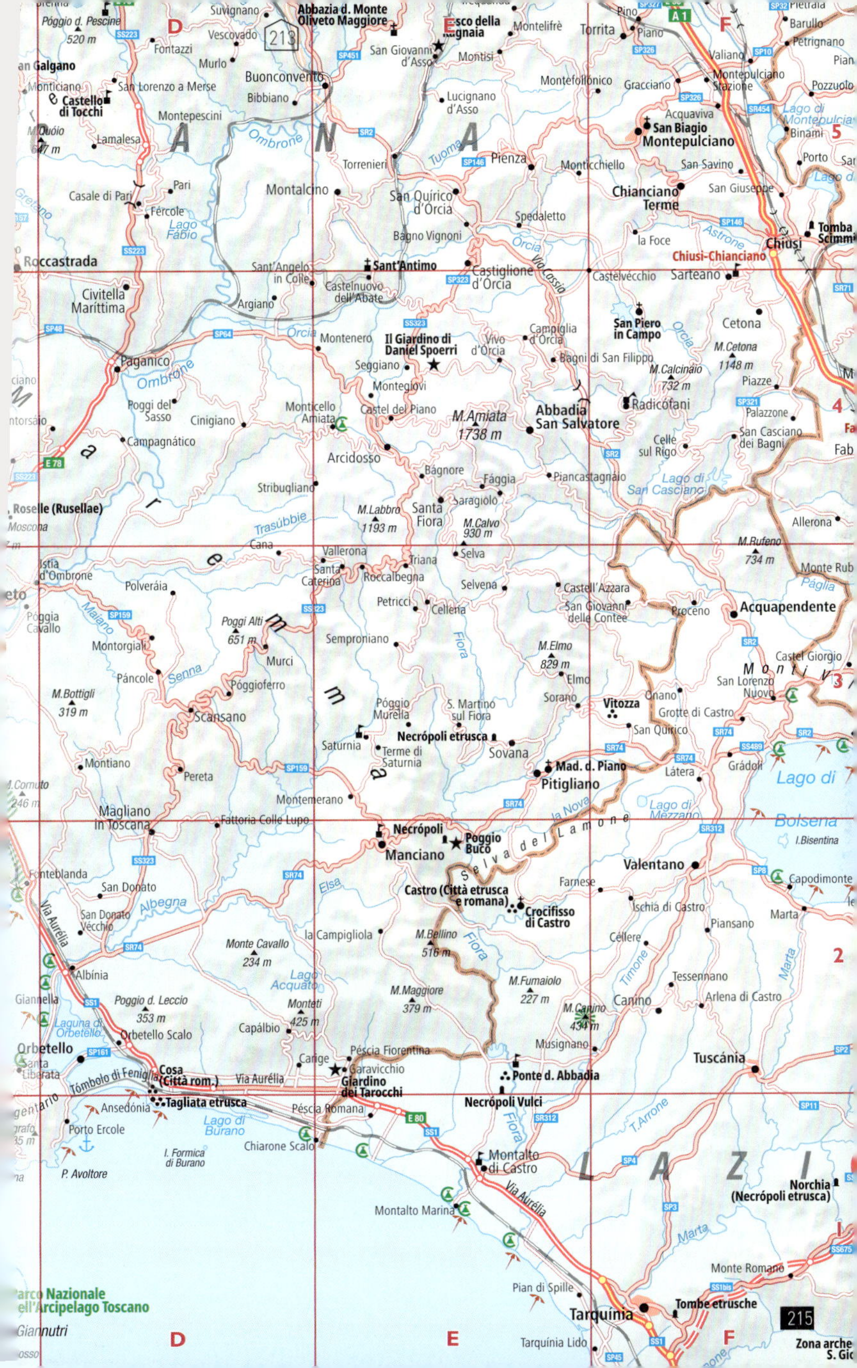

Abbazia d. Monte Oliveto Maggiore
Poggio d. Pescine 520 m
Suvignano
Vescovado
213
Fontazzi
Murlo
San Giovanni d'Asso
Montisi
Montelifrè
Torrita
Pino
Piano
Barullo
Petrignano
Buonconvento
Bibbiano
San Lorenzo a Merse
Monticiano
Castello di Tocchi
Montepescini
Lucignano d'Asso
Montefollonico
Gracciano
Valiano
Montepulciano Stazione
Pozzuolo
Acquaviva
San Biagio
Montepulciano
Lago di Montepulciano
Binami
Lamalesa
Ombrone
Torrenieri
Tuoma
Pienza
Monticchiello
San Savino
Porto
Casale di Pari
Pari
Fercole
Lago Fabio
Montalcino
San Quirico d'Orcia
Chianciano Terme
San Giuseppe
Bagno Vignoni
Spedaletto
la Foce
Astrone
Chiusi
Tomba Scimmia
Chiusi-Chianciano
Roccastrada
Sant'Angelo in Colle
Sant'Antimo
Castelnuovo dell'Abate
Castiglione d'Orcia
Via Cassia
Castelvecchio
Sarteano
Civitella Marittima
Argiano
Orcia
San Piero in Campo
Cetona
Paganico
Montenero
Il Giardino di Daniel Spoerri
Vivo d'Orcia
Campiglia d'Orcia
Bagni di San Filippo
M. Cetona 1148 m
M. Calcinaio 732 m
Ombrone
Seggiano
Montegiovi
Piazze
Poggi del Sasso
Cinigiano
Monticello Amiata
Castel del Piano
M. Amiata 1738 m
Abbadia San Salvatore
Radicofani
Palazzone
Campagnatico
Arcidosso
Celle sul Rigo
San Casciano dei Bagni
E 78
Bagnore
Fàggia
Piancastagnaio
Stribugliano
Lago di San Casciano
Roselle (Rusellae)
M. Labbro 1193 m
Santa Fiora
Saragiolo
M. Calvo 930 m
Allerona
Trasùbbie
Cana
Vallerona
Selva
Triana
M. Rufeno 734 m
Istia d'Ombrone
Santa Caterina
Roccalbegna
Selvena
Castell'Azzara
Monte Rubiaglio
Pàglia
Polveràia
San Giovanni delle Contee
Proceno
Acquapendente
Petricci
Cellena
Póggia Cavallo
Maiano
Poggi Alti 651 m
Montorgiali
Murci
Semproniano
Fiora
M. Elmo 829 m
Elmo
Castel Giorgio
Pàncole
Senna
Póggioferro
M. Bottigli 319 m
Scansano
Póggio Murella
S. Martino sul Fiora
Sorano
Vitozza
Onano
Grotte di Castro
San Lorenzo Nuovo
Saturnia
Terme di Saturnia
Necrópoli etrusca
Sovana
San Quirico
Montiano
Pereta
Mad. d. Piano
Pitigliano
Làtera
Gràdoli
Lago di Bolsena
M. Cornuto 246 m
Montemerano
Lago di Mezzano
Magliano in Toscana
Fattoria Colle Lupo
Necrópoli
Poggio Buco
Manciano
Selva del Lamone
I. Bisentina
Fonteblanda
Valentano
San Donato
Castro (Città etrusca e romana)
Farnese
Crocifisso di Castro
Capodimonte
Ischia di Castro
San Donato Vecchio
Albegna
Elsa
Marta
Piansano
Via Aurélia
Monte Cavallo 234 m
la Campigliola
M. Bellino 516 m
Céllere
Albìnia
Lago Acquato
M. Fumaiolo 227 m
Tessennano
Giannella
M. Maggiore 379 m
Canino
Arlena di Castro
Poggio d. Leccio 353 m
Monteti 425 m
M. Canino 434 m
Laguna di Orbetello
Orbetello Scalo
Capàlbio
Orbetello
Santa Liberata
Pèscia Fiorentina
Musignano
Tuscània
Cosa (Città rom.)
Capalbio
Garavicchio
Giardino dei Tarocchi
Ponte d. Abbadia
Tómbolo di Feniglia
Via Aurélia
Ansedònia
Tagliata etrusca
Pèscia Romana
Necrópoli Vulci
Porto Ercole
Lago di Burano
E 80
T. Arrone
Chiarone Scalo
I. Formica di Burano
P. Avoltore
Montalto di Castro
L A Z I
Norchia (Necrópoli etrusca)
Montalto Marina
Via Aurélia
Monte Romano
Parco Nazionale dell'Arcipelago Toscano
Pian di Spille
Giannutri
Tarquìnia
Tombe etrusche
Tarquìnia Lido
Zona archeologica S. Giovenale
D
E
F
2
3
4
5

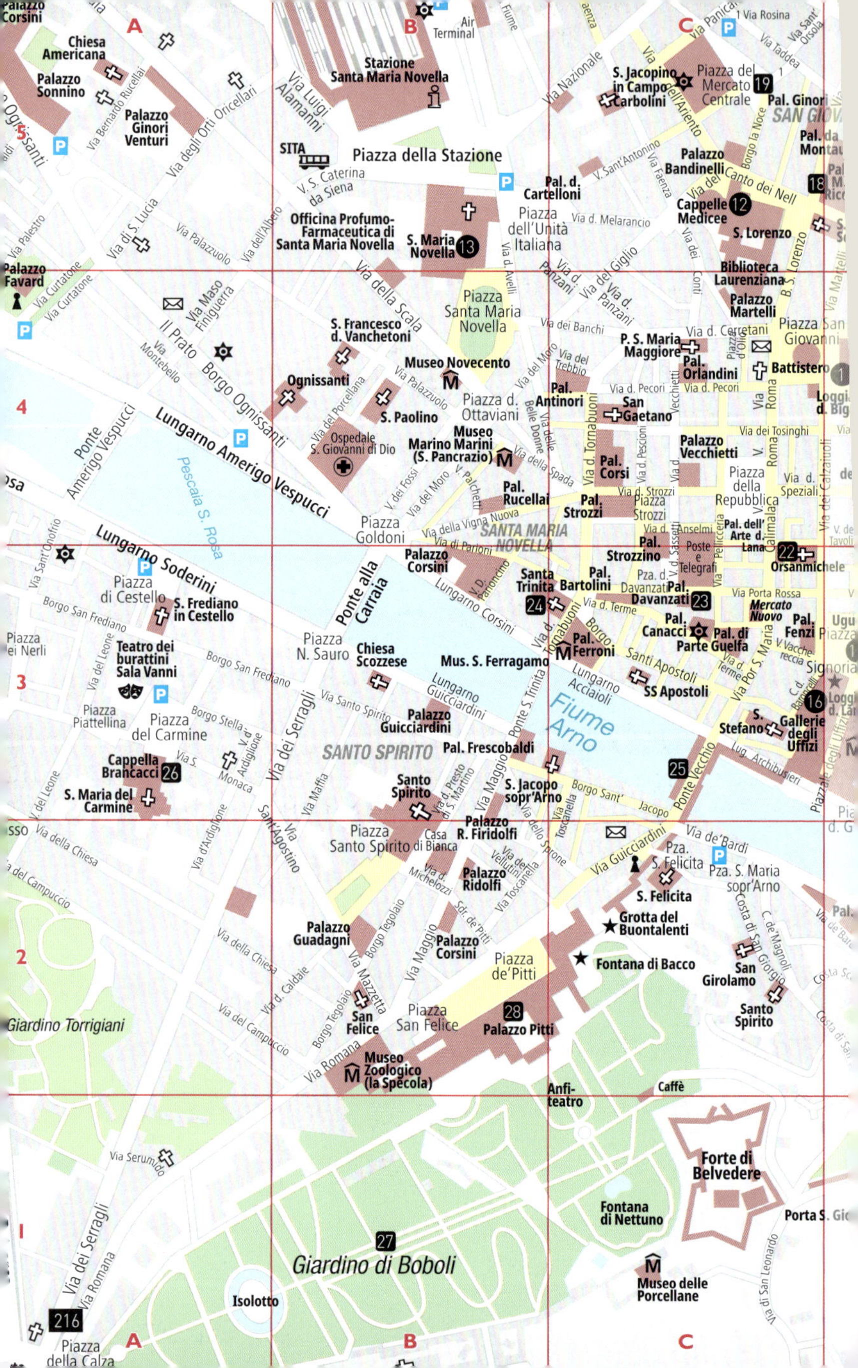
A
B
C
5
4
3
2
1
Palazzo Corsini
Chiesa Americana
Palazzo Sonnino
Palazzo Ginori Venturi
Via Bernardo Rucellai
Via degli Orti Oricellari
Borgo Ognissanti
Stazione Santa Maria Novella
Air Terminal
Via Luigi Alamanni
SITA
Piazza della Stazione
V. S. Caterina da Siena
Officina Profumo-Farmaceutica di Santa Maria Novella
S. Maria Novella
13
Pal. d. Cartelloni
Piazza dell'Unità Italiana
Via Nazionale
S. Jacopino in Campo Carbolini
Piazza del Mercato Centrale
19
Pal. Ginori
SAN GIOVANNI
Via Rosina
Via Taddea
Via Sant'Orsola
Via Panicale
Via dell'Ariento
Borgo la Noce
Via Faenza
V. Sant'Antonino
Palazzo Bandinelli
Via del Canto dei Nell
Cappelle Medicee
12
S. Lorenzo
18
Via d. Melarancio
Via Palestro
Via di S. Lucia
Via Palazzuolo
Via dell'Albero
Palazzo Favard
Via Curtatone
Via Maso Finiguerra
Il Prato
Via Montebello
Borgo Ognissanti
Via della Scala
S. Francesco d. Vanchetoni
Piazza Santa Maria Novella
Via dei Banchi
Via del Giglio
Via d. Panzani
Biblioteca Laurenziana
Palazzo Martelli
B. S. Lorenzo
Via de' Martelli
Piazza San Giovanni
Via d. Cerretani
P. S. Maria Maggiore
Pal. Orlandini
Battistero
1
Museo Novecento
Ognissanti
S. Paolino
Via Palazzuolo
Via del Porcellana
Piazza d. Ottaviani
Via del Moro
Via del Trebbio
Pal. Antinori
Via d. Pecori
San Gaetano
Via Roma
Loggia d. Bigallo
Via dei Tosinghi
Ponte Amerigo Vespucci
Lungarno Amerigo Vespucci
Pescaia S. Rosa
Ospedale S. Giovanni di Dio
Museo Marino Marini (S. Pancrazio)
Via della Spada
Via delle Belle Donne
Via d. Tornabuoni
Pal. Corsi
Palazzo Vecchietti
Piazza della Repubblica
Via d. Speziali
Via dei Calzaiuoli
V. dei Fossi
Via del Moro
V. Palchetti
Pal. Rucellai
Pal. Strozzi
Via d. Strozzi
Piazza Strozzi
Via della Vigna Nuova
SANTA MARIA NOVELLA
Piazza Goldoni
Via di Parioni
Via d. Anselmi
Pal. dell' Arte d. Lana
Lungarno Soderini
Via Sant'Onofrio
Piazza di Cestello
S. Frediano in Cestello
Borgo San Frediano
Palazzo Corsini
Ponte alla Carraia
Santa Trinita
24
Pal. Strozzino
Pal. Bartolini
Poste e Telegrafi
Pza. d. Davanzati
Pal. Davanzati
23
22
Orsanmichele
Via Porta Rossa
Mercato Nuovo
Lungarno Corsini
V. D. Parioncino
Via d. Terme
Piazza dei Nerli
Via del Leone
Teatro dei burattini Sala Vanni
Piazza N. Sauro
Chiesa Scozzese
Mus. S. Ferragamo
Pal. Ferroni
Borgo Santi Apostoli
Pal. Canacci
Pal. di Parte Guelfa
Pal. Fenzi
Via Vacchereccia
Signoria
Uffizi
Piazza
Lungarno Acciaioli
SS Apostoli
Fiume Arno
Lungarno Guicciardini
Palazzo Guicciardini
Ponte S. Trinita
Via Por S. Maria
16
Loggia d. Lanzi
Piazza Piattellina
Piazza del Carmine
Borgo Stella
Via Santo Spirito
Via dei Serragli
SANTO SPIRITO
Pal. Frescobaldi
S. Stefano
Galleria degli Uffizi
Lung. Archibusieri
Cappella Brancacci
26
Via S. Monaca
V. d. Ardiglione
S. Maria del Carmine
Via Maffia
Santo Spirito
Via d. Presto di S. Martino
Via Maggio
S. Jacopo sopr'Arno
Borgo Sant' Jacopo
25
Ponte Vecchio
Piazzale degli Uffizi
Via Sant'Agostino
Piazza Santo Spirito
Casa di Bianca
Palazzo R. Firidolfi
Via dello Sprone
Via Toscanella
Via de' Bardi
Via Guicciardini
Pza. S. Felicita
Pza. S. Maria sopr'Arno
Via della Chiesa
Via del Campuccio
Via d'Ardiglione
Via d. Michelozzi
Palazzo Ridolfi
Via dei Velluti
S. Felicita
Grotta del Buontalenti
Costa di San Giorgio
C. de Magnoli
Palazzo Guadagni
Borgo Tegolaio
Sdr. de' Pitti
Palazzo Corsini
Piazza de' Pitti
Fontana di Bacco
San Girolamo
Via Mazzetta
San Felice
Piazza San Felice
28
Palazzo Pitti
Santo Spirito
Giardino Torrigiani
Via d. Caldaie
Via del Campuccio
Via Romana
Museo Zoologico (la Specola)
Anfiteatro
Caffè
Forte di Belvedere
Via Serumido
Fontana di Nettuno
Porta S. Giorgio
27
Giardino di Boboli
Via dei Serragli
Via Romana
Isolotto
Museo delle Porcellane
Via di San Leonardo
Piazza della Calza

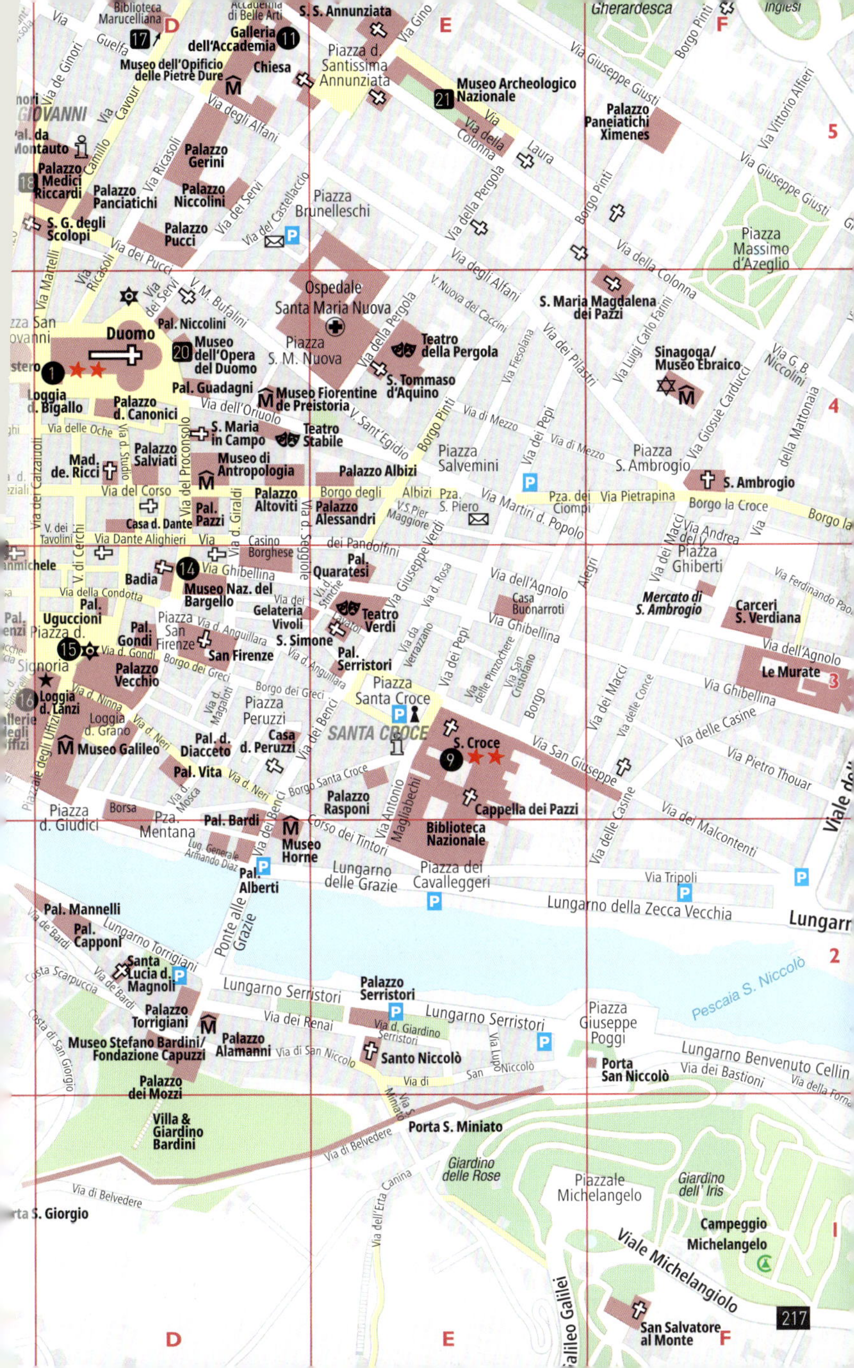

Galleria dell'Accademia
Museo dell'Opificio delle Pietre Dure
S. S. Annunziata
Piazza d. Santissima Annunziata
Museo Archeologico Nazionale
Palazzo Paneiatichi Ximenes
Palazzo Gerini
Palazzo Medici Riccardi
Palazzo Panciatichi
Palazzo Niccolini
Piazza Brunelleschi
S. G. degli Scolopi
Palazzo Pucci
Piazza Massimo d'Azeglio
Ospedale Santa Maria Nuova
Piazza S. M. Nuova
S. Maria Magdalena dei Pazzi
Duomo
Museo dell'Opera del Duomo
Pal. Niccolini
Teatro della Pergola
S. Tommaso d'Aquino
Sinagoga/ Museo Ebraico
Loggia d. Bigallo
Palazzo d. Canonici
Pal. Guadagni
Museo Fiorentine de Preistoria
S. Maria in Campo
Teatro Stabile
Palazzo Salviati
Museo di Antropologia
Mad. de. Ricci
Palazzo Albizi
Piazza Salvemini
Piazza S. Ambrogio
S. Ambrogio
Palazzo Altoviti
Palazzo Alessandri
Pal. Pazzi
Casa d. Dante
Pza. S. Piero
Pza. dei Ciompi
Casino Borghese
Pal. Quaratesi
Badia
Museo Naz. del Bargello
Piazza Ghiberti
Casa Buonarroti
Mercato di S. Ambrogio
Carceri S. Verdiana
Pal. Uguccioni
Gelateria Vivoli
Teatro Verdi
S. Simone
Pal. Gondi
Piazza San Firenze
San Firenze
Pal. Serristori
Le Murate
Piazza d. Signoria
Palazzo Vecchio
Loggia d. Lanzi
Loggia d. Grano
Piazza Santa Croce
Piazza Peruzzi
Casa d. Peruzzi
SANTA CROCE
S. Croce
Museo Galileo
Pal. d. Diacceto
Pal. Vita
Palazzo Rasponi
Cappella dei Pazzi
Piazza d. Giudici
Borsa
Pza. Mentana
Pal. Bardi
Museo Horne
Biblioteca Nazionale
Pal. Alberti
Lungarno delle Grazie
Piazza dei Cavalleggeri
Lungarno della Zecca Vecchia
Pal. Mannelli
Pal. Capponi
Santa Lucia d. Magnoli
Palazzo Torrigiani
Palazzo Serristori
Lungarno Serristori
Pescaia S. Niccolò
Piazza Giuseppe Poggi
Museo Stefano Bardini/ Fondazione Capuzzi
Palazzo Alamanni
Santo Niccolò
Porta San Niccolò
Lungarno Benvenuto Cellini
Palazzo dei Mozzi
Villa & Giardino Bardini
Porta S. Miniato
Giardino delle Rose
Piazzale Michelangelo
Giardino dell' Iris
Campeggio Michelangelo
Viale Michelangiolo
Porta S. Giorgio
San Salvatore al Monte
Ponte alle Grazie
Via Ghibellina
Via dei Pepi
Via San Giuseppe
Via dei Malcontenti
Via Pietrapiana
Borgo la Croce
Via dell'Agnolo
Via degli Alfani
Via della Colonna
Via Giuseppe Giusti
Via Cavour
Via dei Servi
Via del Corso
Via Dante Alighieri
Borgo dei Greci
Via de' Bardi
Via di San Niccolò
Via di Belvedere
D
E
F
5
4
3
2
1

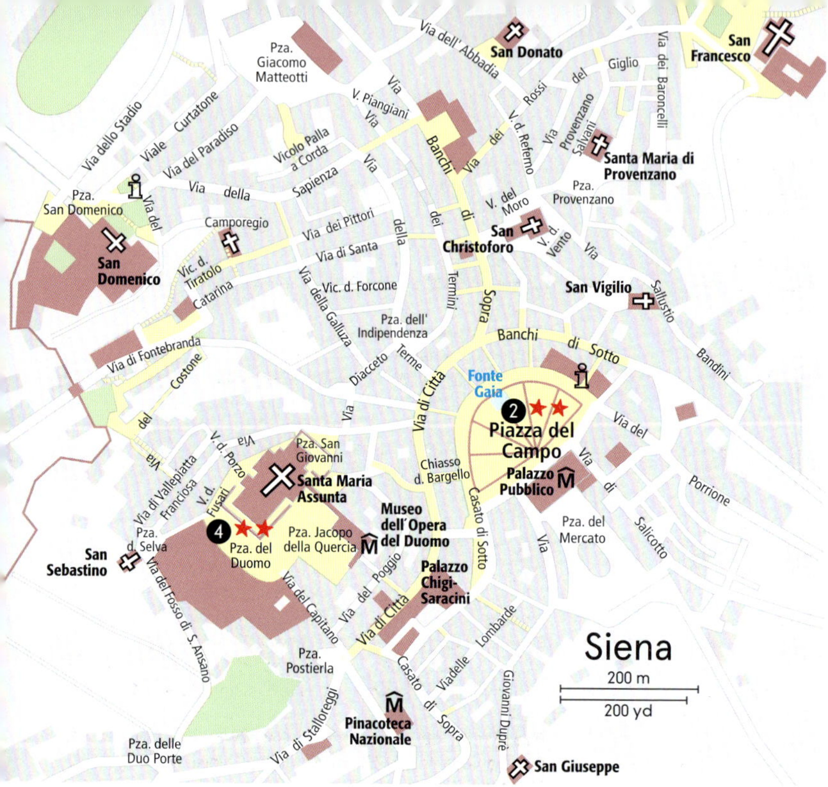

Siena

200 m
200 yd

San Francesco
San Donato
Santa Maria di Provenzano
Pza. Provenzano
Pza. Giacomo Matteotti
Pza. San Domenico
San Domenico
Camporegio
San Christoforo
San Vigilio
Pza. dell' Indipendenza
Fonte Gaia
2 ★★ Piazza del Campo
Palazzo Pubblico
Pza. San Giovanni
Santa Maria Assunta
4 ★★ Pza. del Duomo
Pza. Jacopo della Quercia
Museo dell'Opera del Duomo
Pza. d. Selva
San Sebastino
Palazzo Chigi-Saracini
Pza. del Mercato
Pza. Postierla
Pinacoteca Nazionale
Pza. delle Duo Porte
San Giuseppe

Via dell' Abbadia
Via dei Baroncelli
Giglio
Via dei Rossi
Via del Provenzano Salvani
V. d. Refemo
Banchi di Sopra
Via Pianigiani
Vicolo Palla a Corda
Via della Sapienza
Via dello Stadio
Viale Curtatone
Via del Paradiso
Via del Tiratolo
Vic. d. Tiratolo
Via dei Pittori
Via di Santa Catarina
Via della Galluza
Vic. d. Forcone
Via dei Termini
V. del Moro
V. d. Vento
Via Sallustio Bandini
Banchi di Sotto
Via di Fontebranda
Via del Costone
Via Diacceto
Via delle Terme
Via di Città
Chiasso d. Bargello
Casato di Sotto
Via del Porrione
Via di Salicotto
V. d. Porzo
Via di Vallepiatta
Via Franciosa
V. d. Fusari
Via del Fosso di S. Ansano
Via del Capitano
Via del Poggio
Via di Città
Casato di Sopra
Viadelle Lombarde
Via Giovanni Duprè
Via di Stalloreggi

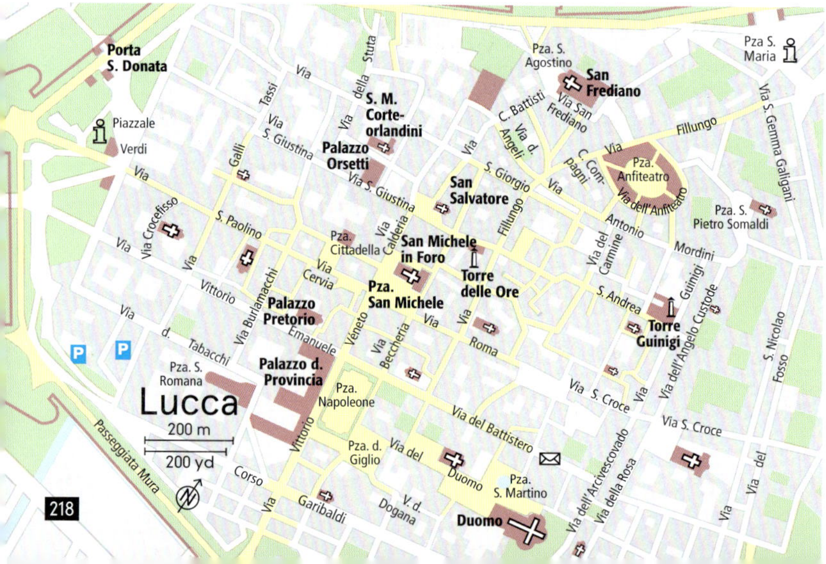

Lucca

200 m
200 yd

Porta S. Donata
Piazzale Verdi
Pza. S. Agostino
San Frediano
Pza S. Maria
S. M. Corte-orlandini
Palazzo Orsetti
San Salvatore
Pza. Anfiteatro
Pza. S. Pietro Somaldi
Pza. Cittadella
San Michele in Foro
Torre delle Ore
Pza. San Michele
Palazzo Pretorio
Torre Guinigi
Palazzo d. Provincia
Pza. S. Romana
Pza. Napoleone
Pza. d. Giglio
Pza. S. Martino
Duomo

Via della Stuta
Via Tassi
Via S. Giustina
Via Galli
Via Crocefisso
Via S. Paolino
Via Vittorio
Via d. Tabacchi
Via Burlamacchi
Via Cervia
Via Calderia
Via Emanuele
Via Veneto
Via Beccheria
Via Roma
Via Fillungo
Via C. Battisti
Via d. Angeli
Via S. Giorgio
Via San Frediano
Via C. Com-pagni
Via dell'Anfiteatro
Via S. Gemma Galigani
Via Antonio Mordini
Via del Carmine
Via S. Andrea
Via Guinigi
Via dell'Angelo Custode
Via S. Nicolao
Fosso
Via S. Croce
Via del Battistero
Via del Duomo
Via dell'Arcivescovado
Via della Rosa
Via Vittorio
Corso Garibaldi
V. d. Dogana
Passeggiata Mura

Register

AA/T. Harris: 51, 102 u. l. und u. r.
AA/S. McBride: 23, 49, 62 u., 67, 94, 138, 141
AA/K. Peterson: 54
AA/C. Sawyer: 6 (Nr. 3), 95, 146 u.
AA/J. Tims: 19 l.

Adobe Stock: unpict 130 l., Patrick Daxenbichler 130 r., photogolfer 144 u.

akg-images: 17 o. r., Rabatti-Domingie 110 u.

DuMont Bildarchiv/Christina Anzenberger Fink & Toni Anzenberger: 5 u., 6 (Nr. 1, 2, 4, 5, 6, 7, 10), 9, 10, 12/113, 14, 16, 19 r., 25 u., 26, 27, 28, 31, 32, 34/35, 45, 46, 57, 60, 61, 65, 74, 76, 81, 82/83, 87 o., 88, 88/89 o., 89, 90/91, 92, 93, 96, 99, 102 o., 105, 106, 109, 117, 119, 126/127, 136, 137, 144 o., 146 o., 148, 149, 153, 157, 158/159, 163 o., 164/165 u., 165, 166, 167, 168, 171, 172 o., 179, 180, 181, 182, 185, 187, 188/189, 192, 194, 196

Getty Images: SuperStock 17 l., De Agostini Picture Library/G. Nimatallah 21, Adam Jones 115

Grand Hotel Porta Rossa: 72

huber-images: Stefano Cella 39 l., Susanne Kremer 39 r., Guido Cozzi 40/41, Pietro Canali 42, 42/43, und 52, Susanne Kremer 69, Giovanni Simeone 75, Luigi Vaccarella 113, Gianni Iorio 114, Tom Mackie 134, Maurizio Rellini 134/135, Susanne Kremer 140

laif: hemis.fr/Pierre Jacques 6 (Nr. 8), Le Figaro Magazine 6 (Nr. 9) und 47, Dorothea Schmid 55, Berthold Steinhilber 78, Robert Harding 120, hemis.fr/Pierre Jacques 142, hemis.fr/Pierre Jacques 172 u., 176, Massimo Borcki 198/199

Lookphotos: Jürgen Richter 5 o., SagaPhoto 53, 110 o., age fotostock/Wojtek Buss 125

mauritius images: United Archives 17 u. r., imagebroker/Kim Petersen 25 o., Pitopia/Bernd Jürgens 41 u., United Archives 62 o., Catharina Lux 70, Alamy/Gary Cook 87 u., CuboImages/Carlo Borlenghi 91, imagebroker/Frank Bienewald 132/133, Alamy/Tracey Whitefoot 133, Alamy/Ivoha 135, CuboImages/Claudio Beduschi 154, Alamy/Dino Fracchia 164, CuboImages/Michele Bella 164/165 o.

picture-alliance: Otto Stadler 178

vario images: Westend61/Tom Chance 41 o., Imagebroker 122

© VG Bild-Kunst, Bonn 2023:
Daniel Buren 91

Titelbild: U1 oben: Andreas Hub/laif
U1 unten: DuMont Bildarchiv/Toni Anzenberger und Christina Anzenberger-Fink
U8: DuMont Bildarchiv/Toni Anzenberger und Christina Anzenberger-Fink

5., aktualisierte Aufl. 2024

Text: Rita Henss, Tim Jepson, Lindsay Bennett, Christiane Büld Campetti, Jürgen Sorges
Übersetzung: Jürgen Scheunemann, Anne Pitz (»Das Magazin«)
Aktualisierung: Jürgen Sorges
Redaktion & Gestaltung: Robert Fischer (www.vrb-muenchen.de)

Kartografie: KOMPASS-Karten GmbH, A-6020 Innsbruck; MAIRDUMONT, D-73751 Ostfildern
3D-Illustrationen: jangled nerves, Stuttgart
Visuelle Konzeption: Neue Gestaltung, Berlin

Printed in China

Trotz aller Sorgfalt von Autorinnen, Autoren und Redaktion sind Fehler und Änderungen nach Drucklegung leider nicht auszuschließen. Dafür kann der Verlag keine Haftung übernehmen. Berichtigungen, Kritik und Verbesserungsvorschläge sind uns jederzeit willkommen, bitte informieren Sie uns unter:

Baedeker Redaktion
Postfach 3162
D-73751 Ostfildern
Tel. 0711 4502-262
smart@baedeker.com
www.baedeker.com

Meine Notizen

Meine Notizen